新スマートシティ創造のための実践的活用術

IoT時代の
ビッグデータ
ビジネス革命

岡村 久和 [監修]

インプレス

◎商標について
・本書に登場するいろいろなシステム名や製品名、および団体名等は、一般にその開発元や団体における商標または登録商標です。
・本書では、本文中に™や®マークを表記しておりませんが、各商標につきましてはこれを十分尊重いたしております。
・掲載したURLは、2018年4月2日時点のものです。
・サイトの都合で変更されることがありますので、ご了承ください。

はじめに

　多くの経営者やビジネスパーソンにとって、ビッグデータ、IoT などの言葉は、最近本当に気になる存在と思います。多くのメディアやニュースにも日々登場するのですが、そもそもどのような意味なのか、今さら周りに聞けないが、別に定義を聞きたいわけではない。自分のビジネスでどう使ったらよいのかだけを知りたいという方が、たくさんいらっしゃると思います。この本は、そんな方々のために作りました。

　電卓は、発売当時はあたかも神器のような扱いでしたが、今では普通のビジネスの道具です。インターネットも、初期は検索エンジンの利用が主でしたが、今では企業にとってビジネスの大事な道具です。たとえば Excel は、マイクロソフトのソフトウェアですが、会社や個人が使うその Excel データは、大切な業務データです。これらの道具は道具でありながら、さまざまな既存の産業や仕事の仕方を大きく変えてくれました。

　ビッグデータや IoT なども同じような位置づけと性格をもっています。

　最も重要なことは"これらの道具を何に使うのか？"ということであり、"どう操作して使うのか？"は重要ではないということなのです。これらは道具であって、直接、産業や戦略などと結びつくことではないのですが、日常の仕事の仕方を大きく変える力をもっています。

　本書では、これらの新しい言葉について解説しながら、海外で生まれたこれらの道具（ビッグデータや IoT）が、本来、何をするために、何を目指して生まれ、日本ではどう誤解されているのか、などについても解説しています。その後に、各産業界でトップを走り続けている著者の皆さんから、具体的な道具としての"データ"や"仕組み"、さらに"それを使った産業や組織としての仕事変革の例"、加えて、これから国際社会で起こる道具の発展的な利用を基本にした産業変革についても、ストレートに執筆していただきました。

読者の皆様が、ビッグデータやIoTなどの国際的な狙いをまずは正確に理解され、これらの道具がビジネスに生かされることによって、日本の産業界に多少なりとも貢献できることを著者一同願っています。

　ビジネス戦略の実現のために、どのように道具を使ってきたのか、また道具では絶対にできないところ、すなわち人間にしかできないものはどこなのか。産業界のトップリーダーである著者たちが、自らの言葉や技術でわかりやすく伝えている内容になっていることを願いつつ、本書をご愛読いただいている読者の皆様に、今一度心から感謝を申し上げます。

2018年4月

監修者　岡村久和

著者紹介（執筆順・敬称略）

[2018年3月30日時点。
第2章 2.1節を除く]

【第1章】
【第2章 2.7節】

岡村 久和（おかむら ひさかず）

亜細亜大学 都市創造学部　教授、国際交流委員長
スマートシティの第一人者。日本IBMで環境関連ビジネスを立ち上げ、さらにスマーターシティビジネスを牽引。日本の大都市から限界集落、米ニューオーリンズ市など多くの街づくりを支援。継続するビジネスが街の継続を支えると考えており、超小型木質バイオマス発電、巨大ソーラー発電事業も手掛ける。2016年より現職。2017年スマートシティに最も影響のある世界の50人に選出された。

【第2章 2.1節】

山北 和徳（やまきた かずのり）

経済産業省 商務情報局 中心市街地活性化室 室長補佐　[執筆時点]
中心市街地活性化の若き国のリーダー。大学ラグビーで鍛えた体力と実行力で国としての高い戦略を展開するとともにプライベートで地域の活動や、企業戦略勉強会を牽引。

【第2章 2.2節】

上野 俊司（うえの しゅんじ）

国際航業株式会社 顧問
土木コンサルタント業界の第一人者。東日本大震災の直後からその復興に全社の力を投入し、自ら陣頭指揮をした人。この会社のもつ超ハイテク技術を駆使して日本の国土を正確に把握する技術のリーダー。

【第2章 2.3節】

伊藤 慎介（いとう しんすけ）

株式会社rimOnO（リモノ）　代表取締役社長
経済産業省において日本版スマートグリッドである"スマートコミュニティ"のプロジェクトを立ち上げた人。2014年に経済産業省を退官し布製ボディの超小型電気自動車を開発。現在は自動車業界の革新に向けて取り組んでいる。

【第2章 2.4節】

松本 泰（まつもと やすし）

セコム株式会社 IS研究所 コミュニケーションプラットフォーム
ディビジョン マネージャー
データとセキュリティの日本の雄。医療データを中心に、データの世界では第一人者。国内外に引っ張りだこで国からの要請も多い。

【第2章 2.5節】

小野 三郎（おの さぶろう）

Bizデザインラボラトリ 代表
豊かな国際経験と金融を含む先端テクノロジー分野で国内外のネットワークをもつプロフェッショナル。東西統一前後の激動のドイツで東京銀行（現三菱東京UFJ銀行）のベルリン所長を経て、通算12年におよぶ欧州勤務で国際金融マンとして国内外で長年活動。現在、独立系コンサルタントとして、自治体の産業政策アドバイザリー等、テクノロジーをキーワードとした幅広い活動を継続。

著者紹介（執筆順・敬称略）

［2018年3月30日時点。
第2章2.1節を除く］

【第2章 2.6節】　勝又 淳旺（かつまた あつおう）

エバーグリーン エナジー イニシアティブ CEO
電力業界改革の第一人者。元東京電力役員というイメージとは裏腹に、速いフットワークと国際的視野が魅力。電力業界の改革に長年従事し現在でも各界で引っ張りだこ。現在は、電力システム改革のアドバイザーとして、「配電電圧の格上げ」と「VPPを活用した配電システム改革」をテーマに活動中。

【第3章 3.1節】　関口 幸治（せきぐち こうじ）

株式会社テカナリエ 顧問　(PMP・FP・MBA)
日立製作所35年、ルネサスエレクトロニクス14年勤務後　現職。
日本の半導体を戦略的教育で救った人。日立製作所、三菱電機、その後NECエレクトロニクスという日本の半導体事業の大合併に際し、それぞれの技術と意思の仕組みを融合するための戦略教育システムを作り、巨大企業を存続させたヒーロー。現在ルネサスエレクトロニクス戦略業務コンサルタントとして業務プロセスを次のステップに向けて改革中。

【第3章 3.2節】　合田 周平（あいだ しゅうへい）

電気通信大学 名誉教授
1960年度後半から、イタリア政府「サイバネティクス研究所」創設に参加し、後に英国「クランフィールド工科大学」にて研究企画担当して活躍。最近も、ロンドンをベースにシティの連中とともに、将来の経済・産業資源として「価値ある発明」の産業化を模索。多くのテーマのなか、最も興味をもっているのは、ボストンに本拠地を置く「ダチョウ抗体」（京都府立大学の塚本康浩教授発明）の応用研究(Translational Technologies) グループの活躍である。

【第4章】　Phillip Morris（フィリップ モリス）

Rogue Wave Software OSSフィールドCTO
1985年以来、ビッグデータとセキュリティを手がけ、ロンドンオリンピックのサイバー保護に参加。Sun Microsystems、British Telecom、Dimension Dataで勤務後、現職。WEF Cyber3フォーラム、世界工学会議、インターネットワールド、その他多くのイベントでのセッションほか、多くの講演をこなす。データを取り巻くリスクを明快に分析し、分散を図る考え方がすごい。

CONTENTS

まえがき ……………………………………………………………………… iii
著者紹介 ……………………………………………………………………… v

第1章 ビッグデータを正しく理解しよう … 1

1.1 ビジネスとビッグデータ ……………………………………… 2
1　ビジネスはそもそも物々交換 …………………………………… 2
2　お金は本当に使われているのか ………………………………… 3
3　人間の気持のデータ ……………………………………………… 4
4　値のやり取りデータと人の気持のデータ ……………………… 6
5　曖昧でよくわからない、途轍もないデータ、それがビッグデータ …… 8

1.2 ビッグデータの正しい理解 …………………………………… 9
1　ビジネスを失う 和製ガラパゴス英語：
　　なぜ「ビッグデータは大量データ」と誤訳されたか ………… 9
2　本来の"Big"の意味：Largeとの違い …………………………… 10
3　ビッグデータとは何か？ ………………………………………… 13
4　"いい"加減なデータの集まり …………………………………… 15
5　いい加減でも良い加減？ ………………………………………… 16
6　ビッグデータはコンピュータ用語ではない …………………… 17
7　ビッグデータを使う人と作る人 ………………………………… 18

1.3 ビッグデータの起源 …………………………………………… 26
1　ビッグデータの特徴3つのVと5つのV ………………………… 27
2　Volume：データ量 ……………………………………………… 28
3　Velocity：データの速さ ………………………………………… 32
4　Variety：データの多様性 ……………………………………… 38
5　Variability：データの可変性 …………………………………… 41
6　Veracity：データの真実性 ……………………………………… 43

1.4　ビッグデータとオープンデータ　44
1　ビッグデータとIoTを別々に考えてはいけない　44
2　オープンデータとは何か　45
3　世界に見るオープンデータの実例　49
4　スマートシティとビッグデータやIoTとの関係　54
5　スマートシティとビッグデータの融合　57
6　ビッグデータの利用とビジネスのゴールと複雑な要因分析　62

1.5　IoT (Internet of Things) も正しく理解しよう　67
1　インターネットはなぜ
　「インター (Inter) なネット (Net)」というか　67
2　インターネットの開発：自動で通信ルートが利用可能　69
3　インターネットとIoT：所有格ではない'of'の意味　70
4　IoTを活用した製造業におけるシステム　70
5　トヨタかんばん方式にIoTを導入すると何が変わるか　76
6　インダストリー4.0とその具体的な利用例　79

1.6　AIと人間の知能と何が違うのか？　82
1　AIという言葉の意味　82
2　人間が作るものは人間に似ている　83
3　パターン選択型のAI　85
4　"本当にものを考える仕組み"のAI　87
5　AIは人工の"知能"　90
6　AIとビッグデータ　91
7　人間の知能とAIは実際には何が違うのか？　92
8　結局、今後AIは何に使うのか　95

第2章
スーパーリーダーによる
産業別ビッグデータと次世代産業指南　99

2.1　地方創生と中心市街地活性化　100
1　まちづくりに関わる政策の歴史　100
2　地方創生と中心市街地活性化に求められているもの　104
3　ジブンゴト化と地域活性化　108

2.2 まちづくりとG空間情報 ……………………………………… 109
1　G空間情報とは？ ……………………………………………… 109
2　オープンデータを活用したまちづくり ……………………… 112
3　ビッグデータを活用したまちづくり ………………………… 117
4　まとめ …………………………………………………………… 122

2.3 IT化が推進するモビリティ革命と新しい移動ビジネス … 124
1　始まった「モビリティ革命」
　　―シリコンバレーが電機産業に続いて自動車産業を狙い始めた― … 124
2　「自動運転」は技術革新ではなく、モビリティ革命への入り口 …… 125
3　移動ビジネスの代表格であるウーバーと
　　シェアリングエコノミー ……………………………………… 128
4　電動スケートボードの合法化によって普及が進む
　　パーソナルモビリティ ………………………………………… 130
5　移動をデザインするデータベースである「スイスモビリティ」…… 135
6　モビリティ革命と「移動ビジネス」の登場にどう向き合っていくか？ … 137

2.4 社会保障分野におけるビッグデータの活用に向けて …… 138
1　2025年を目標に地域包括ケアシステムの構築 ……………… 138
2　社会保障分野のビッグデータの重要性 ……………………… 140
3　マイナンバー制度とビッグデータ …………………………… 143
4　社会保障分野のビッグデータの利用に向けた動向 ………… 147
5　今後の目指す方向性と課題（2025年の目指す社会） ……… 150

2.5 デジタルテクノロジーによって始まった
金融業の第二の変革 ……………………………………………… 152
1　金融業界に再び大きな変革の波 ……………………………… 152
2　キャッシュレス取引の劇的な増加と電子データ …………… 153
3　ビジネスチャンスの源泉としての金融顧客データ ………… 156
4　テクノロジーの進展と金融業のジレンマ …………………… 158
5　金融業のオープンイノベーションと新たなビジネスチャンス …… 161
6　ITリテラシーの高い日本発フィンテックが世界にはばたく …… 163

2.6 電力事業におけるビッグデータとイノベーション ……… 164
1　電力事業の進展とIoT活用によるビジネスチャンス ……… 164
2　もともとはベンチャーだった電力事業 ……………………… 166
3　インフラ事業とその事業経営ポイント ……………………… 170
4　電力事業のイノベーション ―Electrodiversity― ………… 176
5　これからの電気の使い方と課題
　　―電力システムのイノベーション！― ……………………… 184
6　まとめ：新たなイノベーションによって発展を …………… 187

2.7 災害復興とビッグデータの活用 …… 188
1. 災害時における復興のサイクル …… 188
2. 復興サイクル:「回復」期 ⇒「復興」期 ⇒「準備」期 …… 190
3. 3つのサイクルとビッグデータとの関係 …… 191
4. ビッグデータの特徴、変化の激しい災害時データ …… 192
5. 災害復興と他の産業と大きく異なる課題 …… 193
6. 発信しつづけたアメリカチームと、ソリューション作成の日本チーム …… 193
7. 日本に求められるビッグデータ利用の意識改革 …… 194
8. 10年後を見据えたビッグデータによるビジネスチャンス …… 195

第3章 ビッグデータビジネスを支える"知恵と教育：究極の成功例" …… 199

3.1 成功例1：日本の半導体の生き残りの戦略 －企業における技術者教育に対するアプローチ－ …… 200
1. 日本の半導体会社の統合が始まった …… 200
2. 半導体会社統合の過程で何が起きたのか！ …… 200
3. 全社を巻き込んだ巨大プロジェクトが始まった …… 202
4. 何をどうやって作ったのか（手法解説やセオリー）…… 206
5. 仕事の仕方の整理と業務の仕組みづくり …… 209
6. PM（プロジェクトマネージメント）研修の導入 …… 216
7. 顧客バリューを重視したマーケティング活動 …… 218
8. 業務改革を実施するときのテクニック …… 220
9. まとめ：「大事なことは、あるべき姿」…… 224

3.2 成功例2：ビッグデータ時代の「学」の存在意義 …… 226
1. 「学」のリーダーシップの必要性 …… 226
2. 「学」が産業分野を拓く：「福祉工学」の例 …… 229
3. 技術が複雑に絡み「異質」なものを創出する時代：ビッグデータと哲学 …… 236
4. 「開発の論理」の具体例 ①：ホールガーメント …… 240
5. 「開発の論理」の具体例 ②：「ダチョウ抗体」のTranslational Technologies …… 244

第4章
ビッグデータがもつ可能性とそのリスク 245

- 4.1 ビッグデータの分析と専門家との共同作業 246
- 4.2 IoT（あるいは「スマート」）に関係するリスク：
  サイバーと物理的セキュリティの融合 248
- 4.3 サイバーと物理的セキュリティの融合で
  考えられるリスクの例 249
  - 1 車載情報システム「オンスター」（OnStar）のリスク 250
  - 2 医療機器のリスク 250
  - 3 自動車のリスク 251
  - 4 産業用制御システムのリスク 252
- 4.4 ビジネスにおけるリスク 253
  - 1 PII（個人識別情報）と規制リスク 253
  - 2 データ選択のリスク 253
- 4.5 人的なリスク 254
  - 1 分析無視への対処 254
  - 2 変更の受理 255
  - 3 失敗の受け入れ 256
- 4.6 ビジネスの成功と企業競合力を支える
  ビッグデータ分析 256

あとがき 259
索引 260

IoT時代のビッグデータビジネス革命

第1章
ビッグデータを正しく理解しよう

第1章では、和製英語や間違った翻訳に惑わされず、海外の人々と同じ感覚でビッグデータやIoT、AIなどを理解できるよう、言葉の本来の意味を交えて解説しています。また、実際の使い方についても見ていきます。英単語の誤訳と誤理解がビジネス機会を逃しているという事実を、改めて認識すると思います。

第1章 ビッグデータを正しく理解しよう

1.1 ビジネスとビッグデータ

1 ビジネスはそもそも物々交換

　ビッグデータとは、ビジネスで使われる言葉です。それでは、そもそもビジネスとは何でしょうか？　図1-1-1を見てください。ビジネスとは、人から人に価値が移転することから始まります。

　Aさんが、商品やサービスをBさんに渡します。

　「えっ？　お金は？」という疑問の声が聞かれそうですが、そうです、Bさんは商品やサービスを受けっとった代わりに、真ん中の絵のようにお金を渡します。

　ここまでの流れで"お金という価値を得た"と、思っていませんか？

　お金とは価値でしょうか？　お金とは、「価値が紙に印刷してあるもの（紙幣）」もしくは「金属（コイン）に価値が打ち込まれている物（貨幣）」です。つまり、お金は商品やサービスと違って、それを食べたり着たりすることができない「データ」を記述してある媒体なのです。

　お金に価値が生まれるのは、そこに書かれているデータを別の人に渡して、それに相当する商品やサービスという価値を得るときなのです。図1-1-1の流れを、もう一度順に考えてみてください。最初に、BさんはAさんから商品やサービスを受け取ります。つまり価値あるものが移転します。

　次に、Bさんはそれ相当の（数字の書かれた）お金（と呼ばれるデータが記述されてあるもの）をAさんに渡します。しかし、このお金は食べられません。Aさんは、その集まったデータ（お金）を使って、例えば隣町のCさんからそれ相当の物を取得（買い）に行きます。これがまた、新たに出て来たCさんのもっている価値がAさんに移転することになります。AさんはCさんから物を買うという行為になるのです。

1.1 ビジネスとビッグデータ

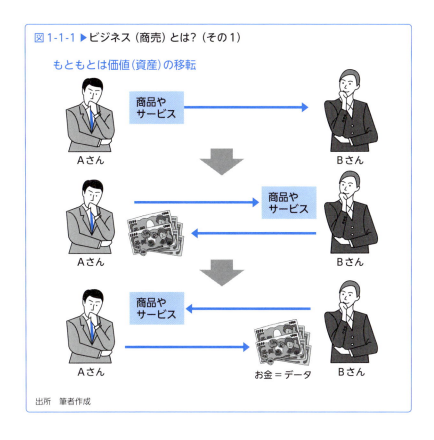

図 1-1-1 ▶ビジネス（商売）とは？（その1）

もともとは価値（資産）の移転

Aさん　商品やサービス　Bさん

Aさん　商品やサービス　Bさん

Aさん　商品やサービス　Bさん　お金＝データ

出所　筆者作成

　このように考えると、お金は、ビジネスの中で価値をデータ（お金）として渡す媒体として、非常に大きな意味をもっていますが、本質が価値の移転や、相互の移転、つまり交換だと考えると、ビジネスの基本は「物々交換に近い」と考えられないでしょうか。

2　お金は本当に使われているのか

　ところで、これまでの例に出てきたお金ですが、現実に世の中で使われているのでしょうか。商品やサービスが移転し、代わりに、紙や金属に価値の書かれた物を渡すという、物々交換のルールの中で、今現在、

本当にお金が使われているのでしょうか？

　会社からの給料は銀行に振り込まれます。皆さんは、ATMなどでその額や残高を確認しています。もちろん、そこから現金を引き出して、商品やサービスを購入することもありますが、実は紙幣や貨幣はあまり使っていないのではないでしょうか。

　銀行に振り込まれた給料ですが、最近では、電気やガス代なども銀行引き落としやクレジットカード決済などで支払われることが多くありますから、振り込まれたお金を一度も見ることなく、別の人（あるいは企業）にその数字は移転していきます。オークションや通販サイトにおいても、紙幣や貨幣は使いませんね。かろうじて、銀行振り込みなどが必要なときに現金を入金するようなときはあります（図1-1-2）。

　さて、そうなると現代のビジネスは、物々交換とデータ交換サービスでビジネスが成り立っているように見えますね。

3　人間の気持のデータ

　図1-1-3を見ながら、再度考えてみましょう。

　Aさんは商品やサービスをBさんに移転させるのですが、簡単にいうと"売る"ことになります。BさんはAさんから資産を譲り受けますが、一方で、（データを記述している）お金をあまり相手にあげたくないのです。言い換えると、Bさん（ここでは買い手）としては、資産は増やしたいけれど数字（お金）は減らしたくないと考えるのです。もう少し平たくいうと、Bさんは「物は欲しいけれど、お金の支払いは最小限にしたい」と考えるのです。

　Bさんがお金をあまり使いたくないという希望をもったときに、その情報もデータと呼べるのです。他にまったく違うデータがここに存在します。それは、「人の気持の情報」です。

　それでは、この人の気持の情報、つまりデータは、これまでに説明したビジネス上の取引の中においては、どのように考えればよいのでしょ

1.1 ビジネスとビッグデータ

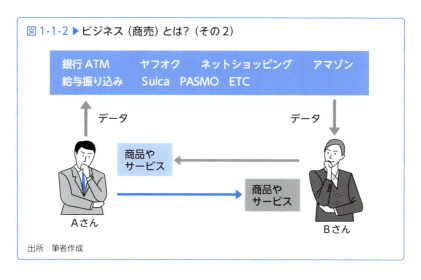

図1-1-2 ▶ ビジネス（商売）とは？（その2）

出所　筆者作成

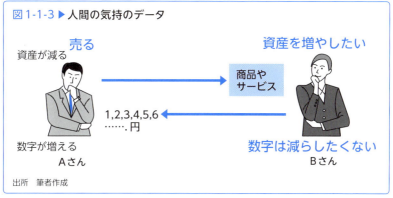

図1-1-3 ▶ 人間の気持のデータ

出所　筆者作成

うか。

　図1-1-4のように、現代のビジネスの本質が物々交換とデータ交換だという前提に立って考えると、人の気持の情報（人の気持のデータ）は図1-1-5のように、それぞれの取引をする人々の心に、'選ぶ理由'として常に存在しているのです。

　商品やサービスを選ぶ理由の中には、少しでも価値の高い物を、数字（つまりお金）を減らさないで手に入れたいという発想が生まれます。金

額に比べて少しでも価値の高い物を選ぶ理由が、そこには存在するのです。

Aさんは、まず商品やサービスを提供するわけですが、それら（商品やサービス）を選ぶ理由には利益率や売り上げ等々、たくさんの理由が存在します。Aさんの周りにはたくさんの選ぶ理由が存在するのです。またBさんですが、物を買う訳ですからBさんにも商品やサービスを選ぶ理由が存在します。これらの情報は、お金のやり取りには現れない「データ」なのです。

商品やサービスが移転しても、そのデータの「価値」はいくらか、どのくらいの期間で返すのか、誰が支払うのかなど、せいぜい数種類です。ところが、売るにしても買うにしても人の気持の情報は途轍もない量があり、常に変化して、どこにあるかよくわからない、つかみどころのないデータです。ビジネスにおいては、この「人の気持のデータ」を把握できれば、実ビジネスにも、大きな手助けになります。

Bさんは資産を増やしたいと考えますが、Aさんは売りたいと考えます。

売りたいAさんは、営業職かもしれません。その組織は企業ですね。商品やサービスをBさんに移転することを「販売」と呼びます。そこで活躍する人たちは、何とかBさんの人の気持をつかもうとします。これを企業活動の用語でいうと、「マーケティング」と呼ぶのです。

4 価値のやり取りデータと人の気持のデータ

現代のビジネスをわかりやすく整理すると、商品やサービスが移転され、それに見合う価値の書かれたデータが飛び交う（やり取りされる）ことでした。ここまでだと、商品やサービスの情報と価値の交換の証拠となるデータがあればよいわけです。これが、会計処理なのです。

簿記では、借り方と貸し方とに分けますが、商品やサービスという資産と、お金というデータを、常に両側に置きながら記録を取っているの

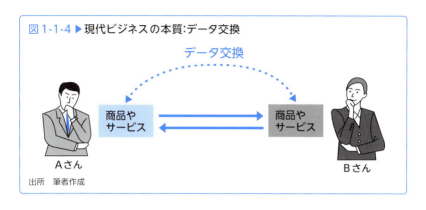

図1-1-4 ▶ 現代ビジネスの本質:データ交換

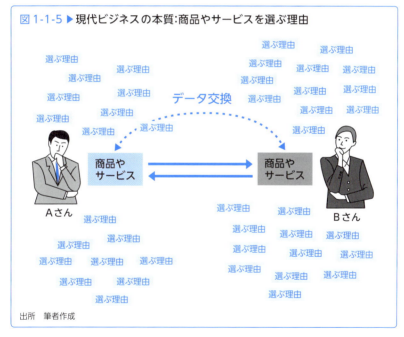

図1-1-5 ▶ 現代ビジネスの本質:商品やサービスを選ぶ理由

です（図1-1-6）。

　ただ簿記では、売る人と買う人の気持まで推測することはありません。実際に起こった活動のみを記録します。つまり、価値のやり取り活動の「記録ツール」なのです。

それに対して、ビジネスは、簿記のように結果の数字の集計だけでなく、実際に人と人がやり取りするので、そこには気持のデータが存在します。人の心のことですから、本人に聞いたとしても、本当のことをいってくれるかどうかもわかりません。もっというと、本人ですら「なんとなく選んだ」というように、自分自身でも選ぶ理由が曖昧なところがあります。

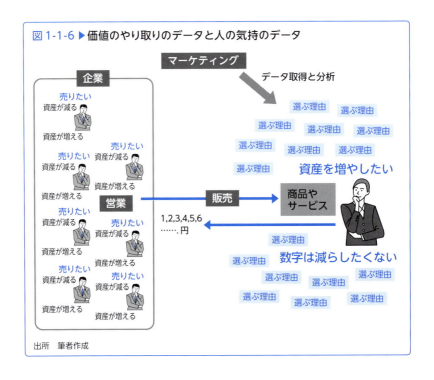

図 1-1-6 ▶ 価値のやり取りのデータと人の気持のデータ

出所　筆者作成

5 曖昧でよくわからない、途轍もないデータ、それがビッグデータ

実はビッグデータとは、
　(1) 人の気持を何とか理解しよう

(2) 途轍もない曖昧なデータの中から真実を見つけよう
(3) 人間にすらわからない法則を見つけて推測してみよう
(4) (1) ～ (3) によってビジネスの可能性を最大限にしよう

のようなことを「ビッグデータ」というのです。これは、決して大量データのことだけを意味している訳ではありません。機械にセンサーを付けて、たくさんのデータを収集できるようにすることを意味するわけではありません。

本書では、ビッグデータの'ビジネスとしての重要性'を目的として、その意味を正確にとらえていただきたい思います

1.2 ビッグデータの正しい理解

1 ビジネスを失う和製ガラパゴス英語： なぜ「ビッグデータは大量データ」と誤訳されたか

和製英語には、一見それと気づかないものが多くあります。本来は恐ろしい"復讐"という意味の"リベンジ（Revenge）"という単語は、"再挑戦"という和製英語で使われています。あるスポーツ選手が、再挑戦したいという時に間違って使ったのが広まってしまったと記憶しています。

日本で使っている分にはよいのですが、海外でのビジネス現場でこれを使うと大変なことになります。品質向上に再挑戦するとか、顧客満足度第一位に再チャレンジするなどとよく言われますね。

例えば、「今年は惜しくも品質コンテスト2位でしたが、来年も再チャレンジされますか？」という質問を受けたとします。それに対して、「はい。ぜひリベンジしたいと思います」ということは、「はい。ぜひ私たちは復讐しようと思っています」（We will revenge）という意味になります。

第1章 ビッグデータを正しく理解しよう

　こんなことを言ったら、間違いなくおかしな人だと恐れられるでしょう。

　実は、多くのビジネス関連の流行語にも、日本で独自の翻訳をされ、和製ガラパゴス英語に育った言葉が意外と多く、時にはビジネスまで阻害してしまうことがあります。

　ビッグデータという言葉に関しても、同じことが起きています。はやり始めた頃は、それほど大きな実害は感じませんでしたが、本来はビジネス戦略の言葉なのに、データという言葉が原因でIT用語としてだんだん取り上げられるようになりました。

　"ビッグデータ"は、日が経つにつれ、多くは大量データと解釈されていきました。最近では、国外とは別の大量データという理解のまま、どんどん普及が進んでいるように感じます。IT企業が、ビジネス戦略としての位置づけをきちんと説明せずに、大量データを扱えるサーバやネットワークの宣伝の中で、使ってしまったこともその一因と思います。

　一般企業やビジネスパーソンの間にも、ビッグデータは大量データとして広がってしまったので、ビッグデータを使う企業戦略は、「大量データをうまく利用すること」と捉える人が増えました。当然、その戦略は国際的な意味合いから遠ざかり、日本独自のガラパゴス英語文化の1つとなっていったのです。

　世界の人々には、日本人と同じようにビッグデータを大量のデータと誤解している人も数多くいます。これは間違っている解釈で、本当の意味は違っているのです。

2 本来の"Big"の意味：Largeとの違い

　日本では中学一年生の英語で"Big"を習います。"大きい"と訳したと思います。その直後に、今度は"Large"を習います。これも"大きい"と訳しました。

　さて、BigとLargeはどう違うのでしょうか。私は英語の先生に質問

1.2 ビッグデータの正しい理解

図 1-2-1 ▶ Big と Large

出所　筆者作成

した覚えがありますが、「両方ともほとんど同じ（大きい）という意味で、その後につく言葉によって変えるのです」というのがそのときの答えでした。

　これが根本的な間違いなのです。これがビッグデータを使ったビジネスの誤解の根本原因でしょう。

　実は、Big と Large の意味はまったく違うのです。人間の感覚の話ですので、日本語の訳だけで考えれば"大きい"という訳よいのかもしれませんが、言葉は人間の感覚や感情を表す道具であり、違いがあるからこそ言葉も違うのです。日本語では同じでも、まったく同じ意味の外国の言葉などないのです。単語が違えば、微妙にその意味は違うはずです。ここが重要です。

　例えば偉大な人、小柄でも世の中で重要な人、アメリカのアップル（Apple）社の創始者であるスティーブ・ジョブスなどは、"Big Man"と言われます。偉大な人、というニュアンスですが、「私たちとは根本的に違う、つかみどころのない大きな人」というニュアンスなのです。"Large Man"とは言いません（図1-2-1）。

　「俺はいつか Big になる！」とは日本語でも言いますが、「俺はいつかラージになる！」とは言いません。

　洋品店で気に入った T シャツを買うときや、ハンバーガーショップでコーラのサイズを聞かれる時、「L サイズの長袖」とか「コーラは L サイズ」と表現しますが、「ビッグの長袖シャツ」とか「コーラのビッグサイズ」とは言いません。

　それでもビッグサイズのポップコーンなどと使うときは、"すごく大きい"という意味を込めていると考えてください。

　"Large（ラージ）"という単語は、物理的に大きい、ものさしで測れる「サイズ」であって、それ以外の価値をまったく説明していない"大きい"という意味なのです。一方で"Big（ビッグ）"という言葉は、「つかみどころのない大きさ」「自分より明らかに大きいがその大きさがわからない」「物差しなのか、体重計なのか、長いのか、高いのか、太い

のか、重いのか 計測する道具も選べない大きさ」というような意味をもっています。

おわかりだと思いますが、ビッグデータの"ビッグ"とは、こういう意味をもって表現された言葉なのです。つまり「よくわからない大きさ」といったニュアンスなのです。

3 ビッグデータとは何か？

〔1〕ビジネスの判断に必要な情報

ここまで説明したように、"ビッグ"という言葉が何かものさしでは測れない大きな物、逆にものさしや計りで計測できる大きな物を"ラージ"と表現することは理解できたと思います。

それでは、"ビッグデータ"とはそもそも何を意味するのでしょうか。答えは至って簡単です。ものさしや計りで計測できない、数字できちんと表せないデータということです。測れない、数字で表せないデータとは何でしょう？ 途轍もなく大量のデータでも、数字や計りで表せればビッグデータではなくラージ・ボリューム・オブ・データ、つまり「大量のデータ」と呼びます。

ビッグデータは、このようなデータの量であるとか、サイズを意味していません。ビジネスの判断に必要な「さまざまな形をした、さまざまな性格をもった、さまざまな種類のデータ」を意味し、それらを駆使してビジネスの効率や効果を上げることができる情報と、その情報の使い方のことを表すのです。

〔2〕製品の販売とビッグデータの関係

もう少しわかりやすく、例で表しましょう。図1-2-2を見てください。図1-2-2の中心に書かれているのが、ある製品を作り販売するという行為です。例えば、新しいスケートボードについて考えてみました。そして、その周りにあるのが、もっと売り上げを上げるために欲しい情報で

す。さらにその外側にあるのが、たぶんどこかにあるだろう、いろいろな形をしていて瞬間的に現れたり、ネットにあったり、自社のコンピュータ部門や社員のパソコンの中にあるなどの、膨大な種類と量のデータです。このひとつひとつがビッグデータです。

　ビッグデータというぐらいですから、さらにこのビッグデータの複合データもビッグデータなのです、この図1-2-2の上にある☆1と、下にある☆2を見てください。このスケートボードメーカーの過去の製品出荷の特約店別の出荷台数が☆1だとして、どの地域で今年は晴れる日が多いのかという情報を、☆2と考えてください。単純な例ですが、この☆1と☆2を合わせて考えると、どの地域によく製品が出るのかはわかるが、その地域では今年は雨が多いかもしれないとわかると、地域別に入れる新聞の折り込み広告の枚数を考えるとき、雨の多そうな地域の広告数を減らします。

　☆1と☆2の組み合わせで、このような予測ができるようになります。このように予測してみること、考えてみること、さらに他の情報要素も入れて考えること、これがデータ分析なのです。

　ここまでできると、ビジネス拡大のために知りたいことという内側の円までもう一度戻れます。この内部の円には☆3の「どこで売れそうか？」という疑問が書かれています。先ほどの☆1と☆2を合わせて、多方面から考えて分析をすることで、☆3の疑問へのヒントが絞り出されるわけです。

　新製品が、どこで売れるかなんて誰もわからないと思いがちですが、このようにビッグデータを分析することによって、予測できるようになります。

　どこで売れるか予測がつけば、当然製造工場や販売特約店の選択も変わり、部品の調達コストや製造人件費も変わってきます。コストや費用が変われば、当然利益も変わると予測されます。この利益の予測も新たに生まれるビッグデータになっていくのです。

　この例で、ビッグデータは単なる大量データを意味するものではなく、

1.2 ビッグデータの正しい理解

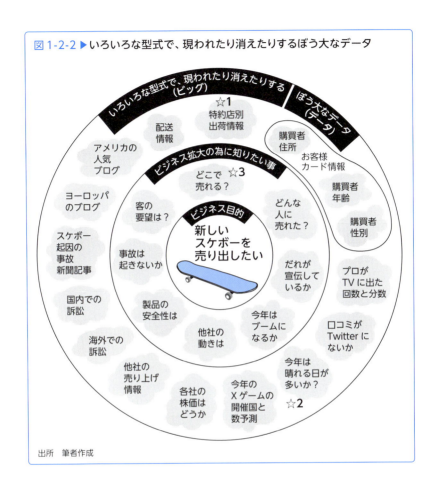

図 1-2-2 ▶ いろいろな型式で、現われたり消えたりするぼう大なデータ

出所　筆者作成

ビジネスニーズから生まれる疑問に対してさまざまなデータを分析し、回答や予測を出すことを意味するものと、理解できたと思います。

4 "いい"加減なデータの集まり

この図 1-2-2 の一番外にあるビッグデータの例を見てみましょう。人気ブログに書かれた評判や、限られた範囲でしか集められない新聞記事、昨日はあったが今日は消えたネットニュース、1 時間前から 10％も上

がった競合他社の株価、Twitterの悪意をもった書き込みなどなど、このビッグデータの中にはかなりいい加減で信用できない情報も多く存在します。

これまでの市場予測やそれに起因する製造予定数などの伝統的な予測は、特約店ごとの出荷実績や消費者アンケートの回収分統計など、データそのものが数字などで計測可能な情報を元に行われていました。ところがビッグデータの世界にある情報は、その情報の性格は、量の多さもさることながら、データの存在し続ける期間から、その信憑性、言語まで、大変多くのいい加減さを含んだ情報であるといわざるを得ません。

一言でいうと、"いい加減なデータの集まり"ともいえるのです。

いい加減なデータだから当然信頼性も低く、大きな投資を伴うビジネスの行動指針として使うには、相当なリスクがあるわけです。

現に、レストランのランキングや紹介をするインターネットのサイトで、その投稿者が意図的に評価を書き込んでいたことが数年前に話題になりました。ビッグデータに書かれたデータが正しかったとしても、そのデータが10年前のものであれば、当然そのデータを元に来年の予測をすることには、大きなリスクを伴うわけです。

5 いい加減でも良い加減？

あまりにもいい加減な情報だとわかっていても、まあまあ当たらずとも遠からずということはよくありますね。いい加減な情報であっても大量の情報を分類してみると、何となくその傾向がわかることがありますね。このスケートボードの例でいうと、特約店の取り扱い数は特約店によって数字を報告した時期が違うので、必ずしも同じ時点での正確な扱い数量にはならないことがあるでしょう。

ある特約店Aは12月が年度末、ある特約店Bは3月が年度末だとすると、当然1年の総取り扱い数には12月と3月という情報を取った時期の違いが出てきてしまい、同じ時点で計測した正確な売り上げ比較で

はなくなってしまいます。

　ところが、たとえ3カ月計測時期がずれていても、これらの特約店の扱い高の比較は何となくわかる訳です。この何となくという感覚は、良い加減なのかもしれません。良い加減は感覚に思えますが、実は数字や計算でその傾向値を出すことで、はっきりとした予測用情報の一部として明確に表すことができるのです。

　例えば、東京と大阪の売り上げ数量に3カ月のずれがあったとします。1年間の売り上げ数量が12月時点の東京では10,000、3月時点の大阪では6,900だとします。経営者はこの数字を見て、その差の3,100に固執するでしょうか？　別の言い方をすると「東京と大阪の売り上げの差は3,100である」という情報はいい加減な情報なのです。一方、「東京の方が大阪より売り上げが多い」という情報はたぶん正しい情報と考えられます。

　ビジネス判断をするとき、いい加減な情報を元にしていても、こうして見方を変えることで、いい加減な情報も良い加減な情報として使えることもあります。

　この判断をコンピュータや統計を使って非常に複雑に行う行為が、ビッグデータの解析なのです。ビッグデータが近年話題になってきた理由の1つが、この解析手法やさまざまなデータを複合的に見て傾向や予測をするテクノロジーの進化にあります。コンピュータや仕組みが進化したからこそ、ビッグデータを活用することができるようになったのです。

6　ビッグデータはコンピュータ用語ではない

　こういう説明をすると、なるほどコンピュータの進化でビッグデータを使えるようになったのだから、ビッグデータを活用するためにはITをしっかり勉強しなければならないと思う人が日本には大変多いのも事実です。書店に出かけて、ビッグデータ関連の本を見るとわかります。

第1章　ビッグデータを正しく理解しよう

書店では、ビッグデータ関連はITやコンピュータの棚に置かれることが多く、実際その内容もデータの解析手法やソフトウェア、データベースに関連した本があまりにも多いのです。

私の所属する亜細亜大学都市創造学部では、学部の設立を考えカリキュラムを設計している過程で、この点だけには早い時期に気を付けて作業を続けました。ビッグデータ活用やビッグデータ活用実習などという授業名からは、多くの人がコンピュータを使ったソフトウェアの操作実習のイメージをもちます。

実際のビッグデータ活用とは、前述したさまざまなデータをスケートボードのメーカーなら何に利用できるか、洋服屋さんなら何に使えるのか、レストランチェーンならどの食材仕入れに使える情報を得られるのか、これらがビッグデータの活用なのです。

つまり、ビッグデータはコンピュータ用語などではないのです。それどころか、前出の図1-2-2にあるように、経営者はコンピュータのことはおろか、何のデータがどこにあるかなど、細かいデータについて考えるという行為の優先順位はとても低いのです。経営者であれ、部門長であれ、さらに営業マンや製造マンであれ、自分の仕事として「この情報があったらビジネスはもっとうまく回る」という考えをしっかりもてるかどうかが、ビッグデータの活用では最も大事なことなのです。

何が欲しいのかを明確にすることであって、どんなデータを得られるのか、どうやったら得られるのかということは、二の次でいいのです。

7　ビッグデータを使う人と作る人

〔1〕ビッグデータを使う人

それではビッグデータは、一体どんな人が使うのでしょうか？
図1-2-3を見てください。

スーツを着たAさんが何か考えていますね。Aさんがビッグデータを使う人です。本書の冒頭で説明した、消費者や購買者が何かを決める理

1.2 ビッグデータの正しい理解

図1-2-3 ▶ ビッグデータを使う人と作る人

由を考えているのです。

　Aさんの仕事は、何も物を売るばかりではありません。生産の人も、流通の人も、広報宣伝の人もいます。共通する仕事の目的は、「判断したり」「戦略を立てたり」することなのです。

　何かのイベントを企画するのもそうですし、営業戦略を考えたり、生産数量を決定したり、技術への投資を考えたり、経営戦略の根幹を決めたり、さまざまな人がいる訳ですが、それぞれが共通に行っているのは、判断や戦略作りなのです。

　それでは、Aさんの右側の「考えるべき事項」とは何でしょう。これはAさんが、その判断や戦略を立てるのに考えなければいけないことの例です。つまり、本質的ではないけれども考慮に入れなければいけないことなのです。

IoT時代のビッグデータビジネス革命　19

第1章　ビッグデータを正しく理解しよう

　どのような職種であっても、人間関係は重要な要素です。机上で作った計画も人間関係を考慮しなければ実現は困難です。また、輸入品の販売をしている人だけでなく生産の担当者であっても、海外から原材料を調達しますから、円とドルが常に変動す為替レートの知識も必要です。Aさんは、自身の業務の他に考えるべき事項を十分に考慮して、戦略や方法を考えたりするのです。

　ここまでが、従来の企業の戦略担当の仕事といえるでしょう。ビッグデータの世界では、これからが違うのです。Aさんが次に行うことは、仮説を立てることなのです。いわゆる、"たれば"です。

　「もし円がドルに対して1カ月後に急落したら」あるいは、「もし顧客の注文数が急に3倍になったら」などの簡単な"たれば"は、過去にもずいぶんと行われてきました。

　"たれば"の複雑な仮説を検証するために、ビッグデータを駆使した"本当に必要なデータ"を何としても手に入れようとします。これがビッグデータを使う人です。

[2] ビッグデータを作る人

　図1-2-3の下側にいるCさんを見てください。Cさんがビッグデータを作る人です。たくさんのディスプレイの画面を開いていますが、昔であればIT担当者と呼ばれたかもしれません。途轍もない、把握できないデータを駆使してビッグデータを広く探し、集め、解析して、"本当に必要なデータ"を作り上げる人たちです。

　Cさんのような人たちは、経営で判断したり、戦略を決めたりはしません。生産数や販売人員構成も考えません。しかし、以前の情報システム部門の人ではないのです。情報システム部門の人たちがこれまで支援してきたのは、ビジネスにおける定型的な仕事について、いかにコンピュータを使って効率化するかという要望でした。これを受注処理でいえば、単価と数量を掛ければ売上金額になるという明解な計算を、複雑かつ大規模に行うために働いてきた人たちです。

したがって、この人たちの多くは本社部門に所属し、企業の中での経費部門として働いていました。企業会計上、彼らの位置づけは本社費用であり、特に製品部門や事業部に帰属せずに位置づけられていました。そのためIT企業は、このような情報システム部門に対して本社向けの大型コンピュータを販売し、本社経費として販売していました。

ところがビッグデータを作る人たちは、これでは機能しません。なぜかというと、"ビッグデータを使う人"と"ビッグデータを作る人"の接点が、事業に基づいた"本当に必要なデータ"だからなのです。事業に本当に必要なデータですから、データを作る人も事業に関する知識をもたなければいけません。"ビッグデータを使う人"の要望をすぐに理解できなければなりません。また、事業部が極秘にしている新製品の情報にもアクセスができながらも、販売前の市場調査を行う必要があります。

このような理由で、昔の情報システム部員と"ビッグデータを作る人"には決定的な違いがあります。それは、事業部門に所属している事なのです。本社機構ではなく、事業部門内部に所属していることで初めて、"使う人"に貢献し共通な会話が可能となるデータを作ることができるのです。

〔3〕第3の人、データの提供者

表1-2-1を見てください。これはビッグデータに関係のある3種類の人を表しています。1種類目のビジネス実行者とは、先に述べた"ビッグデータを使う人"です。そして1つ飛んで、3種類目のビッグデータ仕組み提供者が"ビッグデータを作る人"です。

ところが、ここにもう1種類の人がいます。それが"データ提供者"です。

1種類目と3種類目は多くの場合、企業や組織の同一部門や同じ会社に所属している例が多いのですが、2種類目のデータ提供者はそれらに所属せずに独立していたり、もっというと、自らがデータ提供者であると認識すらしていない人です。多分にセキュリティの話題に抵触するの

第1章 ビッグデータを正しく理解しよう

で、ここではあまり深く触れないようにしますが、ビッグデータの議論の中で、多くの法律議論や倫理議論になるのが、データ提供者の存在と行動です。

　データを提供する人ですから、データをもっている訳です。私たち個人であっても、それなりにデータをもっています。住所、氏名、年齢だけでなく、日曜日にドライブしたルートや買い物記録など、考えてみると非常に多くのデータを個人で所有しています。

　データ提供者は、ビッグデータの考察の中で、市民ひとりひとりまでも含んだ多くの人々のデータを所有していることをも意味しているのです。自治体で進めているオープンデータやそれを提供する人、検索エンジンのサイトにおいて、大量に取得している消費者の買い物サイトの履歴を大規模に売買する業者などもこれにあたります。

　データ提供者が提供するデータは、近年では広範囲で高度になり、かつデータの利用について戦略性の濃いデータ提供がなされるようになりました。

　一例を挙げると、これまでのように、曜日ごとのある特定幹線道路の交通量などだけではなく、車1台1台の家族構成から自宅位置までが含まれています。自宅からカーナビ付きの車で出てどこをどう走ったかなどのデータ取得は簡単です。1人の情報はあまり意味をなしませんが、この情報が10万人分集まれば、突然特定地域の人々が何曜日の何時頃にどこを通ってどう帰ってくるかなど、細かい活動が手に取るように推測できるようになります。

　話は若干変わりますが、コンビニなどで"ポイント"が付く各種ポイントカードについても、同じようなことがいえます。今では、多くの販売店舗でポイントが付与されるようになりました。

　消費者からすると、ポイントは実質値引きであり、喜んで使っています。しかし、実はまったく逆です。"ポイントをつけてください"と自分のポイントカードを提出したとき、カードに登録してあるすべての個人情報と、そのミネラルウォーターやコンビニ店舗などの情報が突然つ

1.2 ビッグデータの正しい理解

表1-2-1 ▶ ビッグデータを扱う3種類の人

1種類目	ビジネス実行者	ビジネスでの課題解決と目標達成を目指している人
2種類目	データ提供者	日本ではオープンデータを推進する自治体や旅行者の移動情報を取得して販売する会社などがありますが、その利用目的まで提案するため、上記1種類目の人が自分でビジネス目的を考えないケースも多々見られます
3種類目	ビッグデータ仕組み提供者	コンピュータメーカー、クラウド事業者、ソフト開発業者などがこれにあたりますが、2種類目の人々同様、あたかも仕組みでビジネスの課題解決や目標達成ができるような提案にビジネス遂行者が飛びついてしまうケースも多く、この点も日本独特のビジネス文化と考えられます

出所　筆者作成

ながってしまうのです。この顧客は、○○時○○分、どこで何をいくら買ったかという具合に、100％の活動が記録され商品販売履歴と結び付けられてしまうのです。

この2種類目の人々の話はこれくらいにしておきます。非常に重要な話ですが、日本では関心のあまりない、ビッグデータの若干グレーゾーンの部分なのです。

[4] ビッグデータで知りたい"わかるかも"データ

ビッグデータは、顧客の心を推測する目的でよく使われてきましたが、これまでの統計とは大きく違います。

例えば、地方のある地域で、冬の真っただ中に若い人にTシャツを売らなければならないという命題があったとします。

夏でもなく、厚着をしていて外にアピールできる訳でもないのに、「Tシャツが売れるのか？」などと考えてしまいます。安定を重んじる経営者が冬にTシャツを売り出す方針を出すことはあまりないように思います。

しかし、最近では多くのショップで、冬でもTシャツは売られています。つまり、そこには選ぶ理由が存在するのです（図1-2-4）。

多くの若者に、この点について調査をしたことがあります。

真冬に新しいTシャツを買う理由に関して、数多くの面白い理由を聞くことができました。クリスマスには彼女と一緒に過ごすかもしれない、そのときの勝負Tシャツだとか、襟元から見えるTシャツの色で、厚いコートの色を引き立たせるのだとか、Tシャツを新しくすることで自分自身を内面からリッチなムードにするのだなどの心理的な要素も数多く出ました。

しかし一方で、非常に感心した理由もありました。昔の冬の厚着は、Tシャツの上にボタン付きのシャツを着て、その上にセーター、さらにコートというような構成でしたが、今は、Tシャツの上に直接ダウンジャケットを着る人も大変多いのだそうです。こうなると、何の需要が増えるかというと、ダウンジャケットを脱いだときに、「通常のTシャツより暖かいこと」という条件が出てくるのだそうです。発熱型Tシャツの売り上げが急増したのは、この理由のようです。

それでは、このような「選ぶ理由」について、どうやってビッグデータを使うのでしょうか。そこには"わかるかもデータ"が存在します（図1-2-5）。

これまでの統計データでは何かを決めるために、直接関係のあるデータを駆使して考えて決めていました。ところがビッグデータでは、多方面から情報を多角的に集めて、さまざまな推論を入れながらデータを考えます。

図1-2-5にあるように、何かを決めるときには、そのために「本当に知りたいこと」というデータがあります。先のTシャツの例でいえば、決めるべきことは冬のTシャツのサイズや材質別の生産量であるとしましょう。そのために最も知りたいことは、当然これらの需要の数字です。

ところがこれまでの統計では、いくら深堀りしても、需要の深堀りが続くだけで、まったく関係のない情報との連携は証明できませんでした。

クリスマスの夜に、どの宿泊施設にどのような人が泊まるかなど、ホテルの予約リストを手に入れなければ絶対にわかりませんでした。とこ

1.2　ビッグデータの正しい理解

図1-2-4 ▶ 冬でもTシャツを選ぶ理由

出所　筆者作成

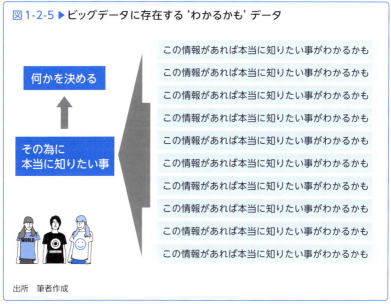

図1-2-5 ▶ ビッグデータに存在する'わかるかも'データ

出所　筆者作成

IoT時代のビッグデータビジネス革命　25

ろが現在では、街の防犯カメラの画像解析で歩行者の年齢、性別、服装は容易には把握できます。持ち物から大まかな消費金額も推測でき、さらには同一人物のトラッキング（追跡）を行えば、ひとりひとりの行動パターンも把握できます。

ビッグデータとして旅行サイト企業などで販売されている、年代性別ごとに人が動いた位置情報などと合わせると、ホテルの予約推測などは、かなり早い段階で推測することができます。つまり、本当に知りたいことを見つけるのは難しいが、この情報があれば本当に知りたいことがわかるかもといえる"わかるかもデータ"を、数億種類、毎秒で数週間、世界中から取得して計算することが大変容易にできるのです。

そこから導き出される"そのために本当に知りたいこと"のデータは、企業経営者がこれまでの経験で予想できた考えや仮説とは、まったく違う事実かもしれません。

その結果、新たな戦略を発想できることになるのです。

1.3 ビッグデータの起源

ここからは、ビジネス実行者としても最低限知っておくべき、「ビッグデータ」の生まれた背景や、国際的なビジネス社会で理解されている技術的な特徴について説明していきます。

ビッグデータは、その性格からどんどん複雑性を増し、業務に特化した戦略的な使い方がどんどん進化してきています。そう考えると、ビッグデータの専門家に必要な知識とは業界知識や業務知識であり、さらに情報の所在を予測してその活用方法を発想できる能力なのです。

ことビッグデータに関しては、欧米諸国はもちろん、アジア各国やインド、アフリカでも、この認識はほぼ正しく理解されています。しかし、なぜか日本だけ間違った解釈で理解されていることが多いのです。

1.3 ビッグデータの起源

1 ビッグデータの特徴：3つのVと5つのV

さてここで、そもそもビッグデータとはいつ誰が言い出したのか、基本的な話題に入っていきます。

まず、2001年にMETAグループ（現ガートナー）で定義されたビッグデータの定義について見ていきましょう。

このMETAグループの定義では、ビッグデータは「よくわからないビッグなデータ」とされ、その表現に3つの"V"が使われました。この3つのVが提唱された瞬間が、ビッグデータという言葉の誕生と考えてよいと思います。

3つのVとは、Volume（量：データの量）、Velocity（速さ：データが出入りするスピード）、そしてVariety（多様性：データの範囲、種類、源泉）です。

先に述べたように、日本での誤解のほとんどが、最初のVolume（ボリウム）という単語の「大量」となり、またBig（ビッグ）が「大きい」となり、外来語でありながらも、ほぼ日本語になってしまったことに起因しています。これが、"ビッグデータは大量のデータ"と解釈されてしまっている原因です。この点について、もう少し補足したいと思います。

もし大量のデータをビッグデータとするならば、英語的には"Large Volume of Data"（ラージ・ボリウム・オブ・データ）となるべきです。「データの大きな量」ということです。英文法的に見ても、これをラージデータとできない理由があります。Bigは曖昧な形容詞なので'Big Data'で文法的にも正しいですが、'Large'は「大」なので、「大きなサイズ」「大量」などと、何が「大」なのかを示す単語（単位）を後ろに付ける必要があります。たとえば、Large Volume、Large Amount、Large Numberといった具合です。

ビッグデータの3Vでは、途轍（とてつ）もなく大量で、追いかけられないほど速いスピードで動き、文字や映像の違いだけでなく出所も種類

もまちまちなデータを、ビッグデータと定義しています。

　近年ではこの3Vに、'Variability'（可変性：データが変わっていってしまうこと）と、'Veracity'（真実性：信用できるデータかどうか）が加わって、5Vとも言われています（図1-3-1）。

2　Volume：データの量

　古い時代のコンピュータのその典型的な構成は、①計算する本体と、②そこから延びるケーブル、③その先にぶら下がる端末と、④キーボードでした。ほとんどのデータは、人の手によってキーボードから入力されました。

[1] 具体的なデータ量の例

　1分間に、30語180文字のタイプが可能な人が100人いるとします。このとき、データは1分間に3,000語18,000文字のデータが入力されるという計算になります。非常に簡略化した計算になりますが、これを60分×8時間で計算すると、18,000文字×60分×8で864万文字となります。

　1文字2バイトと考えると1,728万バイト（864万文字×2バイト）、つまり17MB（メガバイト）です。たとえばiPhone 6の最低記憶容量は16GB（ギガバイト）、つまり16万MBですから、この計算で例に挙げた100人が入力できるデータの9,411倍です。

　このように、昔はPCが100台つながっているようなコンピュータであっても、iPhoneの9,000分の1の情報しかなかったということになります。それでも企業はそのデータをもとにビジネスを行いました。

　当時もコンピュータは専用回線や電話線で接続されていましたが、基本的には1つ1つ相手を特定しての接続でした。つまり1対1の接続ですね。インターネットの構造や歴史については他書に譲りますが、インターネットの'インター'とは複数の物のつながりを意味し、'ネット'と

1.3 ビッグデータの起源

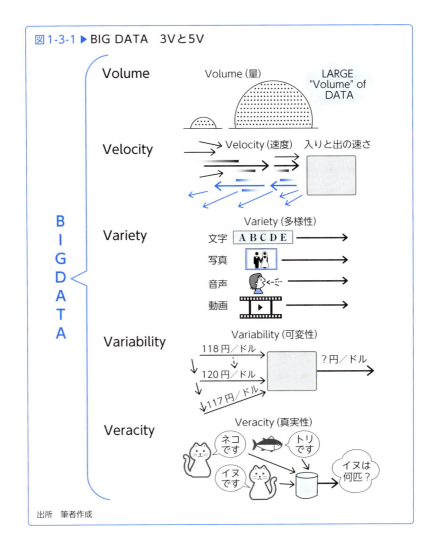

図1-3-1 ▶ BIG DATA　3Vと5V

出所　筆者作成

は網のことです。インターネットとは、「網と網がつながった」というような意味になります。

　このインターネットの普及で、コンピュータは網の目のようにつながっていきました。人の入力に頼っていたデータは相関関係をもつようになり、データとデータは結合や構造化され、データの量も増えていき

第1章 ビッグデータを正しく理解しよう

ました。この時点では、データはまだダイナミックに動かず、入力されたデータはどこかに蓄えられ、使う時にそれらは取り出され処理されました。

ですから、この時に必要だった仕組みは、検索の仕組みと大きなデータベースだったのです。ビジネス上何か重要な相関関係を見たいとか、地区ごと、日にちごと、性別ごとの製品の売り上げを見たいなどという需要には、リレーショナルデータベース（関係データベース。データベースの構造の1つ）があれば対処できました。

リレーショナルデータベースとは、データを順番に並べて置くだけではなく、データ同士に関係性を記述して大きな記憶装置に効率よく格納する仕組みでした。あくまでも集めて並べられた、いわゆる静的に格納されたデータを、正確かつ高速に検索する仕組みと、その格納されたデータの1つ1つがどこにあるかという位置情報や格納情報も一緒に収納する仕組みが必要でした。この仕組みさえあれば、この時代のデータベースを高性能で管理でき、ビジネスへの貢献には十分でした。

データの量が人間の手入力量と同じで、いい加減なデータもほとんど入ってきませんでした。さらに、すべて手入力なのでデータの入力もゆっくりとしたものでした。

[2] ビッグデータ誕生の原因の1つがIoT

IoT（Internet of Things）もビッグデータを生み出した大きな原因です。詳しくは後述しますが、IoTとは、それまで人間が手でデータを入力したり、記録して成り立っていたインターネットの大きな利用形態に対して、人間が直接関与しなくても機械やメーター、機器やセンサーなどのあらゆる「モノ」がインターネットを通じて情報を集めたり、交換したり、配ったりすることを言います。

機械などのモノが直接やり取りしますので、その数やスピードは途轍もなく大きく、速くなっていきます。その結果、大量データや高速データなど、それまで人間がコンピュータなどを利用して入力していたデー

タ量をはるかに超える大容量を、機械が自動で入力するようになりました。同時に防犯カメラの映像や、交通信号や照明、自動車や電車、工場の生産設備、携帯電話など、使っている人間が知らないうちに機械が自動でデータを作り、インターネットを使って自動的にデータを送受信することで、不要なデータや目的から見て正確でないデータ、取得の必要性のないデータもどんどん増えていきます。

　以前は、企業が使うコンピュータが増え、映像や画像の量が増加したことによってデータ量が増えたとされました。つまりデータには量に関する議論が多かったのです。しかし、ラージデータ（大容量）ではないビッグデータ、つまり量も質も、正確性までもが掴みきれないデータがインターネット上を飛び交っているのです。

　バラバラで信頼のおけないデータが飛び交う中で、「いかにして必要な、正しい情報だけを、どう使うか」というニーズも生まれてきました。

〔3〕IoTの登場でさらに複雑化するビッグデータ

　図1-2-1に示すように、ビッグデータには量ばかりでなくたくさんの捉えづらい特徴があるのですが、その原因の1つにIoTの普及があります。近年では、工場や現場などで働いているロボットや機械がもっているデータを利用しようとすると、課題はデータ量ばかりではなくなります。ロボットや機械の制御は、ソフトウェアで行われその作動結果もソフトウェアで上がってきます。ところが人間の書く命令や報告書とは違って、彼らは言葉を使いません。人間なら「その部品を掴んでください」と言うところを、機械やロボットは電気信号で示すわけです。

　電気信号で命令され、仕事をし、その結果も電気信号で上がってきます。つまり言葉で情報が上がってこないのです。ところが、人間から見ると、機械に何をさせたいか、またどのように働いたかという情報交換は言葉で行いたいのです。ですから、コンピュータが生産や物流などの機械やモノが使われている現場に導入されて以降、人間の言葉と、機械が発する信号には大きな壁がありました。

第1章 ビッグデータを正しく理解しよう

　人間が考える生産管理システム、つまり何をいくつ作るかというコンピュータシステムは言葉で扱えました。ところが製造現場で動く機械やロボットを制御するコンピュータシステムは製造システムなどと呼ばれていました。生産管理システムと製造システムは、ほとんど直接つながっていませんでした。製造現場からデータをうまく集めることができても、人間の数万〜数百万倍という情報を吐き出す機械データを、人間がどうやって見極めるかということも、そう簡単な話ではありませんでした。

　ここで登場してきたテクノロジーが IoT であり、IoT が登場してきたことで、さらにビッグデータが複雑化していったのです。IoT の原点は、機械を動かす電気信号と人間が使ってきたコンピュータシステムで使う言葉の融合なのです。製造用の機械が作った製品の数量が電気信号で集められ、それが生産管理システムにもわかるように言葉に翻訳され、人間がそれを見て即座に判断する仕組みなのです。その通信手段としてインターネットを使うので IoT と言うのです。決して機械がインターネットにつながっただけを意味するわけではないのです。ここから、前述のようにビッグデータが広がっていったのです。

3 Velocity：データの速さ

[1] 1秒間に625万文字を送るデータスピード

　Velocity（データの速さ）とはいったい何のことでしょうか。ネットワークを流れるデータのスピードや、ディスクに存在するコンピュータ内部のデータのやり取りや処理のスピードも「速さ」と言います。例えばネットワークですが、ここでは、回線に流れる文字量の話をしてみましょう。

　銀行に ATM が設置されてオンラインシステムが一般的になっていった頃、ネットワークに流れるデータのスピードは 9,600bps（ビット／秒）、つまり毎秒 9,600 ビット、すなわち 1 秒間に 600 文字（1 文字は 16 ビッ

ト表示なので、9,600 ビット ÷ 16 ビット = 600 文字）を送信できることが一般的でした。

　現在では、LAN や光ファイバを使った家庭用のインターネット回線のスピードは 100Mbps（メガビット／秒）などと言われています。これは、1 秒間に 625 万文字（= 100,000,000 ビット ÷ 16 ビット）を送信できるスピードを意味します。昔のざっと 1 万倍です。それに昔はコンピュータの回線はポイント・ツー・ポイント（1 対 1 接続）と言って、1 つの場所から 1 つの場所にそれぞれ 1 本ずつ繋いでいました。しかし、今ではインターネットの普及もあり、複数の場所から複数の場所にネットがつながっています。

　急激に増えた大量のデータが四方八方に流れ、IoT によって機械が自動でデータをどんどん送信するようになり、それらのデータが昔の銀行 ATM の 1 万倍の速さで世界中を縦横無尽に飛び交っているのです。情報量が多くなり、それを送るための通信回線の容量を超えてしまいます。そうすると、さらにデータを圧縮して大量に送る技術が必要となりました。データが圧縮されれば、それを解凍する仕組みや対応した通信機器も必要になり、セキュリティソフトなど多くのものが必要になってきます。このような循環で大きなデータがやり取りできるインフラが出来上がってきたのです。

　このように IoT の台頭によって、高速データの送受信インフラができたとも言えます。

〔2〕100 万分の 1 秒単位のデータのやり取り

　データが発生してから流通するまでの「速さ」にも、ビッグデータの特徴が見られます。

(1) 手作業からコンピュータシステムへ

　ここで、株式市場を考えてみましょう。かつては仲買人が売人と顔を合わせてセリのように株を売買していました。証券会社では、電話など

で入ってくる株価情報を、担当者が店舗ごとにせっせと黒板に書き続けていました。

投資家は、その黒板の数字を見てから担当窓口に行き、手続きをして株券を買い、その紙の株券を持ち帰ってその株価の状況を毎日のように新聞で見ていたわけです。

この株の売買の仕組みが、コンピュータシステムでオンライン化して処理されました。このオンライン化ということを、「IT 化された」または「IT システムになった」と感じる人も多いのです。すなわち、株価のオンライン化とはセリの仲買人と売人とのやり取りをコンピュータシステムで代行し、各証券会社の営業所に電話で伝達していた株価を電子的に伝送し、黒板に書いていた数値を端末に映し出し、株券の印刷を止めて電子化しました。しかし、取引の判断は相変わらず人間が行っていて、その取引の流れもなんら変わっていませんでした。

また株のオンライン化とは、鉛筆とソロバンで計算していた経理事務をパソコンのエクセルに変えたようなもので、仕事の方法は根本的には変わっていませんでした。

(2) コンピュータシステムから自動化へ

さて、それでは現在の株取引はどうでしょう。

株価を見て株の売買判断を行うのもコンピュータシステムで行うようになりました。株を買いたい人は、株を買う判断材料（条件）をあらかじめシステムに覚えさせておきます。例えば、A 社の株が 100 円になったら 1,000 株買うといった具合です。

このようなオンラインシステムで、世界中の株に関して売買ができるようになりました。もちろん企業として大量に株の売買を行っている場合には、もっと複雑な処理を組織的に行っていますが、基本の概念は同じです。

これだけではありません。例えば、小麦粉の値上がりで製粉会社やその先の製菓会社の仕入れ価格が変わり、さらに販売価格にそれらが反映

されます。そうすると、当然売上高にも影響がでるので株価も変わります。

　もっと遡ると、小麦粉の価格は産地の天候に大きな影響を受けるわけです。天候の変化をさらに遡ると、高気圧や低気圧、海水温の上昇など地球規模の気象変化がそれに影響していることがわかります。こう考えると、エルニーニョ現象[注1]による南米の海水温の上昇が、最終的にはお菓子会社の株価に影響を与えるということになります。製菓会社の株で高い利益を得たい人は、当然この海水温上昇のもととなる地球規模の現象まで継続して監視したくなります。

　現在の株情報の仕組みは、ここまでを突き止めることができるのです。例えば、アメリカの小麦の産地の気温が1℃上がったら、すぐに株を買いたい人に警告メールを飛ばす、このような仕組みが世界中で動いています。

　実際にはこのような単純な条件での警告ではなく、温度や場所、為替、政治情勢など、さまざまな条件を掛け合わせた検討結果も、株取引の中では飛び交っているのです。

(3) 100万分の1秒を切るデータスピード

　これらの情報は人間が手入力している訳ではなく、さまざまなセンサーや機械や機器がインターネットで接続され、複雑な条件のもとに情報をマイクロ秒（μs。100万分の1秒のこと）単位で送り出されているのです。これも典型的なIoTなのですが、この高速で送信されるデータスピードも、ビッグデータの「速さ」の1つです。

　株の投資家が、多くの情報を自動判断して株を買うとすると、それは実際にはコンピュータが株を買ったことになります。このコンピュータが買い注文を出すと株価が変わり、別のコンピュータを使っている人が自動的に株の売り注文を出します。これは、あたかも対戦ゲームをコン

▶注1　エルニーニョ現象：太平洋赤道域の日付変更線付近から南米沿岸にかけて海面水温が平年より高くなり、その状態が1年程度続く現象。

ピュータ同士が勝手に行い、人間が直接対戦していないように見えるのと似ています。コンピュータはマイクロ秒で判断しますので、売りも買いも、その先の売りも買いも、凄く速いスピードで行われます。

さて、結果はどうなるでしょう。どんなに速くても数秒はかかっていた人間の判断による株式売買の時間は、100万分の1秒を大きく短縮できるスピードにまで上がっていったのです。

このように、データの発生そのものや流通の開始スピードにも、革命的な変化が訪れました。

〔3〕現れたデータを捨てる技術

コンピュータでも人間でも、先に挙げたように、高速で飛び交う膨大な天候や為替情報のすべてが必要なわけではありません。1秒間に1億もの文字が飛び込んできても、人間が判断できる限界は1分間に100文字程度でしょう。

ここで現れたのが、"不要なデータを捨てる技術"です。少し難しくなりますが、図1-3-2を見てください。ストリーミングコンピューティングといわれる"データを捨てる技術"です。

従来の情報システム処理では、収集されたデータはデータベースに蓄えられます。そこからプログラムが、そのデータベースから必要なデータを探しに行きます。

例えば、「10,000円以上の受注情報を取ってきてください」というプログラムが、ディスクに貯められた過去1年間の受注履歴（データ）を探しに行くのです。これが図1-3-2の上部分の仕組みです。プログラムは、このデータベースの中から「10,000円以上の受注情報」を選択して送信します。これが、これまでのシステム処理でした。

ところが、ストリーミングコンピューティングの考え方は、これまでとまったく違います。ストリーミングとは川が流れるような状態を示す言葉です。

例えば、ディスクの中には「10,000円以上の受注情報が入ってきたら

1.3 ビッグデータの起源

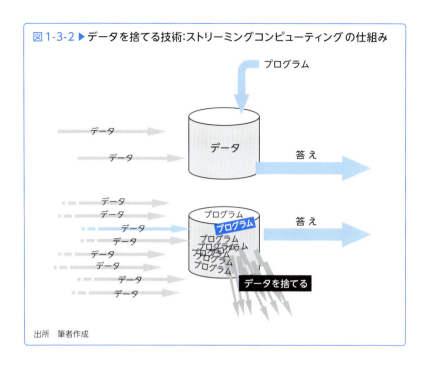

図1-3-2 ▶ データを捨てる技術:ストリーミングコンピューティングの仕組み

出所 筆者作成

選択してください」というプログラムが待機していると考えてください。

　従来システムのディスクの中身は、過去1年の受注情報データでしたが、ストリーミングコンピューティング技術ではデータの方がやって来るのです。毎秒何万何十万という受注データが、待機しているプログラムをめがけて飛んでくると想像してみてください。これが図1-3-2の下部分の仕組みです。

　入ってくる受注情報のほとんどが10,000円未満のデータだとしたら、プログラムは反応せず、これらのデータを無視し続けてどんどん捨ててしまいます。ところが、10,000円以上の受注情報が飛び込んできたら、プログラムは急に反応してそのデータをとらえて、データを蓄えます。仮に10,000円未満の受注情報が5万件続いた後、5万1件目に10,000円以上の受注情報が入ってきたなら、5万1件のデータのうち5万件の受注情報は捨てられたという考えになります。

これが捨てる技術、つまりストリーミングコンピューティングなのです。5万1件分の受注情報が並んだ表を見せられても人間は判断が難しくなりますが、たった1件の受注情報であれば、すぐに認識し判断できます。これがビッグデータの特徴である「速さ（スピード）」に対処するための、捨てる技術の代表的な仕組みです。

わかりやすく言えば、多くの病院で発生する病状のデータと薬品や医師をマッチングして適正な処方や診断をしたり、株価と気温と為替の情報を組み合わせた株の売買の判断をしたりするのも、これら（ビッグデータ）の社会での応用例です。

4 Variety：データの多様性

初期のコンピュータシステムは、いわゆる文字で情報処理をしていました。その後のシステムでは、YouTubeやインスタグラムなど画像や映像や音声もふんだんに使われるようになってきました。このことは、データの多様性という側面において、大変大きなインパクトでした。

コンピュータがもともと理解できる文字信号や機械が発する電波信号、YouTubeやインスタグラムなどの映像信号、SuicaなどのICカード信号などの情報がデータの入手先となり、データは多様化してきました。また、多様化したデータを扱わなければならないということになったのです。

ビッグデータは多様化しながらも、データの量やいい加減さ、スピードなども同時にその特徴として重なるわけですから、それらの利用を可能にする技術の進歩が求められます。一方で、データが多様化したために、一見あまり関係ないと思われるデータも何とか利用しようという発想も求められるわけです。

Twitterのつぶやき情報を大量に集めて構造化して市場の動きを見る方法は、今では当たり前になりましたが、このような利用方法を発想することも、ビッグデータ利用の大きなビジネス技術の1つと考えられます。

1.3 ビッグデータの起源

それではもう少し、多様化した情報の利用例を紹介しましょう。

〔1〕多様化した情報の利用例 ①：銀行の印影のチェック

身近にある例として、銀行の印影のチェックもその1つです。昔は人間の目で確認作業を行っていて、最近までシステム化されませんでした。これは多分に画像認識制度への信頼性の課題と、重要な判断は最後は人間が行わなければならないという銀行法や銀行の商慣習によるものでした。

現在では、身分証明書として使われるものも、画像データ処理の対象になってきています。マイナンバーカードやパスポートなど、画像と電子チップを合わせて収納し、相互に偽造防止のセキュリティや使用履歴の保存を行う例も増えてきました。1枚1枚は個人が使っていますが、それらが集まると高度なビッグデータになっています。これらは、ネットを介して蓄積され、保管され利用されます。

〔2〕多様化した情報の利用例 ②：防犯カメラ

今では国内でも多く見かけるようになった防犯カメラですが、かつてはすべて人が目で確認し、不審者の発見などに使っていました。ところが、現在では人の目による確認作業が減り、反対にシステムが画像や映像解析技術を使って自動監視することが多くなってきました。

これらは一見監視システムに見えますが、画像処理された情報が車の流れであれば交通に、車種まで捉えれば自動車会社の販売調査にと、さまざまなビッグデータとしての利用が可能になります。

〔3〕多様化した情報の利用例 ③：米国ニューオリンズ市の犯罪履歴

米国のニューオリンズ市をはじめとするいくつかのアメリカ合衆国の都市では、地図上に犯罪履歴をアイコンで表示しクリックすると、犯罪の種類や発生時期、被害者の名前までも表示しています。これも一見、地図上の監視システムのように見えますが、実はその逆です。犯罪情報

は、発生時期、被害者名、発生場所、理由など単純な犯罪データベースだけでなく、複数の管理部門でもっている情報を合わせることによって完成されます。また、公開できるもの、できないもの、間違った情報、古すぎる情報など、情報公開にあたっての性格もそれぞれ違います。

　そもそもこのような多様化した情報を、犯罪捜査や犯罪抑止のためにビッグデータ技術を使って集めて利用することが本来の利用目的でした。しかし、その膨大なデータを地図上に貼り付けて表示することを発想し実行することによって、視覚的に観光客や住民に危険な地域への警告を発信しているのです。危険と表示された地域の住民や企業は、防犯への意識を高め、街を良くしようという気持が働くそうですが、土地の価値が下がるので、反対意見をもつ不動産業者も多いと聞きます。

〔4〕多様化した情報の利用例 ④：交通監視の N システム

　日本では、高速道路や幹線道路には、Nシステム[注2]という警察が設置した監視システムで走行中の車のナンバーをすべて読み取り、同時に運転者の写真を撮影し車のナンバーと運転者を合わせて情報保管しています。これはもちろん犯罪捜査にも使われますが、同じ車がある距離を何分かかって通過したかというデータを取得することによって、渋滞の予測やドライバーへの各種警告などにも利用されています。

〔5〕多様化した情報の利用例 ⑤：IC チップ付きの交通カード

　駅の改札でピッっと鳴る IC チップ付きの PASMO や Suica などの交通カードですが、これにも以前の切符（裏が焦げ茶色の磁気が付いた読み取り切符）などとは違い、駅の改札機が瞬間的に電気（実際には電波です）を交通カードに送り、交通カードは受けた電気（電波）を使って、カードの中で発電するのです。そして自分のもっている情報を瞬時に改札機に情報として送り返すわけです。この改札機と交通カードで行われる双方向での会話で改札が開いたり、残額を表示したりします。この情報が改札機を通して鉄道会社に伝えられ、さらに統計や管理に使われる

わけです。

また、交通カードにクレジットカード機能（残高が設定額以下になると自動的に金額が補充されるオートチャージ機能）がついていれば、その情報はクレジットカード会社に送られ、データはどんどん流通して行きます。

ここまで、多様化した情報の利用例について見てきましたが、先に述べたビッグデータの性格を示す3つのVや5つのVばかりではなく、情報を入手する仕組みやそれを転送する仕組み、物理的形態からの利用頻度、相互利用される方法まで、さまざまな多様性が生まれてきています。文字を1つ1つコンピュータに手入力していた頃と現在とでは、社会システムにも大きな違いがあることが理解できると思います。

5 Variability：データの可変性

［1］選挙速報における当選予測の例

ビッグデータの性格を表す3つのVと5つのVの他に、IBMが提唱していたビッグデータの特徴は4種類で4Vと呼ばれています。この中にはこのVariabilityが入っていませんが、このVariabilityもビッグデータの重要な特徴だと思います。しばしば日本語では「可変」などと訳されますが、英語から感じ取られる意味をそのまま考えると、可変ではなく、「データがだんだん変わっていってしまう、それもデータの数字が変わるだけでなく種類も変わっていってしまう」という意味ももっていると思います。日本語でも同じ語源で、「バリエーションが増える」などと言います。

データは、たくさん集まれば別の特徴が出てきます。取得した時期は同じでもデータの母集団の数によってデータが変わっていってしまいます。

▶注2　Nシステム：自動車ナンバー自動読取装置。NはNumber（ナンバー）の頭文字。

第1章 ビッグデータを正しく理解しよう

例えば、選挙速報で見られる当選予測などもわかりやすい例です。出口調査といって投票所の出口で投票した候補者の名前をランダムに聞き取り、そこから特別な計算式を用いて、さらに地域や人口密度など多くの条件を付加して高度な計算を行うと、有権者の1パーセント足らずの情報であっても、結果として当選の可能性が高いと判断されます。

また、出口調査よりもより高度な方法としては開票速報があります。これも、少しの開票結果から全体を推測するという高度なビッグデータ統計解析の例です。選挙に出馬している候補者のみならず、所属する党も同様の分析を行い、次の選挙へのビッグデータとして利用していることも広く知られています。典型的な変わっていく可能性のあるデータです。

〔2〕消費者の嗜好情報を利用する例

わかりやすい例としては、ある地域において消費者の嗜好情報を利用する例が当てはまるでしょう。消費者の基本的な情報と嗜好について、大規模に綿密に取っていても、時間が経てば対象とする消費者の年齢も上がり、子供が生まれたり、転入出があったりと、住民の基本情報はどんどん変わっていきます。

消費者の情報がほとんど変わらないような短期間であっても、近くで町が統合されたり、駅ができたり、災害があったりするなど、環境が変化することによって消費者の嗜好が急激に変わってしまうこともあります。

企業側にも同様な事象が起こり得ます。原材料や流通ルートが急に変化してしまい、これまでと同じ内容のサービスが続けられなくなることがあります。例えば、その地域の所得と需要に合わせた食品を提供していたレストランチェーンが、野菜が高騰したためターゲット層に合わせたメニューを提供できなくなる場合などです。これは、せっかく取得した消費者に関するビッグデータをうまく業務に結び付けられなくなってしまうデータの変化です。この場合は、原材料価格を決めるビッグデータや広域に料理の提供価格を決定するためのビッグデータにも、大きな影響が出ていることになります。

1.3 ビッグデータの起源

6 Veracity：データの真実性

〔1〕データの信頼性や真実性に保証がない

　初期のコンピュータシステムは、データの発生源も入力者も限られていました。もちろん入力ミスはありましたが、受注データなどを意図的に操作して入力したりすることはほとんどありませんでした。いい加減なデータや信用できないデータは、基本的に入力されませんでした。

　現在のデータ入力の目的には、データを入力することと同時に、データを集めるという見方もできます。別の観点で見ると、そこにあるデータを取ってくるという行為も、その大きな目的になっています。

　それまではデータとは入力するものだったのです。つまり、人がデータを入力するために仕組みを作り、意図的にデータをシステムに入れていました。人からシステムへのデータの流れです。そのデータが、「集めてきた」「取ってきた」「入れてみた」「書いてみた」「描いてみた」「消した」「変えた」など、さまざまな集まり方が増えているのです。

　このような現在の情報は、昔のように専門の社員が業務取引のためきちんと入力していたデータに比べ、その正確性や信頼性が低くなっています。顧客情報などに関しては、昔は販売側がきちんと入力したのに、今ではオンラインショッピングをする顧客側が自分で入力しています。データの信頼性や真実性に多くの疑問が残ったままのケースもどんどん増えていくのです。

〔2〕「データの真実性」はビッグデータの難しさの要素

　これまで述べてきたように、データが1つのルールと目的で集められて並べられたものだとすると、ビッグデータは多種多様のデータであるといえます。

　例えば、個人の住所が記録された大量のデータと、新宿駅の改札の利用者数を見ると、なんとなく新宿駅の利用者分布がわかりそうです。さ

らには新宿駅の利用者データについて、住所や新宿駅に来るまでの利用駅などで、何か相関関係を探し出して住民と乗降駅の関係を作ることがあります。新宿駅を利用する人で、調布市に住んでいる人の大半が京王線を利用している、などという考え方です。ところがそのような計算も、別のデータによりその正確性を失うことがあります。

例えば、異常気象や駅構内の工事などの理由によって、通勤通学者の行動が変われば大幅にその相関関係に狂いが生じてきます。この他にも、見込まれたスタジアムの入場者数が、台風の影響で大きく変わった場合も同様です。そもそも特定日のスタジアム入場者数について、ビッグデータを使って予測したデータ自身が、天候の変化に加えて電車の事故が加わったことが原因で、まったく使えなくなることもあります。

1.4 ビッグデータとオープンデータ

1 ビッグデータとIoTを別々に考えてはいけない

先に、ビッグデータは千差万別な性格をもったデータという話をしました。また、IoTも機械同士がインターネットというネットワークを使って会話する仕組みだということも説明しました。そうなると、IoTを使って機械同士がビッグデータ（すなわち千差万別なさまざまなデータ）をやりとりしたら、これは何と呼ぶのでしょうか。

ビッグデータもIoTも、それぞれが手段の名称です。ですから、それぞれを1つずつ取り上げて語ってはいけないのです。ましてや、それぞれをITの仕組みのように別々にとらえてはいけません。

人が電話を使って、重要な情報をやりとりすることを、電話と情報に分けて語らないのと同様に、ビッグデータもIoTもその仕組みを単体で

議論してはいけません。特にビジネスの世界においては、これらのいくつかの仕組みを使って"何をすべきなのか"に神経をとがらせて議論することが重要です。

2 オープンデータとは何か

さて、ここでまたもう１つ、よく聞く言葉が出てきました。「オープンデータ」です。オープンデータとビッグデータ、両者はとてもよく似た言葉です。私もこの言葉を数年前に聞いたとき、その違いがピンときませんでした。

ここで、オープンデータの説明をするのには理由があります。もうおわかりかと思いますが、このオープンデータという言葉もまた単独では存在しえない意味をもつのです。

オープンデータという言葉が使われ始めたとき、日本では自治体や総務省を中心に、この言葉の意味を県や自治体、場合によっては国のもっている公的データをオープンにし、共有することという定義がなされました。したがって、いくつかの自治体が共同体を作り、互いにもっているデータをやり取りするオープンデータ協議会や、いくつもの自治体の議会にオープンデータが取り上げられ、情報公開と同義語のように扱われて世論をにぎわしました。

さて、オープンデータとはどういう言葉なのでしょうか？

そもそもこの'Open'とは動詞でしょうか？ 形容詞でしょうか？ 動詞であれば「データをオープンにすること」という意味になり、形容詞であれば「オープンにされたデータ」ということになります。

ビッグデータやIoTは、情報の形やその集まり方を意味する言葉であり、中身については説明されていないのですが、このオープンデータは形なのでしょうか？ または何か特定の産業の情報を意味するのでしょうか？

日本の動きを見ると産業とは呼べず、県や自治体の情報を特定してい

るデータを開示する、とように聞こえます。

結論からいうと、このオープンデータという言葉も、ビッグデータやIoTという言葉と同様に、特定の産業やデータの内容に集中して使われている言葉ではないのです。それぞれの言葉が単独の技術で、バラバラに独立しているように思う人が多いと思います。人だけでなく企業も"オープンデータに向けたソリューション"とか"スマートシティ"、また"ビッグデータを集めるシステム"などと分けて使うことが多いのですが、日本以外の多くの国では、それらを単独では考えません。

[1] オープンデータの本質

オープンデータのそもそもの目的は、"産業の育成や人々の生活のために必要な情報をできるだけ提供し、企業や市民が"データの利用"ではなく"データの取得"のために費やす無駄な作業を減らそうという目的から起きた活動なのです。社会には、たくさんのデータがあります。企業や市民や自治体や政府、それぞれが巨大なデータの持ち主であり、使用者でもある訳です。

それをうまく集めてまとめて使いやすくしてあげようと考えたのが、各国の自治体であり政府なのです。それをオープンデータと呼ぶのです。ですから、欧米各国のオープンデータサイトには、様々な企業内の数字や、政府の数字も、大変な量で載せられています。まさにオープンにされた社会のデータです。

ところが日本のオープンデータは"自治体が自分でもっているデータに限って一般開放する"という定義から出られず、どうしても政府機関別、自治体別の公開可能内部自治体保有情報公開サイトになっているのです。市場統計、とりわけ所得や人口、年齢構成などの情報は県や自治体がもっていることが多いので、「オープンデータは県や自治体のデータをオープンにすること」という解釈になります。欧米のように自治体に存在する企業の情報を、自治体が勝手に出すこともできず、結果としていかにも自治体の公開資料のような内容になってしまうのでしょう。

とは言え、欧米のサイトの情報には、不確実性の高そうな情報や公開の可否を疑いたくなる情報もたくさん存在します。ただ、まず情報を提供する方が先決というゴール優先の考え方が根底にあるように見えます。

〔2〕オープンデータの例

そのオープンデータの一例ですが、自動車に使われる部品メーカーが、「特定のサイズの車に使われる特定の種類の歯車を、今後いくつどの地域に供給したらよいか？」などと考えるとき、当然さまざまな調査を行い、多くの労力をかけて自動車の将来の販売予測や地域別の車種変遷予測などを作成します。そして、結果的に自分の製品を、どの自動車会社に、いつ、どれくらい売り込み、そのための生産数量や原材料の調達をどうするか、また営業をどのようにするか、などを決めていきます。

この一連の市場調査から市場予測、シミュレーションや販売体制変更と生産までの工程で、最も上流に位置する市場調査や統計、関連産業、間接的に関連する市場や産業の数字などが簡単かつ大規模に手に入ったらどうでしょう？

企業活動の効率が大幅に上がりますね。

この市場調査や統計指数や実態調査の数字を、ある特定の地域や企業のために行ったらどうでしょう？ もしくは、ある国が自国の特定産業すべてのために、特定の市場情報を積極的に提供したら何が起こるでしょうか？

そうです。特定産業や特定産業地域のビジネスが大きく効率化され、他に大きく水をあけることが可能になるのです。

オープンデータとは、本来このような目的のために作られたビジネス戦略の1つなのです。これを自治体や政府が手助けし、それぞれの管轄地域の経済や社会を理論武装と言う武器で強くしようという取り組みです。

〔3〕欧米のオープンデータ

EU諸国やアメリカのオープンデータについて、もう少し具体的に中

身をよく見てみましょう。確かに県や自治体、場合によっては国や市町村のもつデータを公開しているケースも多いのですが、日本とまったく違うのが、その目的とデータの具体的な有効性です。

例えば、自動車産業が盛んなドイツでは、オープンデータは自動車産業に関連する情報も深く、多くの業界団体が共同で作った協同IT企業BITKOM[注1]が、そのオープンデータ公開の仕組みを担っています。

BITKOMは、ビッグデータ専用のデータセンターも運営しています。一方で、自動車部品産業を得意とするオーストリアには変わった商工会議所法があり、国の運営する商工会議所は企業からの税金で成り立ち、企業を支援する組織として厳しい目標管理と運営を行っています。オーストリアの商工会議所では、オープンデータに関しても企業に対する支援を続けています。

経済競争に勝つための情報提供ですから、統計情報のようにぼんやりした情報では意味がありません。この情報の具体性というのも、日本のオープンデータと欧米のオープンデータの大きな相違点です。

〔4〕個人情報保護法とオープンデータ

2014年の個人情報保護法の改正にあたっては、私も内閣官房で関連の構成員として従事しました。その中で議論された、個人の識別（名前まではわからないが、ある一人を認識してしまうこと）や個人の特定（名前も素性もわかり、ある一人を認識してしまうこと）の観点から、日本では個人の位置情報や購買履歴を外に出すことについて、本当に厳しく制限しています。

欧米の個人情報保護法自身も解釈はいろいろありますが、さまざまな方法で厳しい制限をかけたり、制限は緩くしながらも罰則を厳しくしたりしています。

ところが、このオープンデータに関してはびっくりするほど具体的なデータが含まれています。どう考えても個人の識別が可能に思えたり、複合的にデータを精査すれば個人の識別までできてしまうと感じたりす

るような情報まで公開されています。これこそが、自国の産業をビジネスで勝たせるための戦略である、オープンデータなのです。

　EU各国では、日本のように"自治体のデータをオープンにすること自体が目的"というようなプロジェクトは見たことがありませんし、EUのオープンデータはデータを出すことが目的にはなっていません。EUの産業が他の地域に比べて圧倒的に有利に立つことを目的として、日本から見れば、際どいデータも公開しているのです。

3　世界に見るオープンデータの実例

　次に挙げるのは、いくつかのオープンデータの実例ですが、単にデータを公開しただけのオープンデータとの違いが、わかると思います。

〔1〕オーストリアのオープンデータ

　図1-4-1は、オープンデータに積極的なオーストリアのオープンデータの構造を書いたものです。

　図1-4-1に示すように、データカタログが公開されていますが、その中に、州、町、自治体、さまざまな連邦政府（連盟）や他の組織などのデータがつながっています。オーストリアの場合、先にも述べましたが、商工会議所法という法律があり、商工会議所〔Austrian Federal Economic Chamber (de: Wirtschaftskammer Österreichor WKÖ〕は、税金からの資金を直接得ています。すなわち、国民や企業は商工会議所の運営費を税金として納めているのです。これは、商工会議所としては十分なサービスを提供する義務にもつながっているため、在日オーストリア大使館には商務部という、商工会議所の出先でありながら国の機関が

▶注1　BITKOM：ビットコム。ドイツ情報技術・通信・ニューメディア産業連合会。ドイツにおける製造業関連の主要業界団体の1つ。Bundesverband Informationswirtschaft Telekommunikation Und Neue Medien Ev. (ドイツ語)。英語表記は、Federal Association for Information Technology,Telecommunications and New Media

第1章 ビッグデータを正しく理解しよう

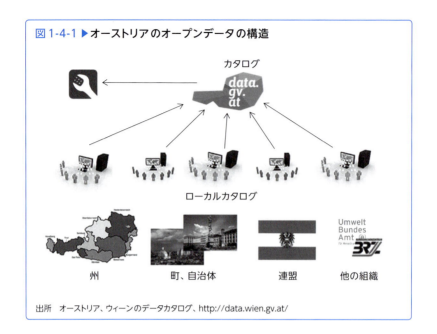

図1-4-1 ▶ オーストリアのオープンデータの構造

出所　オーストリア、ウィーンのデータカタログ、http://data.wien.gv.at/

存在します。

　このような体制から、オープンデータばかりではなく、電子政府のITの仕組みも含めて国のリードが強く、さまざまなITの仕組みの完成度と徹底度が非常に高くなっています。特に電子政府やこのオープンデータの仕組みは、他の国にも利用されたり、展開されたりして、国家としてのビジネスにもなっています。

〔2〕ドイツのオープンデータ

　ヨーロッパでのオープンデータに関しては、ドイツでの取り組みも有名です。

　ドイツは、国のリードに比べて、経済団体のリーダーシップが強く、経済団体が自ら前述したBITKOMと呼ばれるIT関連会社を設立しています（図1-4-2）。これがオーストリアの商工会議所と同様、力強くオープンデータやビッグデータの活用を支援しています。両国に共通するの

1.4 ビッグデータとオープンデータ

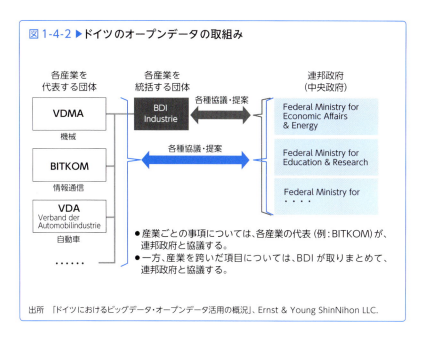

図1-4-2 ▶ ドイツのオープンデータの取組み

- 産業ごとの事項については、各産業の代表(例:BITKOM)が、連邦政府と協議する。
- 一方、産業を跨いだ項目については、BDIが取りまとめて、連邦政府と協議する。

出所 「ドイツにおけるビッグデータ・オープンデータ活用の概況」、Ernst & Young ShinNihon LLC.

図1-4-3 ▶ EUとして公開しているオープンデータ・サイトのトップページ

出所 http://Publicdata.eu/

は、オープンデータは多くのデータを集めてビッグデータとして解析し、編集して、意図をもって公開している点です。

〔3〕EUが公開しているオープンデータ

図1-4-3は、EUとして公開しているオープンデータのサイトのトップページです。意図をもって公開している様子がはっきりとわかります。左上の税金関係や真ん中上部の企業情報、右上のロンドンの地下鉄の地図に至っては、なんと今走っている地下鉄車両が実際に地図上で動き、車両番号などの詳細が表示されています。

図1-4-4に、その拡大図を示します。

図1-4-4に示す地下鉄路線図上の○印が、それぞれ地下鉄の一車両を示し、ホームページ上で動いているばかりか、その○印の上にカーソルを置くと、あと何分でどこの駅に到着するかまで、リアルに表示しています。

〔4〕米ニューオリンズ市が公開しているオープンデータ（犯罪マップ）

図1-4-5に示す例は、少し恐ろしいオープンデータの事例で、米国ニューオリンズ市が公開している犯罪マップです。

カラフルなアイコンが地図上に描かれていますが、アイコンの違いは犯罪の内容の違いです。この例では、例えば「H」、つまりホミサイド（Homicide、殺人）を表しています。犯行の行われた場所はもとより、時刻に加えて被害者の名前や年齢までも公開されていることがあります。

このような情報は、場所が特定されているため、観光客の治安情報には良いのですが、不動産の価値を左右するため賛否両論があります。すごい仕組みだと感じますが、よく考えると日本でも、殺人事件は大抵新聞に場所と時間、被害者名が公開されています。私がニューオリンズの警察幹部に、この犯罪マップは個人情報保護や機密情報の非公開という問題に抵触しないのかと聞いた時に、一般に公開されている情報を時系列に集め、地理的に整理して出しているだけなので、「まったく問題は

1.4 ビッグデータとオープンデータ

図 1-4-4 ▶ ロンドンの地下鉄の拡大地図

出所　http://Publicdata.eu/

図 1-4-5 ▶ 米ニューオーリンズ市が公開している犯罪マップ

出所　https://www.nola.gov/nopd/crime-data/crime-maps/

ない」とはっきりとした答えが返ってきました。論理的には納得できる答えですが、すぐに忘れられてしまう、言い方を変えると、すぐに忘れてもらえる事件の情報が整理され長く残ると言う部分については、釈然としないとも感じます。いずれにしましても、情報の見せ方の違いだけでこれほど大きく情報公開姿勢そのものの印象が変わるのです。

これもオープンデータの効果であり、脅威でもあります。

4 スマートシティとビッグデータやIoTとの関係

〔1〕スマーターシティとオバマ政権

スマートシティという言葉は、私が2008年にIBMで関連の事業を行っていた頃に、日本でも流行り始めました。2008年12月、リーマンショックで大打撃を受けたオバマ政権は、グリーンニューディールという政策を打ち出しました。環境やグリーンに関連する産業の振興で500万人の新たな雇用を生むという政策でした。

米IBMのパルミサーノ（Samuel J. Palmisano）会長はオバマ大統領と一緒にテレビに出演し、スマータープラネット（Smarter Planet）を同時期に発表しました。同じ頃、GE（ゼネラルエレクトリック）の会長も、GEは製造業に戻る、私はグリーンマンだと言い始めました。IBMとGEという国策企業ともいえるアメリカの大企業が地球や環境ビジネスを始めることで、オバマ政権と歩調を合わせていくのです。

このようにして世に出てきたIBMのスマータープラネットですが、IBMはその21の施策の1つに、スマーターシティ（Smarter Cities）を掲げていました。残りの20の施策は、水、エネルギー、安心安全、交通などでした。スマータープラネットという地球を救うカテゴリーに、まちづくりと水やエネルギーが並列に並んでいるのには大きな違和感がありましたが、その後、半年経っても大きな訂正発表もないまま、IBMはスマータープラネットをスマーターシティと事実上名前を変え、その下に、水や交通が入る構図となっていきました。

〔2〕スマートシティとスマーターシティ

　IBMがスマータープラネットといい始めた頃、国際社会では、スマートシティという言葉が流行り始めてきていました。スマートという英単語はGoodという言葉に近い感覚ですが、もともとBetterと似た比較級のニュアンスが入っています。さらに、少しカッコいいとか賢そうなニュアンスも含んでいます。スマートシティの1語で、十分によりスマートなまちという印象を出せるのです。

　IBMがスマーターにこだわった理由は、特定の都市をピンポイントで指定せず、"より良い暮らし"という意味を強く出したかったからだと思います。スマートシティという英単語は、1つの英単語として認識されます。例えば、スマートシティ上海、スマートシティ横浜みなとみらい、というように特定のスマートなまち単体を示すニュアンスをもちます。

　スマーターシティを使った場合には、この表現ができません。英語で「スマートシティ上海」というと、高層ビルが林立した数で数えられる1つの巨大都市をイメージさせますが、スマーターシティ上海というと、何かどこかがより良くなっていく、より向上していくまち'上海'のような響きをもちます。

　例えば、中国本土に400もあるといわれている高層ビルを大量に作り、まちをダウンタウンに集約するようなプロジェクトであればスマートシティプロジェクトですが、あるまちの特定の地下鉄の混雑緩和をITでやってみよう、便利にしよう、というプロジェクトが、スマーターシティプロジェクトの表すニュアンスです。

〔3〕スマーターなプロジェクトの陰り

(1) ITの力でより住みやすくする

　スマーターシティというスローガンで、世界でスマートなまちづくりを提唱していたIBMは、最大2,000ものまちのIT化ビジネスに関与していました。ところがその実態は、ビジネスとはほど遠いものでした。

IBMは、まちそのものをつくる会社ではなく、IT技術を都市に使ってもらって、ビジネスをするという会社でした。巨大都市を2,000作っていた訳ではないのに、まちに関する2,000ものまちのITに関するプロジェクトを行っていました。同時に、1地区4,000万円もの費用を財団で工面して、全世界で100カ所の市長への無料コンサルティング支援も展開していました。

私は、2011年に、米ニューオリンズ市長の支援プロジェクトに参加しました。IBMを中心に、スマーターなまちのプロジェクトが進められていきましたが、実際にはIT企業がリードできるまちづくりには限界があったのかもしれません。

「まちをITの力でより住みやすくする」、このようにIBMはじめ、多くのIT企業が日本でのスマートシティの創世記である2009年から2011年ぐらいによくいっていました。しかし、一般の人々や社会には、何のことなのかピンときませんでした。私たちを中心にした電気、電子、ITの会社が集まったスマートシティビジネスの会合でも、いつも「スマートシティって何を売るんだっけ」という議論が何年も続いていました。

IT業界として考えていたITを生かしたまちづくりとは、ただ道路を作るだけでなく、センサーを道路に付けて車の動きを捉え、データを集計分析し、何千という信号が赤から青に変わるタイミングを調整して渋滞や事故を防いだり、まち中に防犯カメラを置いて、その映像から犯罪の種を発見したり、災害を予測したりということでした。

(2) スマーターシティプロジェクトにおけるITビジネス

ところが一見カッコよいこのITでのまちづくりのスローガンですが、ITすなわちコンピュータシステムにかかる費用は大変少なかったのです。例えば、道路にセンサーを付けて車の動きを把握したところで、その実際の事業はIT事業ではありません。センサーの販売は機器メーカー、取り付け工事費用のほとんどのプロジェクトにはさらに建設や土木、電気工事や土地買収、不動産取引が関係します。すばらしいITを作っても、

電線やケーブルを敷設しないとITは動きません。スマーターシティプロジェクトは、まちづくりのプロジェクトです。まちづくりに直接関係しないITプロジェクトは、ただのIT導入プロジェクトなのです。

　センサーを大量に取り付けて、都市をコントロールする巨大プロジェクトでIT業界がビジネスになるのは、集まってきたデータを分析して計算するための、サーバシステム程度です。1980年代なら20億円もしたこのサーバも、今や1台 せいぜい数千万円、場合によってはレンタルシステムの共同利用（クラウド）で済んでしまうのです。

　上海のようにハイテクシティを丸ごと作っても、ITビジネスはその程度の金額なのです。IBMといえども例外ではありません。ITやコンサルティングが業務範囲ですから、各種工事を請け負う訳でもありません。私の経験から得た実感としては、スマートシティプロジェクトをIT会社がリードして立ち上げても、その売り上げは総プロジェクト費用の1％、特殊なケースでも上限3％くらいと感じます。

　ある銀行の勘定系システムのリニューアルプロジェクトでは、数百億円のIT開発などはよくあるビジネスですが、1つの都市のスマートシティプロジェクトでその規模の売り上げを上げることは、ほとんど不可能に近いといえるのです。したがって、世界に誇る巨大IBMのスマーターシティプロジェクトといえども、それをビジネスの目で考えると、その陰りはかなり初期の段階で見えていたように思います。

5 スマートシティとビッグデータの融合

[1] 東ヨーロッパやアジアでスマートシティの勢いが止まらない

　一方、スマーターシティはIT会社のリーダーシップとは別に、世界中の自治体や政府、建設会社や交通企業などが積極的に進めていました。中でもまちを丸ごと大改造して作ってしまうという、いわゆる中国本土型のスマートシティ建設の勢いはすごいものでした。

　まず、主体者が国であり、土木や建設会社であるので、彼らはその売

り上げや利益の恩恵を直接受ける当事者なのです。ITが入らなくてもスマートなまちは作れます。逆説的にいえば、総工費の2〜3％をITに回せばハイテクタウンも作れるということなのです。

　このスマートシティ作りの勢いは止まりません。米国や日本は国土の開発が頂点にきて、ある程度豊かな暮らしができるまちが存在しているので、まちをゼロからの作り直すようなことは不要です。そのため、改善型のスマーターシティプロジェクトが多かったのです。スマーターシティも、スマートシティと呼ばれるものも含めて、だんだんとプロジェクトは減っていきました。

　ところが東ヨーロッパやアジアのように、これから先進国を目指す国は違います。またEUのように、ヨーロッパ共同体としてのインフラが必要な地域も条件は同じです。スマートシティプロジェクトの勢いが止まりません。

〔2〕スマートシティとビッグデータが融合の背景

　そこで必要になるITシステムが、ビッグデータを中心としたシステムなのです。スマートなまちづくりに、今やアプリケーションソフトやITの開発は不要です。適切なデータをタイムリーに利用したまちの運営に要求が集まります。大量かつ掴みどころのないデータをうまく使って、良いまちを丸ごと1つ作りたい。ここで、スマートシティとビッグデータが融合してくるのです。図1-4-6を見てください。

　図1-4-6は、私とJICA研究所[注2]が定義したスマートシティの概念図です。

　IBMやGEをはじめ、他でも同様の概念図を作っていますが、ここで考えたいのは、スマートシティをビジネスと考えたときの図1-4-6の位置づけです。この図で表現したかったことは、スマートシティの多くの視点と中核となる産業です。

　一般の産業であれば、自動車会社は車を売る。家電メーカーはテレビや冷蔵庫を売る。市民は、これらを使用して住んでいる自治体からサー

1.4 ビッグデータとオープンデータ

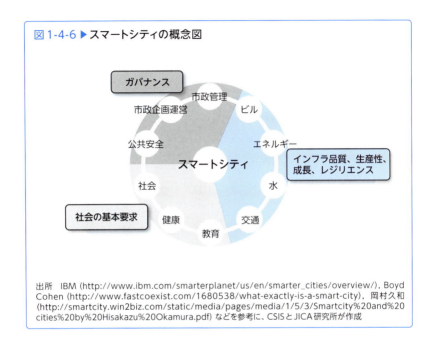

図1-4-6 ▶ スマートシティの概念図

出所 IBM (http://www.ibm.com/smarterplanet/us/en/smarter_cities/overview/), Boyd Cohen (http://www.fastcoexist.com/1680538/what-exactly-is-a-smart-city)、岡村久和 (http://smartcity.win2biz.com/static/media/pages/media/1/5/3/Smartcity%20and%20cities%20by%20Hisakazu%20Okamura.pdf) などを参考に、CSISとJICA研究所が作成

ビスを受ける。このように、それぞれ独立したビジネスの集合で社会と経済は成り立っています。

　スマートビジネスは、ある地域に多くの産業が集まり、チームを作り、その都市を作っていきます。また、一連のプロセスの連鎖で作っていく必要もあります。一連のプロセスの連鎖とは、まず良いテレビの仕組みには今やインターネットが必要で、そのためには光ファイバの敷設が求められ、高速通信技術も必要です。テレビだけでは機能しないので、文化や芸術の盛り上げも必要です。それらの豊かな暮らしを支えるのは経済であり社会です。雇用の確保や公共安全も考える必要があります。

▶注2　JICA:ジャイカ。Japan International Cooperation Agency、独立行政法人国際協力機構。日本の政府開発援助（ODA）を一元的に行う実施機関として、開発途上国への国際協力を行っている。1954年設立され、2008年10月新JICAのスタートともに、JICA研究所を設立。JICA研究所は、開発協力の実務に役立つ応用研究を行うことを目的として、JICA研究所を知的活動のプラットフォームとして、国内外の開発実務者と研究者とが協働し、さまざまな開発課題の研究に取り組んでいる。

スマートシティプロジェクトは、それらすべてを取り仕切るわけではありませんが、いくつかの主要な要素をうまく連鎖させて、ソリューションとしていく必要があります。それによって初めて、"人の住むまち"が成り立ち、その成功で初めてスマートシティ事業は収入を得られるからなのです。

一連のプロセス、そして一連の価値の連鎖が、スマートシティを受け入れる立場の"社会"に求められるのです。

〔3〕スマートシティビジネスのイメージ

スマートシティのビジネスは、ゴールの決定（図 1-4-7 の左側）から始まります。そして、どのような視点でプロジェクトをどのくらい進めるかを考えます。図 1-4-7 では、真ん中にあるのがスマートシティの概念図です。図 1-4-7 の右に示す 2 つの箱ですが、普通のまちづくりで淡々と建設作業が行われるのに比べて、その戦略性や応用される技術などに特長があります。建設土木、電気工事などは当然行われますが、ゴール達成のための戦略性を考えるチームが存在し、それを支える技術検討チームが支えます。こうして初めて、多種の産業が参画できる土壌ができるのです。

〔4〕スマートシティおけるビッグデータの位置付け

繰り返しになりますが、ビッグデータは多岐に渡るデータである、と説明しました。それでは、図 1-4-7 に示したスマートシティにおける「ビジネスモデル」では、どこに位置づけられるのでしょうか。

ビッグデータの利用者は、データを使ってビジネスを行う側と、そのビッグデータを手法として準備する側に分かれます。図 1-4-7 では、右下の技術の中にビッグデータが入っています。つまりビッグデータは、スマートシティ開発で使われるいくつかの IT と技術の部品なのです。

図 1-4-7 の右下にある「IT と技術」の箱の中にはアナリティクス（分析）の仕掛けや、IoT や画像認識などさまざまな技術の部品が並んでい

1.4 ビッグデータとオープンデータ

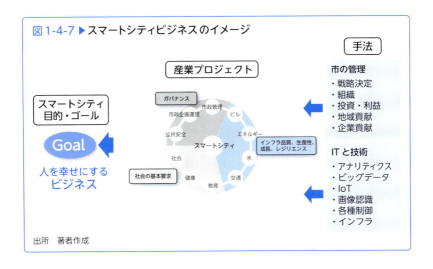

ます。これらは単に道具として準備されます。言い換えると、良い道具として準備するチームが存在するのです。多くのまちづくりプロジェクトにIT会社が入っていたり、通信会社が入っていたりするのはこのためです。

図1-4-7の右上にある「市の管理」とは、まちをどうするのかを考える作業です。戦略決定や組織の考慮する投資や利益見込みの計算など、本来のビジネスとしてまちを考える作業です。まちも企業もその戦略を立てるチームは、さまざまな情報やデータを集め、考察して業務を遂行します。その作業に使われる道具の1つが、ビッグデータ（別に解説していますが、形も把握できないような、多種多様の情報の総称）です。ビッグデータは、この市の管理や戦略立案を行うチームで使われるのです。ITと技術を準備するチーム、そしてそれをもとに戦略を考えるチームということになります。まちのプロジェクトですから、当然建設や土木のチームがいますが、それも厳密にいうと、考える人たちと作業する人たちに分かれます。

建設業であっても、まちを広くとらえるまちの機能をデザインする人から、実際のビルや公園の模型を作って試行錯誤する人、それらを図面

に落としていく設計者など考える職業の人は数多くいます。物を考える人たちがビッグデータを使う人です。

　繰り返しますが、この人達が作業する前にゴールは決められているわけですから、考えるチームの次の仕事は、ゴールを考えて実際の作業チームに計画書を渡すことにあります。この計画書をもとに、各産業が実際の作業を行うわけです。

〔5〕米ニューオリンズ市における例

　ここで、具体的な例で見ていきましょう。

　米ニューオリンズ市においては、まちを120キロメートルで囲み、隣接する湖の水が守っていました。それがハリケーン'カトリーナ'が25カ所も壊してしまい、湖の水が一気に流れ込みました。そのため、ハリケーンが去った後も市内には最大で9カ月間も、深さ3メートルもの水が残っていました。水は1立方メートルで1トンの重さがあります。3メートルの水は1平方メートルあたり3トンの重さがかかることになります。その水の重さから、道路は押しつぶされ、下水道管や通信回線などが大きな被害を受けました。結局、ハリケーン'カトリーナ'の後6年も経った2011年でも、市内の舗装道路には何万という穴が開いていました。

　私たちはこの時期に市長支援をしていましたので、主な仕事はまちの修復や予算の戦略立案や、市役所内部の情報流通などのアドバイスでした。このアドバイスチームは3組で構成され、物理的な堤防の修復は軍隊、その他の修復の戦略と費用はホワイトハウス（日本でいうと内閣府）、そしてIT担当のIBMでした。

6　ビッグデータの利用とビジネスのゴールと複雑な要因分析

　ここからは少し、ビッグデータのゴールについて解説します。

〔1〕ゴールのあるデータとただの情報

1.4 ビッグデータとオープンデータ

　一般的にいうデータとは、情報のことです。情報とは、それを利用しさまざまな業務や考察を行う基本的な知識の元となるものです。一般的な仕事の順番で考えると、最初に仕事の目的があり、それに必要なデータを見るという順番に進んで行きます。ビッグデータも大きなくくりでは、データの中に位置付けられますので、この順番で利用されます。ただ、そこにゴールの存在と、把握できないようなさまざまな要因のコンビネーションが存在します。

　ビッグデータが利用されるときには、ほとんどの場合かなりビジネスの目的や到達点が明確になっています。何かの決定をするときに顧客の動向を予測したい。そのために、ビッグデータという広い範囲からのデータを総合的に集めるわけです。

　ビッグデータの場合には、さらにゴールの考え方が明確に出てきます。何かの目的でデータを利用したり集めたりするだけでなく、明確なゴールの達成のためにデータを集めるというケースが多く発生します。これについて、例を挙げて解説しましょう。

〔2〕生産現場におけるゴールに向けたデータ収集
(1) 歩留まりデータの割り出し

　まず、わかりやすい生産現場で考えてみましょう。工場をもつ製造業の生産現場では、原価の管理から工程での資材や半製品の移動まで、多くのデータがやり取りされます。原材料を投入すればその総量、原材料から製品を作るプロセスが進めば、工程間での仕掛かり在庫数量が把握され、生産数量が把握されています。いくつ作るか、いつどこで作るかという生産管理から、どのように工場の機械を動かすか、どのように作りかけの半製品を移動するかなどの製造管理の現場、さらに、できた製品を出荷する工程など、生産現場では実に多くのデータが存在します。

　ここで使われるデータには、作られた製品のうち問題なく製品や部品となる割合を表す歩留まりのデータや、製造機器の稼働率のデータなどがあります。製造機器の稼働率と歩留まりデータを眺めれば、どのぐら

第1章 ビッグデータを正しく理解しよう

いの効率で製造が行われているかがわかります。歩留まりデータは、原材料の投入数量という数字、生産した製品数、品質検査に合格して出荷できる商品数、機械や制御機器が常に数えている数量、そして各工程で人間が手入力した数字から割り出すことが可能です。

(2) 生産現場でのビッグデータの場合

それでは、生産現場でのビッグデータの場合はどうでしょう。この場合は、まず、必ずゴールが出てくるのです。「なぜか理由はわからないがこの工程の歩留まりが低い」、あるいは「歩留まりの数字はわかるが何が原因かを知りたい」というような単純なゴールが設定されます。逆に、複雑な原因が絡み合っていると考えられるときに使われるのもビッグデータなのです。

製品の歩留まりを悪くする原因には製造機器だけでなく、従業員個人が原因となるミスや、ちょっとした製造工程間の業務連携タイミングの問題、工場内の空気の湿度や気温の変化、変動する営業からの要求による品質管理工程の複雑化や後戻りなど、さまざまな原因が考えられます。目的が原因究明なのに、なんと多くの要素があるのでしょう。これが典型的なビッグデータの適用業務です。

ピンポイントのゴールと、途轍もない範囲が考えられる理由とのコンビネーションです。

[3] 金融業の営業部門でのビッグデータの活用

(1) ピンポイントのゴールを目指す

それではこの視点で、営業活動を見てみましょう。

ここでは単純にすでに存在する自社商品を、ある地域に販売したいと考える営業部門に限って考えてみましょう。

例えば、ここでいう営業部門は、信用金庫の営業部門だとします。金融業の営業部門でのビッグデータの活用事例です。ここでは、退職者が受け取る退職金を何とか自分の信用金庫に定期預金で預けてもらえない

か、と考えているとします。この場合、本当に知りたいことは、担当する地域での退職金を受け取る人々の人数や、ひとりひとりの受け取りの時期でしょう。また、それら退職予定者の懇意の金融機関、つまりこの信用金庫から見た競合他社の名前です。このようなことがわかれば、定期預金の契約増加につながります。

ただ、このあいまいな"定期預金の契約増加"という目的では、ビッグデータは適用しにくく、実際はもっとピンポイントのゴールまで狭めて考えます。ピンポイントのゴールの例として想像できるのは、担当する複数の町における、信用金庫の決算時期の1月から3月に必ず訪問すべき住民のリストを作る、という感じでしょうか。

とはいえ、退職予定者がいつ退職し、いくら退職金をもらい、いつどのような銀行と接触するかなどは、通常では調べようがありません。ところがビッグデータの考え方を使うと、まったく不可能とはいえないのです。

(2) SNSというオープンデータの活用

ツイッター（Twittwer）やフェイスブック（Facebook）、リンクトイン（LinkedIn）などのSNSには、多くの個人の動きが常に書き込まれ続けています。居住地や大学の卒業年度などがたくさん存在しています。また、大学の卒業年度からは、退職予定時期が推測できます。さらに、勤務企業、居住する区の情報を簡単に取れる訳です。企業名から、関係する銀行などがわかこともあります。旧財閥系の企業に勤める人は、同じ系列の銀行と取引があると考えていいでしょう。さらに、それらに書かれているコメントから趣味や趣向もわかりますので、プロフィールデータが作成できます。

次に、実際の信用金庫の営業部門では、高度な検索エンジンやビッグデータの取得技術を使って、担当する新宿区でこの2年以内に退職する可能性のある、上場企業のマネージャークラスをリストアップすることです。

ここに解説したように、このデータには個々には個人情報は含まれていないのですが、ツイッターやフェイスブック、リンクトインなどの公開サイトをプログラムで探して統合すると、たくさんの該当者が出てくるのです。詳細な住所がわからなくても、居住地を推測することは難しくありません。市町村のイベント参加者ニュース、地域の大学同窓会会報、小中学校の運動会でのニュース、など個人の名前が出ている情報は多く公開されています。そのうえ、住宅地図という情報もあります。

　このような対象者情報と住宅地図を相互に比べていくと、何人かの対象者が具体的に上がってきます。あとはリストを作り、趣味や嗜好、企業の種類や退職時期に分けて、訪問時の資料を分類し、飛び込みで訪問すればよいのです。

　〇〇区という広い地域に対象者が本当は1万人いて、今回のビッグデータ分析で20人が上がったとします。これはわずか0.2パーセントですが、それでもかなり絞られた訪問先が20人見つかるのです。20人のうち1人が契約してくれたら大成功です。なぜなら、ビッグデータの分析にはコストも時間もあまりかからないからです。

　このようにして、"訪問先リストを作る"というピンポイントのゴールを設定し、膨大な情報を様々な観点で総合して、このゴールを現実的なものとする。これがビッグデータのゴール設定のイメージといえます。

〔4〕日本と欧米とのビッグデータの使い方の差

　このようなゴールを設定して、大きな網をかけて幅広い情報を分析し、最終的にそのピンポイントのゴールを狙うというビッグデータの利用は、日本の社会や風土ではなかなか行われていません。1番の課題は、歴史的に見て日本の企業社会にはゴールの設定という文化がないことでしょう。

　もちろん、売上目標あるいは販売目標など、ある意味でゴールといわれるものは一般的に数多く存在します。ただ、ビッグデータを利用するゴールとは、全体的な売り上げ目標達成型のゴールというよりも、この

全体的な売上目標を達成するために、ピンポイント（新規顧客情報の獲得）で何を知りたいか、という考えに立脚しているのです。

　日本は製造業で戦後の復活と成長を続けてきましたので、製造のプロセスや管理、改善という、業務の過程に注目して品質を上げ、信頼できる製品の競争力でビジネスを伸ばすとうモデルを続けてきました。ところが、ビッグデータの利用で多いモデルは、ピンポイントに知りたいことや達成したい事象を定義するモデルなのです。

　ビッグデータをどうしたら活用できるかという前に、何ができればよいのか、という問いに対する答えを、ピンポイントで出すことができれば、ビッグデータの利用方法はおのずと明らかになり、ビッグデータを効率的に利用したビジネスの成長が見込めると考えています。

1.5　IoT（Internet of Things）も正しく理解しよう

　IoT（Internet of Things）は文字通り訳すと、'モノのインターネット'となります。インターネットは、本来、人間が使うことを前提に作られた仕組みであることに対して、Thingsつまり'モノ'といっているのです。モノとは人間以外ということです。

　ここでは最初に、この言葉の生い立ちについて解説しましょう。

1　インターネットはなぜ「インター（Inter）なネット（Net）」というか

　私の古くからの友人に、カナダ軍の研究所に長年勤めていた通信技術者がいます。彼の話を総合して解説すると、なぜ「インター（Inter）」な「ネット（Net）」なのかがわかります。

第1章 ビッグデータを正しく理解しよう

　1970年代後半、カナダの軍研究所とアメリカの軍研究所は陸海空の縦割りで共同研究をしていたそうです。私の友人はカナダ人で、世界数学オリンピックに18歳で優勝した後、大学を飛び級で卒業しカナダ海軍の研究所に入りました。海軍系でしたので、アメリカ軍の海軍研究所と同じ組織だったそうです。

　そもそもインターネットは、米軍やカナダ軍などで共同研究され使われていた技術が原型だったそうです。この両軍の研究所のテーマの1つがインターネットです。

　「国際的な」あるいは「各国間の」という意味をもつインターナショナル（International）は、インター（Inter、〜の間）ナショナル（national、国）です。これに対して、インターネットはインター（〜の間）のネットワーク（network、回線網）ですが、これに隠れている言葉がベース（base、基地）なのです。つまり、軍の基地同士のネットワークだったのです。

　昔の電話は、電話機と電話機が金属の線または無線で、1対1でつながっていました。金属の電話線であれば、発信人と受信人の間に電話局にある交換機という機械があり、これを経由して接続されていました。電話機1台1台の電話番号をもとに、その都度、発信機と受信機を接続していました。人間が電話機のダイヤルを回すと電話局の交換機がその番号を認識して、指定した番号の電話機につなげてベルを鳴らすという仕組みです。無線には交換機はありませんでしたが、発信側が電波を出し、受信側が受けるという単純な仕組みです。軍の電話や無線網も、基本的にはまだこの技術の延長線にありました。

　軍であっても、相手先を特定して特定のルートを通って情報が送られるということで、例えばニューヨークからロサンゼルスに通信する場合に、何本もの通信回線は確保されていても、切れた回線を機械が勝手に迂回してつなげることはありませんでした。

1.5　IoT(Internet of Things)も正しく理解しよう

2　インターネットの開発：自動で通信ルートが利用可能

そこで開発された技術が、インターネット（Internet）です。

通信手段が切られた非常時でも、そうでない平常時でも、点在する基地と基地との間をつなげる回線のルートを勝手に（自動で）変えて、勝手に通信ルートを迂回して相手につなげてくれる、つまり、

「インター」+「ベース」+「ネットワーク」（基地間のネットワーク）

これがインターネットです。

昔の電話風にいうと、無数に交換機が配置され、次の交換機が、その次の交換機にどんどん連絡してリレー（中継）を続けるという仕組みです。人間が実際に番号を指定したり、ダイヤルを回したりする代わりに、多くのサーバが自分で接続先を探し、ルートまで探してくれるという仕組みです

この、"ある地域で複数の基地が集まって繋がっているネットワークと、別の地域の、ネットワークで繋がった塊（かたまり）を転々と結んで行く技術"の完成によって、米国やカナダの軍が中東の砂漠などに配置された後も、固定的に敷設された通信用のケーブルの事情に関係なく、情報が次々と伝達され、素早いコミュニケーションが可能になったようです。

さらに、これらの技術は、一般利用として民間に開放されました。それがインターネットであり、ほとんど時期を同じくして、衛星電話やGPSが世の中に登場してきました。同じような時期に、このような技術が世の中に登場してきた理由も、軍事や国の防衛に使われていた仕組みが一緒に民間に開放されたと考えると、何となく理解できますね。

3 インターネットと IoT：所有格ではない 'of' の意味

け」という人もいますが、それは大きな誤解です。初期のインターネットは、それまでの電話線の使い方と同様、人間が操作してつないで使っていました。動画を見るのも、検索をするのも、ブラウザと呼ばれる画面からマウスでクリックして繋いでいました。IoT は Internet of Things の略ですが、簡単に言うと「機械がインターネットに繋がって処理をしている状態」を言います。

英語の 'of' という単語も 's' も、日本語では「〜の」と訳します。's' は「誰々の所有する」という意味をもち、'of' は前の単語と後ろの単語が関係しているという意味をもち、所有の意味はありません。

Internet of Things とは インターネットと物とが関係している状態を意味しますが、日本では IoT を 'もののインターネット' と訳して、インターネット（ネットワーク）の端に付けられた物（センサー）からデータを集めてくるという、誤った解釈が起こっています。

正しくは IoT とは、インターネットに無数のもの、すなわち機械やセンサー、無数の '人間ではないもの（デバイス）' がつながって相互に利用しあっている状態を言います。すなわち、個々の機械やセンサーがインターネットを使ってつながったシステムを構築し、全体的にコミュニケーションする形を IoT というのです。

4 IoT を活用した製造業におけるシステム

〔1〕IoT 以前の製造業の状況：自動車の組み立て現場の例

ここで、少し実際のビジネス現場での IoT について説明しましょう。

IoT 以前の製造業でも、工場の生産現場では物理的な機械化だけでなく、コンピュータを使って製造機器を数多く動かしていました。

自動車の組み立て現場を例にとって見てみましょう。

図 1-5-1 では、営業部門が本社に対して販売予測の報告をしています。

1.5 IoT(Internet of Things)も正しく理解しよう

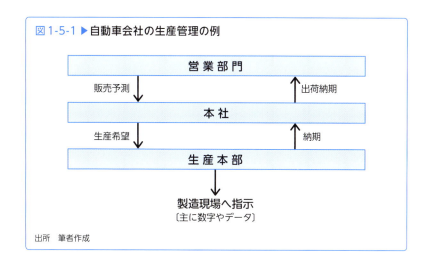

図 1-5-1 ▶ 自動車会社の生産管理の例

出所　筆者作成

　会社によっては、本社に伝えずに工場に欲しい数量を直接伝えることも少なくありませんが、このケースは本社に一度販売予測を入れる場合と考えてください。販売予測を受け取った本社は、例えば生産本部に対して、営業が作って欲しいといっている自動車の数量と希望納期を伝えます。それを受け取った生産本部は、実際にモノづくりを行う製造現場に製造の指示を出すのです。本当はもっと複雑ですが、簡略化してお話ししています。

　この処理をIT的な言い回しで表現すると、営業部門からは受注システムや発注システムを通じて本社や生産本部に販売予測が集まってきます。入力された販売予測の数字は、生産本部の生産システムであるITシステムで、販売予測から生産予定数量に変えられます。

　生産とは物を作ることすべてを大まかに表現する言葉ですが、製造とは物を作っている現場の作業行為を表します。生産と製造とは、実はまったく違うものなのです。ですから、生産管理システムと製造システムというITの仕組みもまったく切り離された別のものなのです。

　(1)　生産管理システムとは、いくらの予算で何人の従業員を使い、どれぐらいの部品を調達し、いつまでに何台、どこの工場でどのような車

を作るのか、どの工程で今日は何色の車を何台塗り上げるのか、何時に何台の完成車を倉庫に入れるのかといった、言葉や数字にできる範囲でモノづくりの視点で考えることなのです。これに基づいて、生産本部は経験と統計をもとに生産数量を決定しています。これがいわゆる生産管理システムといわれ、伝統的なコンピュータアプリケーションの1つです。'製造現場'に対して'生産管理部門'があり、生産管理システムは、人間が使って人間が見る仕組みなので、すべて文字や数字で情報伝達が行われています。

(2) 一方、製造システムとは文字通り、製造作業をコントロールする仕組みのことで、必ずしも言葉や数字に置き換えられないロボットの動きや機械の動作も、細かくコントロールする仕組みです。ですから、人に読める文字情報で表現する必要性も低く、ロボットや工場内自動搬送車や、設備機器を正確に動かす信号制御装置などをもっています。

どうやって実際に製造機械を動かして物を作るかをコントロールしているのが製造システムなのです。

〔2〕車体の組み立て現場の例

次に、車体の組み立て現場を想像してください。大きな搬送用の床に次々と組み立て途中の車体が流れてきます。ドアの部品を挟んで器用に本体に取り付けるロボットがあります。よく見ると、その後でボルトを付けや溶接など20台のロボットが動いています。工場の一番端に移動すると塗装工程があって、無着色の完成ボディが中に入っていきます。

最初に、塗料の吹きつけロボットが動いています。その後、車はオーブンと呼ばれる熱乾燥炉に入っていきます。そこでは、塗布された塗料や色、車種によって微妙な温度制御や時間制御が行われています。図1-5-2は、このような組み立て工程と塗装工程の'製造現場'をイメージして示します。

生産管理システムで決められた生産要求は、製造現場に流されます。何台の車をいつまでに作るようにといわれても、実際に、どの機械をど

1.5　IoT(Internet of Things)も正しく理解しよう

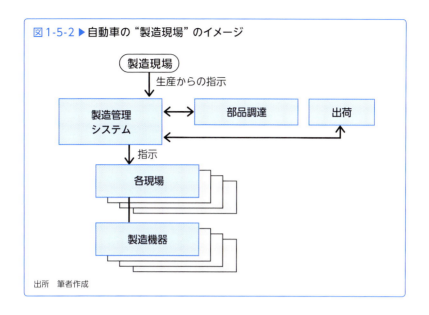

図 1-5-2 ▶ 自動車の"製造現場"のイメージ

出所　筆者作成

の順番で、何時何分にどうやって動かすかは書かれていません。さらに、それぞれの製造機械に対して電源の ON/OFF の指示も出せません。なぜならば生産管理システムは、製造機械と直接つながっていないため、製造が終わった後の実績や不具合情報などは受け取れないのです。

「機械のスイッチを入れる」「機会を操作する」「実績や不具合データを取る」、そうです、これらの情報伝達は、機械と機械同士が直接会話する必要があるため、人間にわかる文字では行われていないのです。

〔3〕工場における製造ロボットの例

図 1-5-3 に示す、製造ロボットの絵を見てください。これが製造現場ですね。

奥から穴の開いた四角い部品が流れてきています。それにロボットが黒い棒を挿入した後、押し出しロボットが左側に完成品を押し出しています。搬送も自動で行われています。ロボットを見てみると、人間の手のような筋肉や骨の部分があり、その中の黒い矢印の部分には、腕を伸

び縮みさせる空気制御機器が付いています。押し出し機器も空気制御で稼働しています。

　この仕組みの場合、ロボットも、搬送機も、押し出し機も、すべて製造現場のコンピュータから自動で指示を受けて作業をしています。この指示が生産管理システムと大きく違う部分なのです。そう、文字での指示ではないのです。

　例えばロボットがFANUC（ファナック株式会社。本社は山梨県忍野村）社製だとしても、その腕に入っている空気制御の機械はSMC製（SMC株式会社。本社は東京千代田区）であったりします。ちなみにSMCは、この空気制御で世界第1位の日本の企業です。

　ロボットの動きですから、1,000分の1秒単位で多くの動きの指示を受けて、それをSMC製の空気制御装置についているマイクロコンピュータに伝え、ロボットアームが動かされます。アームの先端にあるつまみが、部品を掴んだときには圧力センサー、位置センサーなど多くのセンサーが、状況をロボットに報告し、ロボット本体はそれに応じて、また制御装置に細かい指示を出します。

　このように、高速に物を掴んで穴に入れる作業をしていくのです。このように製造システムは機械に指示を出し、結果を受けるために、すべてグループごとにPLC（ピーエルシー[注1]）という現場制御機器につながっています。

　図1-5-4に示すように、PLCは、その上位の製造用のコンピュータにつながっています。

　製造機械とPLCの間は、電気信号で高速に命令や報告のデータが行き交っています。PLCと上位の製造用コンピュータの間も、実はかなり特殊な方法で会話が行われています。先述したように、ある工程は組み立てで、ある工程は塗装だとすると、PLCもそれぞれ対応が異なり、扱うデータ量もタイミングも複雑で、こちらも人間の言葉とは違う機械語でデータのやりとりをしているのです。

　ここまでの説明で、生産管理システムと製造システムは大きくその仕

1.5 IoT(Internet of Things)も正しく理解しよう

図 1-5-3 ▶ 製造ロボットの仕組み

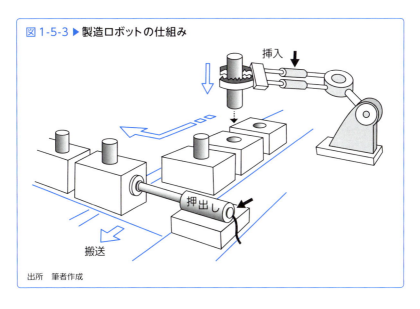

出所　筆者作成

図 1-5-4 ▶ PLCと製造機械の連携の仕組み

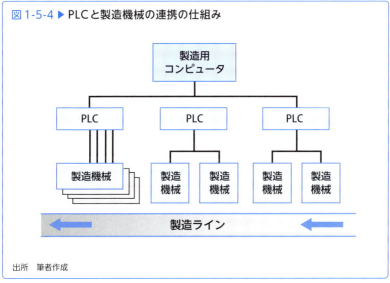

出所　筆者作成

▶注1　PLC：Programmable Logic Controller、プログラマブルコントローラ。プログラムで定められた順序や条件などに従って工場のロボットや各種機械の動きを制御する装置

第1章　ビッグデータを正しく理解しよう

組みが違うことを理解できたでしょうか。

　同じようなケースは、世の中に多く存在します。カーナビで見られる道路の渋滞情報は絵で赤く表示され、文字で渋滞10キロなどと表示されますが、実際に高速道路に取り付けられている車のセンサーとその上位のPLCは機械語で連絡をしています。

　このような生産と製造の仕組みを、製造業の経営の違いに置き換えて考えてみましょう。自動車会社が車の組み立てを行っているとします。その工程の途中で、外注工場から納入されてくる車のスピードメーターを待ってから、また組み立てを行うとします。トヨタ自動車が提唱した"かんばん方式"〔またの名を"JIT（Just In Time）"方式〕は、外注部品会社に適切に情報開示することによっていつでも部品調達ができるようにして、スピードメーターを常にトヨタの工場の受け入れ場所に途切れることなく納品させて、車の生産をスムーズにする仕組みです。

　このためトヨタは、何時何分にスピードメーターがいくつあるべきかを常に外注工場に伝え続け、工場はその変化を予測してスピードメーターの製造を行ってタイムリーに納品し続けるのです。

5　トヨタかんばん方式にIoTを導入すると何が変わるか

〔1〕生産情報を製造指示に変換

　IoTは、「インターネットに機械やセンサーや、人間ではない"物"がつながって相互に利用しあっている状態」と述べました。

　この考え方を基に、トヨタかんばん方式に、IoTが導入されていたとしたら一体何が変わるでしょうか。

　車の製造販売という非常に大きな仕事の流れの中で、一番市場に密着している場所の情報は、自動車販売店の営業担当者がもっている情報でしょう。顧客情報を総合すると、この車種をあと2カ月後に2台、この地区で売れそうだ、というような情報です。このような情報は、セキュリティで保護されたインターネットを介して販売店の営業から販売店内

1.5 IoT(Internet of Things)も正しく理解しよう

部でまとめられ、販売店から OEM（自動車メーカー）本体の営業の数字を扱っている部門に伝わります。実際にはメーカーの営業本部、あるいは営業企画といった部署ではないでしょうか。これが OEM の営業情報の基礎となるわけです。この OEM の営業情報は統合されて、生産管理部門に送られ、生産計画が作られます。

　次に、これらの情報を生産管理部門から受けた製造部門は、これをもとに製造用コンピュータシステムで"生産情報を製造指示"に変換します。これに工場内部での自動物流情報や製造用工具まで、製造に必要なさまざまな情報が付加されていきます。この時点で生産部門から届いた情報は、「物理的に機械を動かす」「製造機械相手の機械語情報（最終的には電気信号やパルス信号）」へと変えられていくのです。

　"生産のシステムからの情報を製造のシステムに変換する"ことを、会社の関係で言い換えると、"OEM のシステムからの情報を、部品製造メーカーのシステムに変換する"ということになるのです。

　自動車会社と部品製造メーカーは、まったく別の会社ですから、システム情報を変換したり、またその製造予測数値を再び OEM に返したりといった作業には膨大な手間がかかるのです。

〔2〕IoT の導入：
　　自動車製造メーカーは部品製造メーカーの数字がわかる

　さて、ここに IoT が導入されとどうなるでしょうか？

　結論を先にいえば、OEM の営業や生産管理部門から流れてくる情報が、何の作業も介さずに自動的に部品製造メーカーの工場で使われている信号に変換されてロボットが動き、そのロボットによって作られた商品の製造実績もそのまま OEM には把握できるようになります。逆に、部品製造メーカーで、たった今ロボットが作った部品数データは、瞬時に OEM に送られます。もちろんビジネス取引はありますので数字をそのまま採用するわけではないと思います。

　簡単にいうと、OEM が部品調達メーカーに生産実績や納入予定日な

どを聞かなくても数字が読めるようになり、逆に部品製造メーカーは、小まめに製造実績や納入見込みを連絡しなくてもよくなっていきます。

　機械と機械が相互にインターネットでコミュニケーションができるようになっているのです。これが IoT です。決してインターネットに繋がっているのはセンサーだけではありません。

　例えば、部品製造メーカーが製造に使っているロボットアームについている小さなマイクロコンピュータも、インターネットにつなぐことも可能なのです。そこまでしなくとも、発注主の OEM が、ネットワークを組み立て工程の機械を制御する PLC までつなげられれば、製造状況の情報が秒単位で入ってくるようになります。それらの情報は、生産本部を通って本社にも共有され、一部の情報は販売店の営業に渡す情報にまで利用されます。販売店の営業担当者は、自分の顧客用の車の製造がどこまで進んでいるのかがわかるようになります。

　具体的な例で考えてみましょう。OEM が、外注先の部品製造メーカーからハンドルなどの部品を待っているケースではどうでしょうか。

　例えば、OEM と外注のハンドル製造メーカーの工場がつながるとします。これまで OEM は、ハンドル製造メーカーから 100 個の納入時間を聞いていましたが、あまりにもその時間があてにならないので、OEM 本体の受け入れ倉庫に、まだ使わない余分なハンドルを常においておくように指示します。これがかんばん方式（JIT）生産なのです。ところが、OEM の本社が外注先のハンドル製造メーカーの製造ロボットの動きまでわかってしまうと、「今、何個製造中で、何時間後に何個配送可能か」まで常にわかってしまうようになります。

　一方、OEM の生産工場が、ハンドルの製造メーカーに、OEM の最終組み立て中の車の製造ラインの機器への IoT 接続を許せば、何時間何分後に何台のハンドルの納入を要求してくるかが予測できるようになります。こうなると OEM とハンドル製造メーカー工場の間に、供給数量調整用の一時在庫などが必要なくなります。

　これらの例は、単純ですが、IoT によって JIT 生産方式がいらなくな

1.5 IoT(Internet of Things)も正しく理解しよう

る例です。このように、IoTを使って生産から製造現場までを縦につないでしまった仕組みを、ドイツでは「インダストリー4.0」[注2]と名づけました。まさにドイツのOEMとオーストリアの部品製造企業との垂直統合の始まりです。インダストリー4.0においても、間違った解釈をしている例が多いのも事実で、ここで、少し解説してみましょう。

6 インダストリー4.0とその具体的な利用例

〔1〕第四次産業革命とかんばん方式の変化

　海外で、多くの機器に自動でデータのやりとりをさせて工場をつなぎ、インターネット上でいろいろなデータをやりとりしながら、新しい生産方式を行っているインダストリー4.0の事例が数多く生まれてきています。第三次産業革命の次だから第四次産業革命、つまりインダストリー4.0と呼ばれているのです。

　第三次産業革命は、'The third industrial revolution'と言います。第三次産業革命に対して第四次産業革命なのです。本来、第四次産業革命は、'The fourth industrial revolution'と呼ばれるべきなのですが、それを今風の英単語で表し、ソフトウェアのバージョンのような言葉を使って表されたのが、インダストリー4.0なのです。インダストリー4.0は、これまでの製造方式に情報ネットワークでつながれた生産ネットワークを連結したということですので、第四次産業革命というよりも、やはりIndustrie 4.0とい固有名詞を使うべきなのでしょう。

　例えば、ドイツのOEMとオーストリアの部品メーカーが、ネットワークで繋がれ情報を共有します。OEMは、部品製造工場において小さな部品の製造から、最終的な車両の組み立てや出荷までの全体のスケジュールや計画の全体を見ながら、リアルタイムに正しい情報を把握し

▶注2　インダストリー4.0:ドイツの「プラットフォームIndustrie 4.0」という組織によって推進されている第4次産業革命 'Industrie 4.0'(ドイツ語表記)のこと。インダストリー4.0は、ドイツ政府が2020年の実現を目指す国家戦略プロジェクトの1つ。

ながら車の生産を行うことができるのです。

　これまでただ情報を待っていた、"オーストリアの外注工場からの部品の調達情報"よりもっと先の"部品の製造情報"を含み、自社の生産全体を見てコントロールできるのです。当然、財務会計も考え方が変わってきます。オーストリアの部品生産会社が、ドイツのOEMの子会社だとしたら、これまでは企業と企業の決算を合わせた連結決算で情報はつながっていましたが、このIoTの仕組みが導入されると、部品製造メーカーの1つ1つの部品の原価を積み上げた連結された原価管理から、生産やビジネスを把握することになります。こうなると、OEMと部品製造メーカーの全体原価管理も可能になります。

　先ほど例に挙げた日本のOEMが、ハンドル製造メーカーの部品の受け入れをスムーズにした'かんばん（JIT）方式'をIoTによるインダストリー4.0で考えてみると、実質OEMとハンドル製造メーカーの機械が完全に連携してしまうのですから、さまざまな情報伝達の仕組みやルールまで大きく変わってしまいます。

〔2〕インダストリー4.0を可能にした一因は情報技術

　もちろん、情報技術（IT：Information Technology）的にはこれまでの製造現場のITの仕組みと、生産全体のITの仕組み、本社として調整や購買を行うITの仕組みがまったく別々で繋がっていなかったのを、機器ごとに違う通信信号にまで共通化してしまう技術革新が、インダストリー4.0登場の大きなきっかけの1つになっています。

　IT的にいうと、それまで製造現場だけで閉じていたPLC情報機器とその製造現場内のネットワークが、IP（Internet Protocol）と呼ばれる、本社の管理系ITシステムやネットワークと相互に情報交換できるようになったのです。これは、別の言い方をすると、（製造現場の）信号情報と（本社の管理系ITシステムの）文字情報が相互に通信できるようになったからともいえます。

　インダストリー4.0の本質は、大量かつ種類の違うデータ、企業や事

1.5 IoT(Internet of Things)も正しく理解しよう

業所ごとにまちまちのコンピュータシステムのデータ、部品製造企業とOEMのデータのような、形式や規定（ルール）の違う千差万別のビッグデータを流通させることなのです。このように、異なった機械同士がインターネットのネットワークを使って情報交換を行うことが、IoTなのです。

インダストリー4.0とビッグデータとIoTは、単独で別物の流行語ではありません。そこに気が付くと、欧米諸国が産業を強くするために、企業の取り組みやデータ流通の仕組みを変えようとしたことが理解できます。このような欧州の脅威に対して、流行り言葉だという認識でいては、もはや日本（企業）は競争にもならないのです。

［3］インダストリー4.0で何をするのか

インダストリー4.0という名前に惹かれ、ドイツまで視察に行く日本企業も大変多いのですが、本質を理解せずに行く視察には意味がありません。ここまで述べたように、ビッグデータ、IoT、インダストリー4.0は相互に関連しあって新しいビジネスの形を生み出しています。ですから1つ1つの技術を見るためだけに、わざわざ視察に行くのはほとんど意味のないことだと思います。

インダストリー4.0という仕組みで一体何をしようとしているのか、どのようなビジネスの目的を達成しようとしたのか、今までの仕組みでは何ができなかったのかなど、そのビジネスとしての特性と戦略をしっかりと学ぶことが最も重要なのです。

第1章 ビッグデータを正しく理解しよう

1.6 AI と人間の知能と何が違うのか？

1　AI という言葉の意味

　最近、多くのニュースや話題に出てくる言葉の中に、AI（Artificial Intelligence）という用語があります。'エーアイ' と発音しますが、これはいったい何を意味して、何の目的で使われるものなのでしょうか？
AI（Artificial Intelligence）という言葉の語源について見ていきましょう。

　AI の 'A' は英語の 'Artificial' で、これは「人工の」と訳されます（図1-6-1）。'Art' とはもともと「技」を意味し、'Ficial' はラテン語の「する」「作る」を意味する 'Ficere' が語源です。

　つまり、AI とは、人間が「技」を使って「すること」、あるいは「作ること」というような意味です。

　人間が技を使うから「人工的な」となります。AI の ' I ' は 'Intelligence' で、「知能」を意味します（図1-6-2）。

　Intelligence は、インターチェンジ（Interchange）やインターネット（Internet）などの Inter（インター）と、ラテン語の Legere（レゲレ）がつながった言葉です。Inter は、何かと何かをつなぐという意味なので、道路と道路をつなぐインターチェンジや、ネットとネットをつなぐインターネットなどは理解できるかと思います。

　余談ですが、Inter も 'in' と 'ter' の合わさった造語です。'in' すなわち中に入るという意味の言葉と、'ter' すなわち土や地球（テラ）を意味する言葉がつながり、何かを土に埋めて固定するような意味なのでしょう。

　Legere は、「読む」「拾い出す」を意味するラテン語で、単数形はおもちゃのレゴと同じ LEGO です。知能や知性をうまくつなぐというような意味です。

　すなわち AI とは、「人工的に作られた知能や知性をうまくつないでい

82　IoT時代のビッグデータビジネス革命

1.6　AIと人間の知能と何が違うのか?

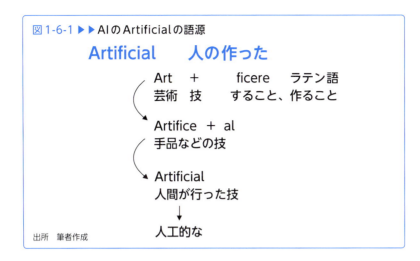

くもの」という意味なのです。

2　人間が作るものは人間に似ている

　AIは、人工的に作られた知能ですから、その形や構造は人に似ているのかもしれません。

　例えば、人間の思考パターンでは、"まず考えて情報を探し"、"判断

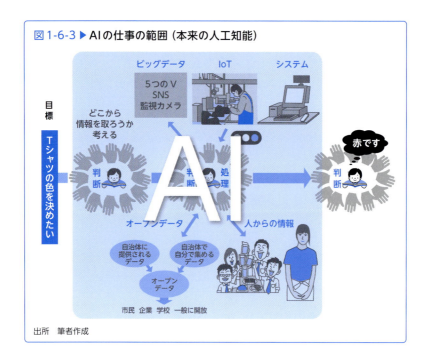

図1-6-3 ▶ AIの仕事の範囲（本来の人工知能）

出所　筆者作成

して"、"答えを出す"までを一貫して処理しています。AIにおいてもこれと同じような処理を行います。具体的には、図1-6-3に示すように、目標（Tシャツの色を決めたい）を入力すると、ビッグデータや人からの情報などを探し、考えて、答えを出してくれます（答え：Tシャツの色は赤です）。

一方、自動車のヘッドライトやフロントグリル[注1]は、何となく人の顔に似て見えます。これは、自動車が人の動きと同じように陸上を前に進むので、デザインも人の顔に似てくるのだと考えられます。もし人間が鳥のような生物であったら、地を這う自動車は作らず、羽をもった空を飛ぶ自動車を先に作り、そして空を飛ぶ自動車のヘッドライトは鳥の目のように、横についていたかもしれません。

AIにも同じことがいえるのです。詳しい話に入る前に、まずAIという仕組みでよく使われる2つの方法（思考処理パターンと呼びます）に

1.6 AIと人間の知能と何が違うのか?

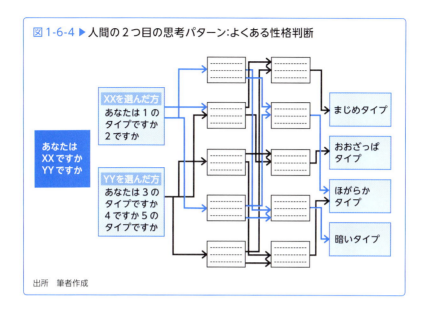

図1-6-4 ▶ 人間の2つ目の思考パターン:よくある性格判断

出所　筆者作成

ついてお話ししましょう。

　AIは人工知能と呼ばれますが、大きく2種類に分かれます。

　1つは、物は考えないけれど、条件に沿って順番に選んでいくと答えを出してくれるAIです。これをパターン選択型とでも呼びましょうか。もう1つのAIは、人間のように本当にものを考える仕組みです。

3　パターン選択型のAI

[1] よくある性格診断チャート

　まず1つ目の「パターン選択型AI」について、簡単に説明しましょう。

　このAIは、雑誌に載っている性格判断チャートとよく似ています。雑誌に載っているパターン選択（図1-6-4）の記事の最初には、いくつか

▶注1　フロントグリル：エンジンやラジエータなどに空気を取り込んで冷却し、自動車のボンネット内の熱気を逃がしたりする機能をもった車の正面部。

の質問が出てきますね。その最初の質問に答えると、「まず、あなたはAタイプに該当します」という箱に進めます。その後、Aタイプに該当する人にも質問がきて、それに答えると、さらに「あなたは1番のグループです」などと進んでいきます。何度かそれを繰り返していくと、最後の箱にたどりついて「あなたはまじめタイプです」などと診断結果が出されます。

コンピュータでのパターン選択型 AI 処理も、この仕組みによく似ています。何かを聞くと、あらかじめ組み込まれたいくつかのパターンを選択しながら次々とパターン選択を続け、最後に答えに到達するという仕組みです。古いタイプの将棋のゲームソフトがこの形です。

〔2〕定規の定石のパターン

将棋では、定石（じょうせき）と呼ばれる、最善とされる決まった打ち方のパターンがたくさんあります。このたくさんの定石が、図1-6-4でいう"XXを選んだ方"の選択肢と同じものになります。

人間とコンピュータが将棋対戦する場合、人間が将棋の駒を1つ動かすと、将棋ソフトは次の動きをこれまで記憶しているたくさんの定石に照らし合わせて選択します。この時に大切な考え方は、その"選択"という処理です。人間側としては、将棋ソフトが考えているように感じますが、実は考えているのではなく、コンピュータはこれまで覚えた定石の中から確率的に一番正しそうな定石を選び、それに沿って手を打ってくるのです。これがパターン選択型の AI で、1990年代初頭に AI として出てきたコンピュータの AI ソフトは、ほとんどがこのような仕組みをもっていました。そのため、この頃の AI は使う前に"AI ソフトに学習させる"という行為が必要でした。つまり、将棋ソフトでいう定石を事前にたくさん覚えさせる必要があったのです。

〔3〕製造業でも成果を出した AI ソフト

実は、この考え方をもったソフトウェアは、製造業などでも少し使わ

れました。"熟練工の判断を学習させる"などといわれ、工場で働くすばらしい技術をもった人々の判断や経験を、一生懸命 AI に覚えさせていました。その結果、工場で AI ソフトを使って、問題が起きた時に、選択を繰り返して、瞬時に熟練工と同じような対応方法を見つけるという仕組みが流行しました。

　これは、生産現場での品質管理にもよく使われました。例えば、製鉄所での鉄の生産です。熱く溶けた鉄を冷やしながら大きなローラーで伸ばし、水で冷やしながら薄い鉄の板を作るような工程で使われていました。溶けた鉄を薄くのばした状態で四方から光を当てると、その光の反射の仕方の違いで、鉄の板にどのくらいの不純物が混じっているかがわかる、といったような仕組みでした。

　実際の仕組みでは、光だけではなく、さまざまなデータを取ったうえで判断させていましたが、この方法で、最終的に強度の低い製品が起こす品質不良を早い段階で発見することに役立っていました。かなり複雑な仕組みではありましたが、これが選択を繰り返すタイプの AI 処理です。

4　"本当にものを考える仕組み"の AI

　現在、日本で語られる AI についての考え方の中で一番大きな問題点は、この"パターン選択型"の処理も AI と呼んでいることなのです。これは、次に述べる 2 つ目の AI の処理とはまったく違うものなのです。

　さて、2 種類目の AI の処理は、人間のように"本当にものを考える仕組み"という思考処理パターンだといいました。これは、人間の思考回路に大変よく似ていて、これこそが人工的に作られた知能、つまり AI の処理だといえるのです。

　ではここで、人間の思考処理の順番をコンピュータ風に考え、その特徴をつかんでいきましょう。

〔1〕人間と同じ情報の処理の仕方

　人間には、たくさんの情報が日々入ってきます。頭に次々に入ってくる情報は、その都度判断され、処理されて次に進みます。同時に、それらの情報は、記憶という格納庫にしまい込まれます。この記憶は、コンピュータでいうところの「記憶装置」といえます。人間もコンピュータも同じで、一度記憶装置に入った情報は、必要なときに取り出され、利用されます。また情報が次々に入ってくれば、記憶も書き換えられたり新たに格納されたりします。

　図1-6-5を見てください。左上の人が手に持っているのが、入ってくる情報です。人間はこれらの情報が入ってくると、右の部分にあるように、その情報をどうしようかと考えます。これが「判断」です。判断されるとその後は、情報を記憶するとか、時には忘れるとか、の判断がなされます。右下にあるように、それまで溜まっている脳の中の記憶と同様に記憶を新たに格納したり、すでにある情報を取り出したりもします。これが人間の思考処理パターンなのですが、右下にあるように、コンピュータであればそれを「ディスク装置」といわれる格納庫を使って処理を行います。

　また、格納された情報をまた取り出してそれを基に判断する。こういった行動も行われます。これが人間の情報処理の流れです。この流れとまったく同じ思考パターンが、AIでいう2種類目の思考パターンなのです。

〔2〕情報の取り扱いを自分で判断して処理をする

　この処理を、最初に述べた「選択パターン型」の思考処理と比べてみましょう。

　人間が入ってきた情報の取り扱いを"判断"して"格納"して、また取り出して処理するという流れの中に、"選択する"というプロセスはありません。もちろん、いろいろ考えをめぐらした結果、何かの判断や処理の後で、いくつかの案を決めてその後選択していくということはあり

1.6 AIと人間の知能と何が違うのか?

図1-6-5 ▶ コンピュータの処理と人間の処理は同じ

出所　筆者作成

ますが、通常は、選択の前に判断や処理が必ずあるのです。

　人間が物事を決める際には、何も判断や処理をせず、ただ選択してパタパタと決めて処理することはないのです。AIとは人工的に作られた知能ですから、当然その処理方法は、人間の思考処理パターンと似たようなものになります。

　つまり、情報の処理を判断して処理をする行動がAIであり、ただ選択を続けて答えを出すのは人間の行動とは違うので、人工知能とはいえません。日本だけではありませんが、とくに日本国内で蔓延しているAIに関する報道や解説には、選択機能しかない仕組みをAIと呼んでいるケースが途轍（とてつ）もなく多いのです。

　AIという言葉は、情報の取り扱いを自分で判断し、自分で処理する機能を表す言葉です。このあたりを、もう少し将棋ソフトのケースで考えてみましょう。

5 AIは人工の"知能"

[1] これまでの将棋ソフトのおさらい

　任天堂のファミリーコンピュータの時代からの将棋はソフト思考処理パターン型で、「敵の駒がこちらに動いたら？」という質問がプログラムに入ってくると、これまでに知られているセオリー（確立された情報）、つまり定石情報の処理パターンで似ているものを探します。そして、あるパターンを選択し、「敵の動きは過去のこのパターンだ」と選択します。

　次に、今度はこちらが手を打つ番です。敵の打った手は「このパターン」だと選択したので、次はどのパターンを選んで手を打つかを選びにいきます。敵の攻撃に似たパターンを選択したので、こちらが打つ手のパターンを選択します。これも同様に打つ手というパターンを探しにいきます。パターンが見つかったら、駒を進めるべき場所を指示します。

　このように、これまでの将棋ソフトは、たくさんの定石情報を記憶させて、パターンを何万通りまでも覚えさせて進化してきました。しかし、これらの将棋ソフトには"知能"はありません。巨大な処理パターンが集合したソフトなだけです。将棋ソフト同士を対戦させても、パターン数の中だけの経験値の戦いということになります。

　将棋ソフトは、自ら学習していくわけではありませんので、将棋ソフトを作るときにできるだけ多くの定石を記憶させます。さらに少し進んだ将棋ソフトは、対戦中に人間が打った打ち方を新たな定石として記憶する機能ももっています。これを"学習"といいますが、あくまでも処理のパターンは選択の連続です。

[2] 近年のAI将棋ソフト

　ところが、近年のAI将棋ソフトは違います。自分が対戦しながら出てきた一手までも、定石として覚えていってしまうところは同じなのですが、その定石から選択だけするわけではありません。

　最近、若い棋士が快進撃を続けているというあるテレビ番組の中で、

将棋ソフトの作り方の解説がありました。

従来の将棋ソフトには、すでに人類何千年の将棋の歴史や棋譜、定石を覚えさせているのですが、新しいAI将棋ソフトの面白いところは、さらに「自分で考える」という定石そのものの概念を変えてしまったことなのだそうです。

そもそも定石とは、人間が考えて指した将棋の手の"実際のパターン"の集まりです。

このAI将棋ソフトの制作者は、新たに指された方法をどんどん取り込んで、新しいを定石として蓄える機能をもった新しい将棋ソフトを作り、このソフトを2つ用意して対戦を始めさせたそうです。これは、前述した1種類目の選択パターンをもたず、自分で考えるAIなのだそうです。ソフトウェア同士の一局の対戦時間は、人間に比べて大変短いので、実際にはなんと700万回もの対戦ができたそうです。その結果、これまで人類が見たこともない定石が次々と生まれてきたというのです。

このように、人工知能「AI」とは、あらかじめ記憶させてあるパターンを選択するのではなく、自分で考えて答えを導き出す、人間と同じ動きをするソフトウェアのことなのです。

6 AIとビッグデータ

さて、ここでもう少し人間の思考処理について考えてみましょう。

例えば人が何かを決めたいとします。そのときにまず考えるのは、決めるための情報をどこから取ろうか、ということです（図1-6-6）。

その次に、実際の情報源を探します。

「ビッグデータで分析した結果があった」あるいは「IoTでも情報が取れる」「いろいろな人からの情報も大事だ」などと考えます。そして、それらの情報はどのようにしたら入手できるのかを、検索したり人に聞いてみたりして、さまざまな処理をします。

人間は、新旧織り交ぜた途轍もない記憶や行動の中から情報をまとめ、

情報を自分に戻した後で、最終的な判断を行うわけです。情報をどこから取るかを考えて情報を集め、その後に判断があるのです。

例えば、高校生向けのTシャツを販売するのに色を決めたいと考える経営者がいれば、ビッグデータの5つのV[注2]やSNSからの情報で、最近の高校生の動向を把握したり、またWebカメラや公開されている街に設置された防犯カメラの映像から、女子高校生の身に着けているアクセサリーの色合いを分析して、流行っている色を統計情報とすることもあります。さらに実行動の映像、また店員さんへのインタビューや店員さんのTwitterといった言葉の情報も重要です。

7 人間の知能とAIは実際には何が違うのか?

[1] 膨大な量の検索と処理スピード

本来のAIは、人間が物事を考えるのとほとんど同じ処理をすること、と先に述べました。それでは、AIと人間は何が違うのでしょうか?

それは非常に簡単なことです。「情報を探す範囲の大きさ」と「処理スピード」の違いです。AIの処理を簡略化して考え、

(1) 課題をどうやって解くかを考える
(2) 膨大な関連データを探す
(3) 考えて答えを出す

とすると、AIの場合は、すべての処理において、人間では考えられない量とスピードで作業を進めます。

例えば、先に挙げたTシャツの色の例(図1-6-7)でもそうですが、最初の処理として、Tシャツの色を決める要素や情報のありか、何が参考になるか、を考えることについても、一瞬にしてその種類の候補を数億種類も考えつきます。次の処理で、ビッグデータや過去のデータの検索においても、一瞬で数十億の文書や情報を検討します。膨大なビッグデータの中から、どのようにして1つの結論を導き出すかを考えるには、数十億のデータを一瞬で検討する必要があります。これは、人間にでき

1.6 AIと人間の知能と何が違うのか?

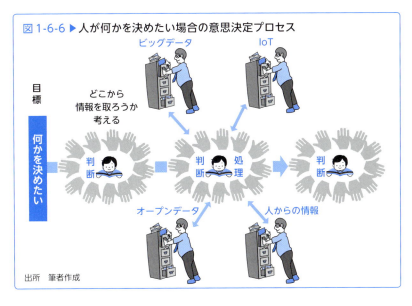

図1-6-6 ▶ 人が何かを決めたい場合の意思決定プロセス

出所　筆者作成

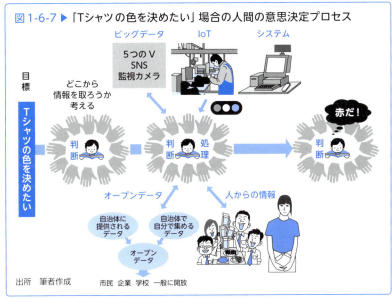

図1-6-7 ▶「Tシャツの色を決めたい」場合の人間の意思決定プロセス

出所　筆者作成

▶注2　5つのV:① Volume（容量）、② Variety（多様性）、③ Velocity（速度）、④ Veracity（正確）、⑤ Value（価値）

ないことです。

　このように考えていくと、これまで直感的に考えていた事象を、膨大な事実と統計に基づいて論理的に分析し仮説を出すことに、AIはとても適しています。

　AIは、人間が考えつかなかった将棋の定石を見つけることや、膨大な薬品データと病気のデータから新薬のヒントを見つけたり、病院では患者さんのさまざまなデータと世界中の臨床データから特殊な病名を特定したり、適切な薬を選択する場合にも使うことができます。

〔2〕AIと高度な統計処理とは違う

　一方、金融分野において、円とドルの為替レートを予測するために、日本でもAIを使うことがあります。日本での利用は、為替レートのこれまでの変化やパターンを集めて解析し、統計的に予測するという方法で、これを為替レート予測のAIシステムなどと呼ぶこともあります。しかし、これは実際はAI（人工知能）の作業ではなく、高度な統計処理だと考えられます。なぜならば、膨大な情報を統計的に瞬時に分析するだけだからです。

　もしもこれが人間であったならば、米国と日本のTPP[注1]の話や、大統領の動静、自動車産業の動向、そして小麦や天候の関係など、さまざまな情報を基に為替レートの変動を予測します。これがまさに本当のAIを使った為替レートの予測システムなのです。

　同様に企業の株価予測でも、その企業の過去の株価トレンドや業績データからはじき出される株価予想は、あくまでも統計データの分析で、AIではありません。

　ポイントは人間の処理パターンと同じかどうか、という点に尽きるのです。これがAIの本質です。

8 結局、今後AIは何に使うのか

〔1〕AIは感情をもたない？

「選択パターンが基本のAI」や「大量データの統計処理」と違って、最近いわれているAIが人間の脳や思考に大変よく似ているということは、いずれはAIが人間にとって代わるのでしょうか？（これに対する回答は〔2〕で解説）

AIは感情をもたないという人もいますが、人間の感情もつまるところ、何かを考えた結果のアクションです。考えた結果、怒ったり泣いたりするわけですが、その行動を抑える人も表す人もいます。しかし、この抑制行動もデータに基づいて考えた結果でしょう。「ここで怒ってしまってはきっと周りの人が迷惑がるだろう」と考えるのは、経験からくる思考です。新生児は周りを気にせずに大声で泣きますが、大人はそう滅多に大声で泣きません。

AIの感情までもが思考の一部だと考えると、AIも人間のようにAIごとに思考パターンや判断が変わってきます。このことが、AIを使ううえで大きな注意点になります。前述したように、AIと人間との差は量とスピードであり、その本質は変わらないので、人間のパートナーを選ぶのと同じように、ビジネスにおいても、AIには「向き不向き」が出てきます。

大型のAIソフトには、医療向けや金融向けなどの専門知識をもった大きな情報データベースをオプションで付けて、いくつかの専門的な既存のソフトウェアをまとめて、産業向けAI製品群として販売されているものもあります。これは人間の場合の医療の専門家、金融の専門家と同様に考えればよいでしょう。また、小型のAIソフト組み込まれた話し相手になるロボットなどは、きつい言い回しの単語を使わないようにプログラムされています。これは言語学や、心理学の知恵が加わり考慮されていると考えられます。

▶注1　TPP：Trans-Pacific Partnership、環太平洋パートナーシップ

〔2〕量とスピードで圧倒的に勝るパートナーとしての AI

　今後 10 年ぐらいの間に、AI が人間の領域を侵す可能性はあるのでしょうか？　その危険性がないとは言いきれませんが、それを回避しながら AI をうまく使って行く方法はいくつか存在します。

　まず、それぞれの専門分野において、AI は量とスピードで圧倒的に勝るパートナーであると位置づけて使うべきだと、筆者は考えます。また、あくまでも最終的な判断は人間が行うことを常に心に置いておけば、AI の暴走を防ぐことができるかもしれません。

　現在の AI の処理の物理的な仕組みは、ネットワークで繋がれた巨大コンピュータでの処理です。ところが、人間はひとりひとりのもつ小さな脳にすべてが収まり、自立して歩いて似たような処理をしています。一見 AI の方が優れているようですが、物理的にコンピュータはまだまだ巨大すぎます。こういった観点から見ると、AI はまだまだ人間を凌駕するほどの存在にはなっていません。しかし、あくまでも私見ですが、将来を考えるとそうとも言いきれないと思っています。

　現在の AI は人間の思考パターンを基にして作られています。ただ、その処理スピードやコンピュータの小型化という、処理の形だけがどんどん進化していくと、人間と同じ思考パターンをもち、人間の脳と同じように小型化されて処理ができる AI の仕組みも出てくるでしょう。今の AI は、鉄腕アトムに登場してきた人間型ロボットの知恵の部分に近づいているように思いますが、それをアトムの身体の中に入れられてはいません。かつての巨大なコンピュータシステムがスマートフォンに変わったように、物理的な AI の進化は劇的に進み、人間と同じレベルになる時は遠くないと考えます。

　つまり、今の AI が人間の思考パターンと同じ路線で進めば、人間の思考活動に取って代わり、ある範囲の仕事が奪われる危険性は高くなるのではないでしょうか。

〔3〕AIと人間の役割

　ビッグデータもIoTもAIも、特殊な技術を使ってビジネスを支援しようという考え方です。それまでのデータに対して、さまざまな形や大きさのデータを利用しようというビッグデータ、人間だけが使っていた、それまでのインターネットにたくさんの機械を繋いで情報処理を行うIoT、それまで選択パターンだけで判断をさせていたコンピュータ処理に考える力を与えて判断させるというAIなど、それぞれが新しい技術を使ってビジネスを支援しようとしています。

　これらはビジネスの支援なのですが、助けてもらう側の人間の視点でいうと、ビジネスを支援してもらう、ビジネスを代行してもらうという意味ももっているかもしれません。まだパソコンがなかった時代、会計帳簿の集計は大変な作業で、経理職員は決算期になると幾晩も徹夜をして仕事をしました。大変非効率で間違えも多かったのですが、同時にその人達はしっかりと給料がもらえたのです。今はExcelや会計ソフトに取って代わった作業も多く、その部分の給料の支払いはなくなり、人も減りました。

　ビジネスをシステムで支援するということは、ある種のもろ刃の剣であり、前述したような給料の支払いがなくなったり、人が減るなどの危険性をはらんでいます。そのため、欧米企業はビジネスに関しては、支援システムの位置づけや役割の定義について常に考え、人間の役割は"ビジネスのゴールを明確に考えること"に重点を置いています。日本企業は、このことに気づき注力すべきと考えます。

IoT時代のビッグデータビジネス革命

第2章

スーパーリーダーによる産業別ビッグデータと次世代産業指南

第2章では、さまざまな業種で世界を相手にした競争で勝ち続けている、強いリーダーに登場していただきます。現在のビッグデータのとらえ方、データを使った近未来のビジネス予測について、解説していただきました。これまで見えなかった、ビジネスチャンスを発見する大きなヒントが得られると思います。

スーパーリーダーによる産業別ビッグデータと次世代産業指南

2.1 地方創生と中心市街地活性化

　2014年頃から、国内では「地方創生」の波が押し寄せています。その発端となったといわれているのが、中央公論の特集記事「壊死する地方都市」（2013年12月号）だといわれています。この特集記事では、現在の日本の人口減少とそれに伴う少子高齢化トレンドが継続し、東京がまるでブラックホールのような機能を果たしている[注1]ため、東京ではない全国各地に、こうしたブラックホールへの人口集中を防ぐダム拠点が必要であるという議論が展開されています。

　第1章では、バズワードとなっている「ビッグデータ」について、その概念を整理していますが、本節では、「まちづくり政策」の歴史と現在叫ばれている「地方創生」の考え方やその取り組みについて、私（経済産業省）が取り組んでいる中心市街地活性化政策や個別の事例などを簡単に紹介しながら、地域の活性化に取り組む際に必要であるいくつかの視点を紹介します。

1 まちづくり関わる政策の歴史

　まちづくりは継続的な営みです。一度作ればそれで終わりということではなく、ずっと続いています。戦後、日本のまちづくりに関わる政策について、大まかな流れを掴んでいただくために、簡単にまとめて紹介します。

〔1〕国土計画と産業立地政策

　戦後から高度経済成長期が過ぎるまで、都市政策と産業政策は特に一体となって講じられてきました。戦後の産業の集中投資や広域の工業地帯や港湾が一体となって整備される時期から、高度経済成長時期を支え

2.1　地方創生と中心市街地活性化

表 2-1-1　立地政策の変遷（参考）

【～1960年代】　既存工業地帯への集中投資		
○「戦後経済復興」のための開発促進		
傾斜生産方式（1949年）		企業合理化促進法（1952年）
首都圏整備法（1956年）		太平洋ベルト地帯構想（1960年）

【1960～1990年代】　地方への産業の分散・再配置		
①大規模工場の地方移転を通じた「国土の均衡ある発展」（1960～1970年代）		
全国総合開発計画（1962年）	新産業都市建設促進法（1962年）	工業再配置促進法（1972年）
②知識集約産業の地方拠点開発による「東京一極集中是正」（1980～1990年代前半）		
高度技術工業集積地域開発促進法（テクノポリス法）（1983年）		
地域産業の高度化に寄与する特定事業の集積の促進に関する法律（頭脳立地法）（1988年）		
地方拠点都市地域の整備及び産業業務施設の再配置の促進に関する法律（地方拠点法）（1992年）		

【1990年代後半～】　地域の内発的な自立の促進		
○ゼロ成長下での「地域の自立、内発的成長支援」		
地域産業集積活性化法（1997年）（→2007年に企業立地促進法へ）	新事業促進法（1999年）（→2005年新事業活動促進法へ）	産業クラスター計画（2001年）

出所　平成26（2014）年10月　地域産業活性化研究会　第一回配布資料から作成

た全国各地の拠点開発の時期に、政府主導で国内主要都市の基盤が整備されてきました。その後、集中投資から全国各地の自立的な開発を促す政策にシフトしていきました（表2-1-1）。

〔2〕小売流通政策から中心市街地活性化政策へ
（1）百貨店法や大店法の撤廃とまちの郊外化

　以前は、小売流通政策の観点から、戦後の商業調整機能を果たしてき

▶注1　ブラックホールのような機能：地方から東京への集中的な人口流入と東京における出生率が他府県と比べて著しく低いこと※から、一度東京に人が集まると、そこから人が増えることがない現象のこと。
※ 2013年の合計特殊出生率の全国平均が1.42であるのに対して、東京は1.09。

スーパーリーダーによる産業別ビッグデータと次世代産業指南

た百貨店法や大店法などの枠組みがありました。こうした枠組みは、百貨店などの大規模な店舗が立地する際には、立地する都道府県の許可などが必要となるため、地域の中小小売商業機能を守る役割を担ってきましたが、日米構造協議（1989〜1990年）の中で、非関税障壁[注2]であるとみなされ、撤廃されることとなりました。

その結果として、1998年に、まちづくり三法と呼ばれる法律の、
①都市計画法の改正
②大店法の廃止と大店立地法の創設
③中心市街地活性化法の創設

が整備され、大店法などが担ってきた地域の中小小売商業調整機能が失われました。さらに、同時期に自家用車を一家に一台保有するようになってきた（モータリゼーション）流れ[注3]とともに、まちの郊外化が進展していきました。

(2) コンパクトシティと密度の経済

「コンパクトシティ」という言葉を聞いたことがある人は多いかもしれません。まちの単純な郊外化を防ごうというまちづくりの考え方です。

例えば、下水処理場から10km先に1万人の人が住んでいたとします。これが人口減少によって8千人になった場合でも、下水管は引き続き10km伸びていて、その維持管理コストに大きな変更はありません。このため、人が一定のエリアに集中して住むことには、行政コストの削減というメリットがあるのです。これは下水処理場だけではなく、さまざまなインフラにおいて同じことがいえます。人口が減少することで、さまざまな場面で、効率的な運営ができなくなるものがあるのです。

また、人が集まるということは、単なるコストの削減だけではありません。例えば、平成24（2012）年度のJR秋葉原駅の1日平均乗車数は約24万人、私の地元の名鉄犬山駅の1日平均乗降者数は約1.6万人です。仮に、犬山駅で乗る人と降りる人の数が同程度だとすると、実質約8千人になり、秋葉原駅はその30倍ということになります（秋葉原にはこ

のほか、地下鉄東京メトロの駅もあります）。

つまり、仮に、世の中で100人中1人が2カ月に一度はアニメ関連のグッズを買う人がいるとすると、犬山駅利用者は40人、秋葉原駅利用者は1,200人が、それぞれ月に一度はアニメ関連グッズを買い求めたいことになります。月に40人が商品を買ってくれる地域では、もしかしたら、採算が取れずにアニメ関連グッズのお店が出店できないかもしれませんが、月に1,200人が商品を買ってくれる地域では、何店舗が出店できるでしょう。それどころか、採算が取れないためにアニメ関連グッズのお店がない地域からも来客があることになります。このように、人が集ま（め）ることで「密度の経済」というものが達成され、そのエリアで新しい事業が生まれるようになります。

(3) 地域の強みと弱みを踏まえた取り組み

私が担当している、中心市街地の活性化とは、つまるところ、こういったことを、まちなかで推進したいという自治体や事業者を応援する仕事です。地域が考える計画に沿って、中心市街地を活性化させることが大事だと考えているのですが、その際、もっとも大事なことは、国の一律的な方針だけではなく、地域の主体が、その地域の強みと弱みを踏まえた取り組みを推進することです。とくに、地域ごとの特色ある計画、ビジョンに沿って、きちんとしたPDCAサイクル[注4]に乗せていくことです。

これは、たくさんの計画を作ったり、関係者の了解を取るためだけの計画を作ったり、はたまた、とにかくイベントなどをやってみて、なんとなくの達成感を得るということではありません。アクションにつなげ

▶注2　関税（輸入する貨物に課せられる税）以外の方法で実質的に輸入時に必要とされる数量制限や規制・手続きなど。

▶注3　1970年には一世帯当たりの自動車（軽自動車を含む乗用車）保有数が0.44であったものが、1990年には、1.2となっている。これは、約20年間に、2世帯に1台だった自動車が1世帯に1台以上の保有数まで増加したことになる。

▶注4　PDCAサイクル：企業における管理業務等を円滑に進める管理手法の1つ。Plan（計画）⇒ Do（実行）⇒ Check（評価）⇒ Act（改善）の4つのステップを繰り返して、業務処理を継続的に改善する。

るための徹底的な分析とそれを単なる計画倒れにはせず、実際の「Do」までやって見直す、チャレンジするというサイクルを作ることです。

2 地方創生と中心市街地活性化に求められているもの

[1] 政府による「地方創生」の取り組み

　冒頭で紹介したとおり、日本の人口減少とそれに伴う少子高齢化トレンドが今後もしばらく続いていく見込みです。日本が直面する大きな課題に対して、政府が一体的に取り組み、かつ、各地域がそれぞれの特徴を活かした自律的で持続的な社会を創生できるよう、2014年9月、内閣総理大臣を本部長、地方創生担当大臣と内閣官房長官を副本部長、その他すべての国務大臣を本部員とする「まち・ひと・しごと創生本部（以下、創生本部という）」が内閣に設置されました。

　これは、地方において、「しごと」が「ひと」を呼び、「ひと」が「しごと」を呼び込む「好循環」を確立することで、地方への新たな人の流れを生み出すとともに、その「好循環」を支える「まち」に活力を取り戻すことに取り組むよう、政府一体となって取り組もうとしている姿勢の現れといえます。「地方」を「創生」するという定義自体はそれぞれ多様な考え方があると思いますが、いずれにしても、場としての「まち」があり、さまざまな取り組みの担い手となる「ひと」がいて、彼らが継続して居続けるための「しごと」が必要であるという考え方です。

　これまで創生本部では、さまざまな取り組みを実施してきました。例えば、「地域少子化検証プロジェクト」を通じて働き方の改革に対する提案、「日本版CCRC[注5]構想有識者会議」を通じて少子高齢化を単なる財政負担ではなく新たな需要獲得のチャンスにするための提案など、さまざまな検討をしてきています。また、地域の取り組みを支援するためのファイナンス支援の新しいあり方を考える「『ふるさと投資』連絡会議」の設立など、個別の課題に対する検討も進んでいます。

　しかし、こうした政府の取り組みに加えて、本来、私が特に重要であ

ると考えているのは、実際に体を動かして物事を動かす人たち自身と、その人たちが動きやすいような環境です。それは、必ずしも行政が策定する計画や理念、補助金制度ではないかもしれません。

　ただ、やりたいことが明確で、それをやりたいという人たちが集まれば、どんな計画も理念も、補助金制度も、あとはやりたいように使っていくことになります。もちろん、この時に、その「やりたいこと」が本当に地域全体から求められているかどうかということの確認作業という点で、行政などが策定する計画に沿っているということには意味があります。いずれにしても、地域を活性化したいという人たち自身による、計画と実行そのものが大事だということです。

〔2〕大分まちなか倶楽部が取り組む中心市街地活性化

　さて、少し、私の仕事に話を戻しますが、自分たちの地域において、「地方創生」や「地域活性化」を考えるうえで、どのポイント・エリアを核としたビジョンやストーリーを紡いでいくべきなのでしょうか。インバウンド（訪日外国人旅行者）を取り込む観光や産業立地といったことを考えることも1つの考え方ですが、こうした産業・需要面に加えて、物理的なエリアとして中心市街地を地域の顔・投資先として考えていこうというのが、中心市街地活性化政策の考え方です。

　具体的には、市町村の主要な都市機能（市役所や金融機関、交通インフラの主要拠点など）や商業施設などが集中している地域を、施策を集中的に投じるべきエリアである中心市街地と定め、中心市街地の活性化によるさまざまな効果が市町村全体に好循環をもたらすことを目的としています。そういった取り組みを目指す地域の1つとして、日常会話からの分析で、まちなかの活性化を促す「大分まちなか倶楽部」というまちづくり会社（第三セクター）があります。

▶注5　CCRC：Continuing Care Retirement Community、継続的なケアを受けられる高齢者の地域共同体。

第2章 スーパーリーダーによる産業別ビッグデータと次世代産業指南

(1) 大分まちなか倶楽部のテナントミックス事業

　人口48万弱、大分県の県庁所在地である大分市の中心市街地に所在する「大分まちなか倶楽部」では、公的な統計データのみに頼らず、日常のヒアリング（会話）で得た情報を基に、中心市街地全体の商業力を分析し、まちなかにおけるテナントミックス[注6]などを実施しています。こうした取り組みを通して、地域の商業活性化対策として実施される空き店舗対策やイベント事業を本当にニーズに合ったものに変えています。

　具体的には、まず、大分市内の商業売り場面積と年間小売販売額を算出し、自分たちの街がどの程度の商業力があるのかを確認します。彼らは、集客や消費というものが、拡大・縮小をすることよりも、単に移動している点に着目しています。消費活動を「物販」「飲食」「サービス」に分類し、（近年のインターネットによる「物販」などを除き）生鮮食品などの買い周り品や「飲食」、「サービス」については、その消費の場がその都度移動を繰り返していると分析しています。

　このため、大分市の人口規模と市全体の商業売り場面積と年間売上高を算出した後に、本当に必要な商業機能、足りていないニーズをしっかりと把握したうえで、空き店舗対策・新規出店コンサルを実施しています。結果として、彼らが2008年から2012年の4年間で110件の開業を実現し（商店街エリア全体の約18％）、そのうちの9割が今なお定着しています。

(2) 日々のヒアリング（会話）データから得られる地域トレンド

　もちろん、単に市内の商業施設の面積と年間小売販売額を算出しただけで物事が解決できるわけではありません。こういったデータ分析に加え、例えば、まちなかの店舗を夜間型（居酒屋等）と昼間型（物販・サービス等）に分けて考えることで、継続的に商店街ごとに良かれと思って実施しているものの利益につながらない昼間のイベントを見直したり、まちなかにあるべき店舗を、消費者が他の店舗と併せてまわる「回遊型店舗」（まちなかの時間消費が相対的に長い）と、明確な目的があって訪

れる「目的型店舗」(まちなかの時間消費が相対的に短い)に分け、店舗の配置を検討したり助言したりしています。

　こうしたデータの収集、分析、戦略を、実際の取り組みにつなげられているのは、データの収集を純粋な統計データのみに頼らず、彼ら自身、日々の商業店舗へのヒアリングから収集し、とりまとめ、まち全体の動向を確認したうえで、新規出店を希望する者がここ(大分まちなか倶楽部)に来れば、適切なアドバイスをし、ベストな立地で事業をスタートできるような仕組みを整えているためです。

　大分まちなか倶楽部では、日々の日常会話から、各店舗の月間総売上や売上高に占める固定客の割合、顧客ターゲット、客単価、来客数など、多岐にわたる情報を聞き、まちづくりにおいて非常に重要な地域のトレンドを掴んでいます。これは、単純にたくさんの統計データを集めてビッグデータというのではなく、具体的なアクションにつながるデータ収集を実施しているということです。

　こうした情報収集と分析などを通じて、資本に任せて集客するのではなく、多様な地域の担い手を作り出しているともいえ、地域に欠かせない存在となっています。

〔3〕鎌倉で起きている人を巻き込む現象

　少し、行政の話からはずれますが、神奈川県鎌倉市に、カマコンバレーという取り組みがあります。ここでは、「この街を愛する人を全力で支援する」という理念のもと、毎月第3木曜日に1003名以上の老若男女(10～70代まで)が集まり、鎌倉をよくするための取り組みについて、プレゼンとブレーンストーミング(アイディアソン)を実施し、その後に彼らが運用するクラウドファンディング「iikuni」によって資金調達までし、地域の自発的な取り組みをさまざまな形で具現化する動きを見せ

▶注6　テナントミックス：市街地における商業活性化を実現するために、最適なテナント(業種業態)を組み合わせること。

ています。

　2013年から約3年の間に、30以上のクラウドファンディングの案件を成立させ、その達成率は90％を超えています。ここでは、緩やかなPDCAサイクルがあり、その「PLAN」に当たるものは、その場の雰囲気といえます。「この街を愛する人を全力で支援する」というのは、その場の雰囲気を言語化したものに過ぎない理念であり、実際にカマコンバレーの（毎月の）定例会に参加することで、参加者が目の前でプレゼンされたアジェンダに全力で支援する頭に切り替わってしまうのです。この流れが次のアクションにつながり、例えば、建長寺のお堂でハッカソンをやる「ZEN HACK」や、津波がくることを想定した避難訓練「津波がきたら高いところへ逃げるプロジェクト」など、さまざまな取り組みが地域の関係者の手で実施されています。

　最近、この鎌倉の動きが各地に波及していて、岩手県盛岡市、長野県白馬村、福岡県福岡市、愛媛県松山市など、さまざまな地域でカマコンバレーのエッセンスを受けながら同様の取り組みが行われるようになりました。また、こうした取り組みを担う人たちのモチベーションは、純粋に「楽しいから」という極めてシンプルなもので、本来、誰かのために我慢して「地域活性化」に取り組むという考えはありません。楽しいから、自分もやるし、あの人にも声をかけてみる。自分が巻き込み、巻き込まれながらさまざまなプロジェクトを通して、成長もしていく。そういった生態系が作られつつある1つの現象であるといえます。

3　ジブンゴト化と地域活性化

　ビッグデータとスマートシティに関する本書ではありますが、「地方創生」や「地域の活性化」という際には、既存のデータであっても、本当に必要なデータを活用しながら、厳密ではなくとも目的を遂行するために必要なデータの収集を地道に行い、具体的にアクションにつなげていくことが重要です。このほか、必ずしも行政との連携などを考えず、純

粋な「楽しさ」を原点にさまざまな人を巻き込む生態系を作っていく取り組みも、本来、人がもっているモチベーションを原動力とする取り組みとして大切な営みです。

もともと、「みんなが田んぼに水を引いている川が氾濫するから」、「みんなの家の前にある目の前の道路が整っていないから」みんなでお金を集め、一緒に共同して整備してきました。こういった営みを専門家に委ね、自分たちの生業に集中するため、私たち公務員が生まれています。私は、何かを良くする・良くしたいという地域の想いとそれをサポートする・したいというお互いの関係が、物事を良くするのであり、どちらかが一方的に頑張るという構図では、本当の意味で納得できる地域活性化はあり得ないと考えています。

行政のせい、地域のせい、誰かのせいにするのではなく、目の前の状況をまず「ジブンゴト化」し、関係者（仲間）を巻き込んで一緒に取り組んでいく営みが、地域活性化には欠かせない点だといえるでしょう。

2.2 まちづくりとG空間情報

まちづくりには、多様な地図が活用されています。地図とビッグデータの組み合わせで、未来型まちづくりが可能となり、さまざまな新産業・新ビジネスの創出が期待されます。

1 G空間情報とは？

〔1〕G空間情報とは？

G空間情報とは、「位置」に関係づけられた情報で、旅先で見るスマートフォンの地図や観光スポットの場所情報などのことです。"G"は、地理（Geographic）の頭文字で、"地理空間情報"の略称です。

第2章 スーパーリーダーによる産業別ビッグデータと次世代産業指南

　例えば、商業ビルには、○○ビルという名称、所在地を表す住所、階数、建物の形状、建築年月や改築年月、存続期間など、さまざまな情報があります。この地物[注1]がもつ性質や特性のことを「属性」と呼び、主題、空間、時間の3つの属性があります（図2-2-1）。

　「位置」とは、空間(x, y, z)と時間(t)の属性のことで、地物に時空間座標を与えれば、現実空間に存在するほとんどの地物がG空間情報として扱うことができます。

　G空間情報をもう少し広義に捉えると、図2-2-2に示すように、地図データ、静態データ、動態（変動）データを指します。このうち動態データは、刻一刻と生成される性質上、ビッグデータと呼ばれています。また、行政機関（国・自治体）や民間から一般公開されているデータはオープンデータと呼ばれ、それ自体がビッグデータであったり、ビッグデータを増強したりします。

　G空間情報の活用は、デジタル地図やGPS[注2]、各種センサーが普及している今日、まちづくりや防災対策、環境保全など社会的な課題解決や新産業、新規ビジネスの創出に大きな期待があります。特にビッグデータは、地図データや静態データと組み合わせて、リアルタイム情報や未来予測の分析に有益な情報が得られるといえます。

〔2〕「G空間×ICT」の推進

　政府は平成25（2013）年に公表された「ICT成長戦略」に基づいて、G空間情報と通信技術を融合させ、暮らしに新たな革新をもたらすため「G空間×ICT」施策を推進しています（図2-2-3）。各種カメラ・センサー情報、人・車などの位置・動態情報、住民からの提供情報など、散在するG空間情報を集約して共有する「G空間プラットフォーム」を構築し、世界最先端の防災システム、先進的・先導的な手法による地域活性化、新たな産業・サービスを創出して国内外に展開することを目指しています[注3]。

2.2 まちづくりとG空間情報

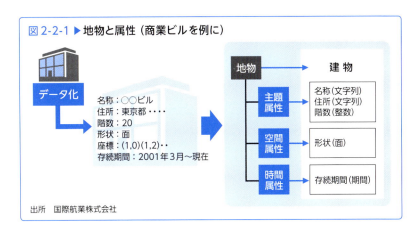

図 2-2-1 ▶ 地物と属性（商業ビルを例に）

出所　国際航業株式会社

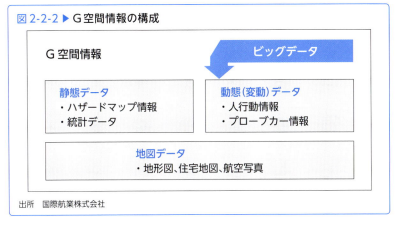

図 2-2-2 ▶ G空間情報の構成

出所　国際航業株式会社

〔3〕G空間プラットフォームを活用した事例
　　～ リアルタイム津波浸水・被害推定システム ～

　東日本大震災の経験を踏まえると、地震発生後、津波の到達時間や浸水・被害の範囲や程度を、いかに早く把握し適切に対応するかが、減災

▶注1　地物（ちぶつ）：地上にあるすべての物の概念のことで、例えば、山や植物、動物、建築物など、実世界に存在する物体のこと。
▶注2　GPS:Global Positioning System、全地球測位システム
▶注3　2020年度には約62兆円のG空間関連市場が創出されると予測されている。

第2章 スーパーリーダーによる産業別ビッグデータと次世代産業指南

活動上重要です。リアルタイム津波・浸水被害推定システムは、東北大学を中心に、大阪大学や民間企業や国・自治体による産学官連携したプロジェクトによって構築されたものです（図2-2-4）。これは、G空間防災システムとして、最先端の断層推定、津波シミュレーション、スーパーコンピュータ、センシング技術やICTを統合し、沿岸部10mメッシュ分解能[注4]でのリアルタイム津波浸水予測・被害推定システムを実現しています。

この津波被害推定は、地震発生から20分以内に配信までを完了させ、国・自治体での災害対応に活用できるフォワード型の情報提供型のシステムで、すでに試験運用も始まっています。

今後、予想されている南海トラフ巨大地震では、被災地域が東海、東南海、南海地域の広域に渡るため、被害把握に時間を要することが想定されます。そのため、このシステムによる短時間での被害把握をさまざまな減災活動に活用するとともに、将来的には、このシステムと、人・車の動態情報等のビックデータと融合させることで、より適切な災害時の対応が可能な情報提供ができることが期待されます。

2 オープンデータを活用したまちづくり

[1] オープンデータ活用の動向

G空間情報は、二次利用が可能な形式で公開された公共データ化（オープンデータ化）することによって、新事業の創出や住民参加・官民協働の推進などによる公共サービスの向上に寄与するものと期待されています。

内閣府では、平成27（2015）年2月12日、「地方公共団体オープンデータ推進ガイドライン」を策定して公共データの活用を推進しています。また、国土交通省では、主に市町村向けの「オープンデータを活用した歩行者移動支援サービスの取組に関するガイドライン」を、平成27（2015）年9月30日に作成するなど、各省でオープンデータの活用が本格化しています。

2.2 まちづくりとG空間情報

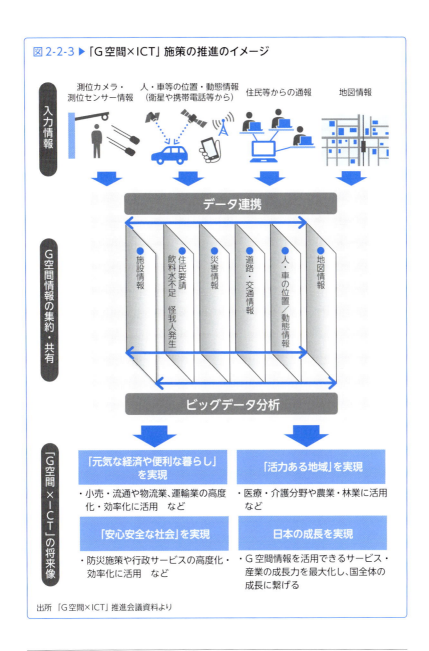

図2-2-3 ▶「G空間×ICT」施策の推進のイメージ

出所 「G空間×ICT」推進会議資料より

▶注4 津波シミュレーションに用いる地形を10m格子モデルで表現すること。

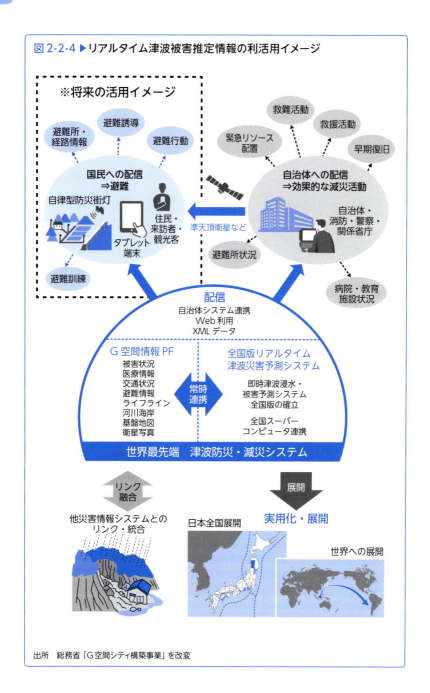

図 2-2-4 ▶ リアルタイム津波被害推定情報の利活用イメージ

出所　総務省「G空間シティ構築事業」を改変

東日本大震災では、Webマップ上に膨大な量の被災情報や支援要請情報を集約し、地図上でわかりやすく公開したことによって、支援活動計画や復興計画の策定に寄与しました。

　このようにG空間とオープンデータによって、今後の防災まちづくりや中心市街地の活性化などを効率的かつ円滑に推進することが可能となります。その際、自治体には、データ提供者としての役割と利用者としての役割の両方が期待されます。

〔2〕商圏分析（ハフモデル）を用いた中心市街地活性化基本計画

　中心市街地活性化基本計画では、周辺都市との競合関係を分析する際、ハフモデル[注5]（図2-2-5）による商圏分析を用いることがあります。ハフモデルでは、店舗の売場面積とその店舗までの距離から買物出向比率を算出し、買物出向世帯数（人口）や売上高予測から商圏のポテンシャルなどを分析します。

　このとき、企業が保有する来客データなどのビッグデータや店舗データ（位置、売場面積など）、道路網データに加えて、オープンデータである世代別人口データなどを用いることで、実態に即した時間距離から、検討対象の市街地中心部や鉄道駅の商圏分析を高い精度で行うことができます。同時に、競合都市との比較も容易になります。

〔3〕オープンデータと市民参加型まちづくり

　市民参加型のまちづくり「CIVIC TECH（市民テクノロジー）」とは、オープンデータやIT技術を活用して、市民が地域やコミュニティの課題を解決するための活動およびそのテクノロジーのことです。

　オープンデータの活用やハッカソン[注6]によるアイディアの具現化、ク

▶注5　ハフモデル: 消費者は規模の大きい（店舗面積が広い）店舗を選び、同一面積であれば、距離が近い店舗を選ぶという仮説を基にした、消費者の店舗選択の確率を算出するモデル。1960年代、米国の経済学者D.ハフ（David Huff）氏が考案。

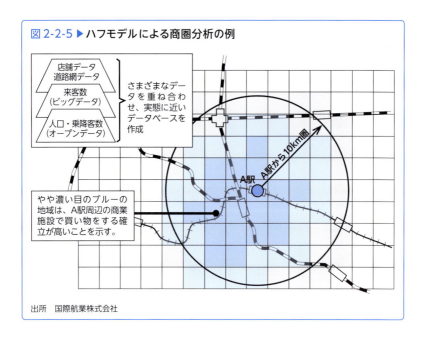

図2-2-5 ▶ ハフモデルによる商圏分析の例

出所 国際航業株式会社

ラウドファンディング[注7]など、営利、非営利にかかわらず幅広い領域で実践され、どこかの地域で作られたデータや開発アプリは、他の地域でも容易に展開可能なのがメリットです。

例えば、Code for America[注8]というNPOで開発されたアプリ「Transitmix」は、自分が欲しいバス路線を自分で作ってシェアするというアプリです。オープンストリートマップという、自由に編集して利用できる地図データをベースに、オープンデータである人口統計を可視化すれば、自治体の都市計画やこのアプリを使った路線の最適化を検討できます。

Code for Sapporoのさっぽろ保育園マップは、「こどもをどこに預けたらよいのだろう」というママ視点から、保育園あるいは幼稚園の場所などのG空間情報に加えて、開園時間、対象年齢、空き状況をオープンデータ化して地図アプリにしたものです。このアプリも二次利用可能なので、茨城県つくば市など他の地域でも応用されています。

2.2 まちづくりとG空間情報

このように、包括的に全球規模でオープンデータ化し、さらに各データをアップデートしていく、すなわちビッグデータ化すると、このような地域課題解決アプリも広範囲に展開できます。

3 ビッグデータを活用したまちづくり

[1] スマートコミュニティ・サービス

実社会の情報と空間情報を組み合わせることで、IoTやビッグデータ技術を活用して新たなコミュニティサービスを提供することができます。グリーンコミュニティ田子西(仙台市田子西土地区画整理事業)では、iKaas〔総務省戦略的情報通信研究開発事業(SCOPE)(国際連携型)〕[注9]の実証実験として、タウンマネージメントに活用する試みを始めています(図2-2-6)。

街に設置されているセンサーから得られる情報と空間情報をマッシュアップ[注10]して、AR(Augmented Reality、拡張現実)やVR(Virtual Reality、仮想現実)アプリケーションを作成し、タウンマネージメントサービスの一環として「ユニバーサルサービス」「防犯/防災サービス」に活用できます。また、室内に設置されているセンサーや空間情報をマッシュアップし、病院や医療従事者と連携することで、住民の方々へ

▶注6　hackathon。hack(ハック)とmarathon(マラソン)を組み合わせた造語。ソフトウェア開発者からなる複数のチームが、与えられた時間を徹してプログラミングに没頭し、アイデアや成果を競い合う開発イベントのことをいう。

▶注7　Crowdfunding。crowd(群衆)とfunding(資金調達)を組み合わせた造語。インターネット経由で不特定多数の人が組織や人に出資したり協力したりすること。

▶注8　Code for America：米国における自治体(行政機関)の行政サービスを改善するために、ITエンジニアなどが活動する非営利組織のこと。Code for Yokohamaなど、日本でも組成されている。

▶注9　iKaaS：アイカース。intelligent Knowledge as a Service。IoTデバイス等センサーから収集したデータによって生成された知識を提供するマルチクラウドプラットフォーム。
SCOPE：Strategic Information and Communications R&D Promotion Programme

▶注10　mashup。混ぜ合わせるという意味。ここから転じて、すでにある複数の異なる技術やコンテンツなどを加工・編集し結びつけることで、新しい(Web)サービスを形作ること。

第2章 スーパーリーダーによる産業別ビッグデータと次世代産業指南

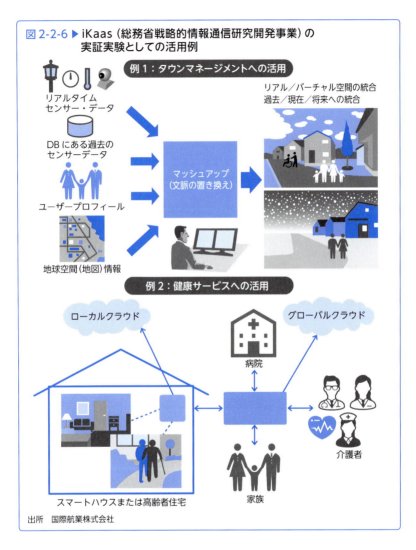

図 2-2-6 ▶ iKaas（総務省戦略的情報通信研究開発事業）の実証実験としての活用例

出所　国際航業株式会社

の適切な健康アドバイスを行うことも可能になります。

〔2〕UAV・超小型衛星を活用したIT農業（6次産業化）

　日本の農業は、担い手不足や収益性の低さから衰退の一途を辿っています。一方で、農業は、消費者に食料を供給するだけでなく、「水」「緑」

「環境」の維持や地域の再生を図るうえでも極めて重要です。そこで、センサーやビッグデータを活用したIT農業、6次産業化によって、意欲ある農家への支援、法人・企業の参入が期待されています。

UAV（Unmanned Air Vehicle、無人航空機）や超小型衛星など、上空から農地を繰り返し撮影するセンサーが開発されています。この撮影画像をリモートセンシング（遠隔探査）という技術で解析すれば、場所ごとの作物生育状況が把握できます。また、気象データや農薬散布、施肥データのほか、過去のデータ解析によって、場所ごとに最適な育成・品質管理（営農支援）が可能となり、北海道等での実用化も進んでいます。農薬散布、施肥には、これらのデータに基づくロボット農機が利用できます。

農業は第1次産業ですが、ビッグデータやICT技術によって、農産物を原材料とした加工食品の製造・販売や、観光農園のような地域資源を生かしたサービスなど、第2次産業や第3次産業にまで一連の産業形成（6次産業化）が実現できます。同様に、海外における輸入食品の安全確保への活用も期待されています（図2-2-7）。

〔3〕位置情報サービス（LBS）と商店街活性化

位置情報サービス（LBS：Location Based Service）は、屋内外シームレス測位を活用した位置情報を提供するサービスです。3次元地域空間データをベースに、LBSを利用して人や移動体のデータを分析すれば、さまざまなまちづくりやビジネスに活用できます（図2-2-8）。

例えば、ビーコン（Beacon、無線発信装置）というセンサーを用いることで大型ショッピング店内や地域商店街での顧客動線や滞留時間が把握でき、新規店舗のマーケティングや来店ポイントの付与、クーポンアプリの起動、決済などに利用できます。

今後、急増すると考えられる外国人向けには、飲食店などの目的場所への誘導や観光地案内サービスなどができます。地震発生時などの避難ルートの誘導など、災害支援サービスも可能となります。

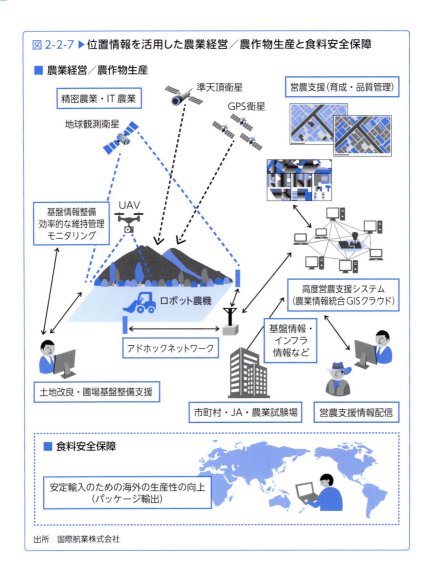

図 2-2-7 ▶ 位置情報を活用した農業経営／農作物生産と食料安全保障

出所　国際航業株式会社

〔4〕IoT と社会インフラの再構築

　社会インフラ、つまり、道路や橋梁、水道・下水道などの公共施設は、老朽化対策が急務となっています。例えば、全国にある約 70 万橋の橋梁のうち、7 割以上となる約 50 万橋が市町村道にあり、建設後 50 年を

2.2 まちづくりとG空間情報

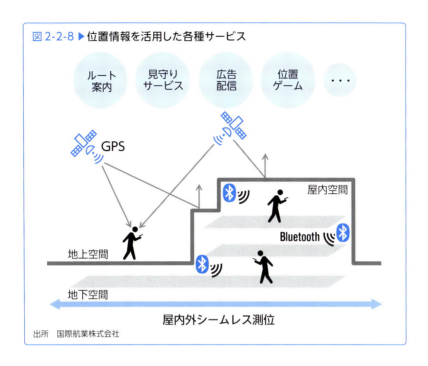

図2-2-8 ▶ 位置情報を活用した各種サービス

出所　国際航業株式会社

経過した橋梁の割合は、10年後には43％に増加します。

　社会インフラの老朽化対策にIoTの活用が期待され、社会インフラそのものを変えるビジネスが展望されています。IoTとは、モノのインターネット（Internet of Things）のことで、あらゆるモノがネットワークを介してつながり、モノ同士が自律的に最適な制御が行われることを意味する概念です（図2-2-9）。

　例えば、車の運転手のスマートフォンに振動を感知するセンサーを搭載すれば、位置情報と合わせてどの場所の道路の歪が大きいか、ということがわかります。これらの情報は多くの運転手からのデータが蓄積され、ある一定の基準を超えたところで、補修作業の指示を出すことができます。

　また、橋梁に設置したセンサーからの振動データと合わせて、UAV（無人航空機）などで撮影した蓄積画像の解析をすれば、自動的にひび割れ箇所の特定や要因分析ができ、橋梁の異常監視などの遠隔監視が実現でき

ます。橋梁や大型施設の施工の際には、BIM/CIM[注11]といった建築・建設データベースを作成することで、ICTを生かした維持管理が可能になります。

4 まとめ

ビッグデータは、一般に提供・公開されている情報のほか、各種センサーからも得られます。これまでに述べたG空間情報（ビッグデータ含む）とこれを活用したまちづくりに関する新産業・新ビジネスについて、ほんの一例を表2-2-1に示します。

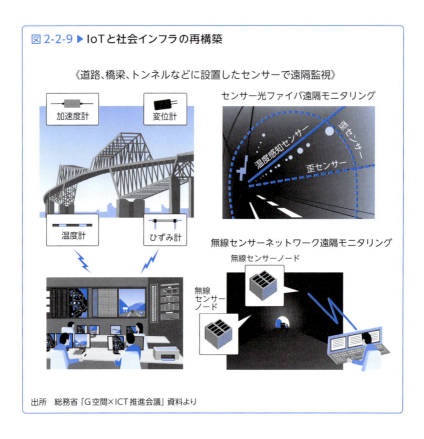

図2-2-9 ▶ IoTと社会インフラの再構築

出所　総務省「G空間×ICT推進会議」資料より

2.2 まちづくりとG空間情報

表2-2-1　G空間情報と新産業・新ビジネス

G空間情報 (ビッグデータ、センサー)	まちづくり (新産業・新ビジネス)
位置情報 (測位衛星)	地震予測、地すべり監視、位置情報サービス (LBS)
画像・地形形状 (超小型衛星・航空カメラ・レーザー・UAV)	都市計画、環境保全、防災・災害支援、IT農林水産業、情報化施工、防犯・見守り
都市空間 (オブリークカメラ)	都市景観保全、都市開発
道路空間 (MMS)	ITS、道路インフラ管理
水部地形 (グリーンレーザー)	河川・港湾管理
オープンデータ (行政情報)	あらゆるまちづくり事業に活用
交通オープンデータOS (OpenStreetMap)	観光・旅行者支援、高齢者・身障者や外国人の案内支援、災害時避難支援、CO_2削減
プローブカー情報	ITS、災害時避難支援、交通計画
HEMS/CEMS	電力管理、医療・福祉
IoT	インフラ管理、都市計画、環境・防災、資源管理、医療・福祉
BIM/CIM	地域計画、商店街活性化、マーケティング、災害時避難支援、省エネ、医療・福祉
Beacon (位置情報取得端末)	マーケティング、商店街活性化、駐車・駐輪場管理／シェアリング
気象情報	災害予測、IT農林水産業
インバウンドデータ	観光まちづくり

出所　国際航業株式会社

▶注11　BIM：Building Information Modeling、コンピュータ上に作成した3次元の形状情報に加え、室などの名称・面積・材料・部材の仕様・性能など、建築物の属性情報を併せもつ建物情報モデルを構築すること。
CIM：Construction Information Management、計画・調査・設計段階から3次元モデルを導入し、その後の施工・維持管理段階においても3次元モデルに連携・発展させ、一連の建設生産システムの効率化・高度化を図るもの。

本記事を作成するにあたり、G空間情報に関わる執筆、資料提供などで、次の方々にお世話になりました。ここに記して謝意を表します。
国際航業株式会社　竹本 孝氏、鈴木 久美子氏、花村 嗣信氏、藤原 康史氏、村嶋 陽一氏、松林 豊氏

スーパーリーダーによる産業別ビッグデータと次世代産業指南

2.3 IT化が推進するモビリティ革命と新しい移動ビジネス

1 始まった「モビリティ革命」
― シリコンバレーが電機産業に続いて自動車産業を狙い始めた ―

〔1〕日本の電機産業を追い込んだ米国IT企業群

　日本の高度成長を支えてきた自動車産業と電機産業。その重要産業の1つである電機産業は90年代後半から苦戦が続き、いまだに当時の状態には復活できていません。その電機産業を追い込む原因となったのが、シリコンバレーを中心とした米国のIT企業です。

　グーグル、アップル、インテル、シスコシステムズ、マイクロソフト、アマゾン、クアルコムといった米国IT企業は、革新的な製品やビジネスモデルを生み出し、台頭する韓国、台湾、中国などのアジア諸国の企業を味方につけて大成功を収めました。一方、その革新性とスピードに対応できなかった日本の電機産業の多くは辛酸をなめる結果となりました。

　日本の電機産業の苦戦が始まってから20年後の今、米国IT企業の関心は自動車にシフトしつつあります。そして再び革新的な製品やビジネスモデルを導入し、自動車の世界に「モビリティ革命」をもたらそうとしています。

　グーグル、アップル、インテルなどに代表されるIT系大手は自動運転や電気自動車に積極的に取り組んでいます。また、電気自動車のテスラ、ライドシェアのウーバーなどのシリコンバレー発ベンチャーは、自動車やその利用シーンについての革新を巻き起こし始めています。

〔2〕IT企業を揺り動かすモビリティ革命のうねり

　このモビリティ革命のうねりは、自動車に関心の低かった世界のIT

企業も揺り動かしつつあります。中国のバイドゥ、アリババ、テンセント、そして国内ではソフトバンクや携帯ゲームのDeNAが自動車産業への参入を始めています。

このようなシリコンバレー発の「モビリティ革命」は緒に就いたばかりで一般消費者、特に規制の厳しい国内の消費者には、なかなか伝わりにくいかと思います。しかし、かつての電機産業が苦戦の道に追い込まれたように、世界的な競争力をもつ日本の自動車産業に大きなインパクトを与えかねないと危惧しています。

「モビリティ革命」とは何なのか、それによって自動車、さらには自動車を含む「移動」に関係する「移動ビジネス」がどのように生まれようとしているのかについて、個人的な見解も交えながら解説します。

2 「自動運転」は技術革新ではなく、モビリティ革命への入り口

〔1〕自動車のIT化の代表格:「自動運転」

自動車のIT化の代表格として「自動運転」が注目されています。ドライバーが一切運転に関与せず、コンピュータが完全に制御して走行するのが究極の自動運転であり、自動車業界では「レベル4、レベル5」と呼ばれています。ただし、運転を自動化するという観点では、アクセルを踏まなくても一定スピードを維持する「オートクルーズ」、渋滞時に前方のクルマに追尾する「自動追尾」、衝突の危険性を回避するためにブレーキを自動でかける「自動ブレーキ」、駐車を自動的に行う「自動駐車」なども自動運転のカテゴリーに含まれています。

〔2〕「自動運転化」はモビリティ革命への入り口

既存の自動車メーカーの多くは、自動運転とは技術革新であり、ユーザーに対する「新しい機能の提供」と考えているように感じます。

しかし、「自動運転化はモビリティ革命への入り口である」(図2-3-1)というのが筆者の主張です。

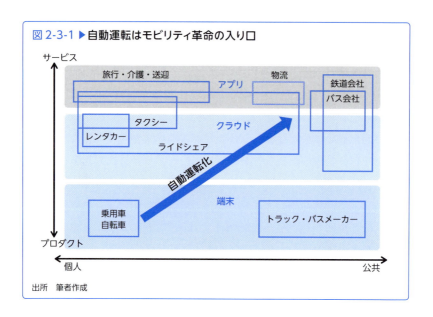

図2-3-1 ▶ 自動運転はモビリティ革命の入り口

出所　筆者作成

　自動車、特に乗用車は非常にパーソナルな商品であり、自動車メーカーはそれを開発・生産・販売することに特化してきました。しかし、図2-3-1に示すように自動運転化が進んでレベル4に近づけば近づくほど、乗用車は道路インフラや他の交通手段との協調が求められるようになり、新交通システムの"ゆりかもめ"のように公共交通機関の要素を強く帯びるようになります。そして公共交通機関の要素を帯びるということは、これまで乗用車を作っていた自動車メーカーが「移動サービス」の提供者としてサービス性を強めていくことを意味します。

　グーグルの開発した自動運転車（写真2-3-1）は将来的にステアリングとブレーキを搭載しないことを前提としています。

　つまり、完全自動運転であるレベル4の自動車ということです。また、最高速は時速40kmと低速であり、高速道路を走行しない前提となっています。

　この仕様から、グーグルは自動運転車をシェアやレンタルで使うことをイメージしていると推測されます。自動車メーカーのように、一般消

2.3 IT化が推進するモビリティ革命と新しい移動ビジネス

写真 2-3-1 ▶ グーグルの自動運転車

出所 https://waymo.com/

費者に販売することは想定していないのです。

〔3〕自動運転車を最初に使うのは誰か

 それでは、自動運転車を最初に使うのは誰なのでしょうか？ また、何のために使うのでしょうか？ 筆者は、グーグルの社員が通勤に使うのが最初のユースケースではないか、と憶測しています。

 サンフランシスコからグーグル本社のあるサニーベール（Sunnyvale）までは、慢性化している渋滞のため、平常時の45分に対して通勤時には1時間半から2時間かかると聞いています。この間、従業員はメールを読むことも書くこともできず、渋滞のストレスを溜めながら運転せざるを得ないのです。

 しかし、高速道路に低速の自動運転車専用レーンが整備され、渋滞に巻き込まれることなく、その専用レーンを通過できるとしたらどうでしょうか？ 平均時速40kmで走行した場合でも所要時間は1時間半程度で済むことになります。

第2章　スーパーリーダーによる産業別ビッグデータと次世代産業指南

　そう聞くと、渋滞した場合と同じ1時間半ではないかと思うかもしれません。しかし、完全自動運転車の場合は車内でメールを読むことも、打つこともできるようになります。そうなると、通勤時間が出勤時間の一部になるのです。

　グーグル社員を、自宅から会社まで運び終えた自動運転車。個人の乗用車であれば帰宅まで駐車場に駐車されたままとなりますが、自動運転車の場合は帰宅までにまだまだ使われることになります。

　社員がアポイント先に出向く際に送り迎えをする、顧客がグーグル本社に訪問する際に最寄りの場所まで出迎えたうえで帰りに送り届ける、荷物や書類などを社員の代わりに運んで届けるなど、社員の帰宅までの間に働き続けるのです。

　このようなイメージからわかることは、自動運転は単なる技術革新ではなく、移動のあり方を大きく変える「モビリティ革命」につながるものであるということです。そして、自動運転や後述するシェアリングエコノミーなどを通して、新しい「移動ビジネス」が生まれてくるということなのです。

3　移動ビジネスの代表格であるウーバーとシェアリングエコノミー

〔1〕インターネットとスマホの普及で実現

　世の中にクルマはたくさんあるのに、その大半は駐車場に停められていて1日のうち95％の間は動いていません。通勤時に誰かのクルマに同乗させてもらえると便利なのに、自分の職場と同じ方向の人が近場にいないと同乗させてもらえません。そうであれば、クルマの所有者、ドライバー、同乗希望者をインターネットで結びつければよいのではないでしょうか？

　その発想で着々と世界中のシェアを伸ばしているのが、シリコンバレー発のベンチャー企業であるウーバーやリフトです。自家用車で他人

を目的地まで運ぶ、通勤時に他人を相乗りさせるなどが可能になれば、乗用車のオーナーは同乗者から運送費を得ることができ、同乗者はタクシーよりも安価で移動することができます。

これまでは、オーナーと同乗希望者を特定して個別にマッチングすることが極めて難しかったわけですが、インターネットとスマートフォンの普及によって、それが簡単にできるようになりました。

持ち主が自らの所有物を第三者に貸し出す（使わせる）仕組みを提供することで、個人同士の取引関係を支援するサービスは「シェアリングエコノミー」と呼ばれており、その代表格が自動車のウーバーと民泊のエアービーアンドビー（AirBnB）なのです。

レンタカーに代表される「レンタル」ビジネスと違い、シェアリングエコノミーが面白いのは、貸主と借主のいずれもが「個人」であるということです。また、貸し出されるものがクルマ、自転車、住宅（部屋）のように世の中に広く普及しているものであるということです。

〔2〕白タクのような被害を最小限に抑えることが可能

さらに興味深いのは、貸主と借主の信頼関係を、仲介事業者がインターネット経由で管理できるということです。何の資格ももたない個人がタクシーのような行為をすることは「白タク」と呼ばれ、法律では禁止し取り締まってきました。その理由は、白タクのドライバーに騙されて法外な料金を請求されるユーザーが後を絶たなかったからです。

しかし、貸主（ドライバー）と借主（ユーザー）の過去の行動履歴がインターネット経由でシステムに記録され、相手の信頼を失うような行為を行った行動履歴によってメンバー資格を排除される仕組みが構築されれば、白タクのような被害は最小限に抑えることができます。

この仕組みこそがIT化によって実現した新しい価値であり、シェアリングエコノミーがさまざまな分野で成立しうる理由といえるのです（図2-3-2）。

いまやウーバーやリフトのような相乗りマッチングサービスの"ライ

スーパーリーダーによる産業別ビッグデータと次世代産業指南

ドシェア"は、世界において主流となりつつあり、中国ではライドシェアが解禁されるとともに、2015年にテンセント系の嘀嘀打車とアリババ系の快的打車が合併し、滴滴出行（DiDi）という大手企業が誕生しました。DiDiは、その後にアップルやソフトバンクなどからも出資を受け、2018年2月には、日本でタクシー事業者向けのサービスを始めるために、ソフトバンクが同社との協業を発表しています。さらに、合弁会社の設立を視野に入れていることも発表しました[注1]。

　タクシーの配車サービスを提供しているインドのOLA、東南アジアのGrabなどを加えると、ライドシェア・ネット予約タクシーは世界の大きなトレンドとなっており、移動ビジネスに大きな変革をもたらしています。一方、日本ではライドシェアが禁止されていることから、世界のトレンドから立ち遅れている状況にあります。

4 電動スケートボードの合法化によって普及が進むパーソナルモビリティ

〔1〕インターネットからリアルへの大きな流れ

　2001年に発売されたセグウェイ。竹馬のような構造に2つのタイヤがついており、最新のジャイロセンサーと電子制御により停止した状態でも立ち続けることができます。このセグウェイの登場によってパーソナルモビリティという新しい乗り物のカテゴリーが登場しました。それから15年が経過し、世界中のさまざまなメーカーから新しいパーソナルモビリティが提案されるようになりました。しかし、その多くはコンセプトの提案に留まることが多く、実際に公道を走行することが可能で一般消費者が買えるものとなると、極めて限られていました。

　ところが、2015年10月に画期的なことが起きました。カリフォルニア州において電動スケートボードの公道走行が合法化されたのです。

　現在のシリコンバレーには、インターネットからリアルへという大きな流れがあり、Fablab（ファブラボ）やTech Shop（テックショップ）の

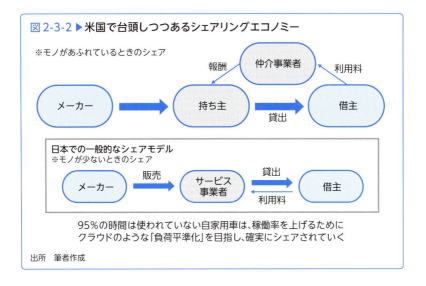

ように、さまざまな工作機械が置かれていて、一般人が試作品を作り出せる施設が次々と作られています。また、Kick Starter（キックスター ター）やCampfire（キャンプファイア）のようにモノづくりをするうえで必要となる資金調達や潜在的な市場調査が可能となる、クラウドファンディングも急激に広がりつつあります。個人やベンチャー企業が、モノづくりの世界に飛び込むうえで強力な武器となるツールが次々と提供されているのです。

〔2〕「モノづくり革命」が乗り物の世界にも波及

このように、個人やベンチャー企業が画期的なモノづくりに踏み出すことができる新しい流れを筆者は「モノづくり革命」と呼んでいます。実は、そのモノづくり革命が乗り物の世界にも波及し始めています。

その代表格が電動スケートボードであり、サンフランシスコの坂を登ることができる"Zboard"（ゼットボード）や、オフロードを走行するこ

▶注1　https://www.softbank.jp/corp/group/sbm/news/press/2018/20180209_01/

第2章 スーパーリーダーによる産業別ビッグデータと次世代産業指南

写真 2-3-2 ▶ Zboard（左）とOneWheel（右）

出所　https://www.zboardshop.com 、https://www.onewheel.com

とができる"OneWheel"（ワンホイール）などユニークな商品が登場し始めています（写真 2-3-2）。

このような電動スケートボードは、これまで公道を走行することが認められておらず、ユーザーは私有地やオフロードなど、道路以外の場所で使うことしか認められていませんでした。しかし、2016年の1月よりこれらの電動スケートボードは自転車と同じ扱いとなり[注2]、自転車が通行できる場所であれば問題なく利用することができるようになりました。

では、なぜカリフォルニア州は電動スケートボードの走行を合法化したのでしょうか？

限界値まできたカリフォルニア都市部の交通渋滞に、その原因があるのではないかと推測しています。網の目のように張り巡らされた鉄道網が敷設されている日本の大都市とは違い、サンフランシスコ周辺やロサンゼルス周辺は鉄道インフラが乏しく、長距離を移動する際に乗用車を使うことを余儀なくされます。

その一方、都市部、特にサンフランシスコからシリコンバレーまでのベイエリアは人口増加が続いており、高速道路の渋滞が慢性化しています。グーグルが自動運転に挑戦している背景で述べた通りです。そのため、カリフォルニア州やサンフランシスコ市としては、通勤、通学の際の乗用車の利用をなるべく減らし、鉄道やバスなどの公共交通機関に置き換えようとしています。

2.3　IT化が推進するモビリティ革命と新しい移動ビジネス

[3]「ラストワンマイル」と「公共交通機関＋自転車」

　しかし、公共交通機関でカバーされている場所は限られているため、駅やバス停から目的地までの「ラストワンマイル」の移動が可能にならなければ、乗用車の利用は減らすことができません。そのため、カリフォルニア州の鉄道やバスの多くでは、自転車を持ち込むことが許されています。公共交通機関＋自転車という組み合わせでラストワンマイルも含めてカバーさせようという意図が考えられます。

　行政側のそのような意図を象徴する取り組みとしてParklet（パークレット）があります。路上の駐車スペースにベンチ、イス、植え込み、駐輪場などが設置された「ミニ公園」のようなものですが、サンフランシスコ市内ではこのParkletの設置が進んでいます（写真2-3-3）。

　このような背景を踏まえると、今回の電動スケートボードの合法化は自転車に限られていた「ラストワンマイルモビリティ」に電動スケート

写真2-3-3 ▶ Parkletの設置のイメージ

出所　サンフランシスコ市のParkletプログラム
https://pavementtoparks.org/parklets/

▶注2　・https://www.theverge.com/2015/10/12/9512045/electric-skateboards-legalized-california-zboard-boosted
・AB-604（法令）、https://leginfo.legislature.ca.gov/faces/billTextClient.xhtml?bill_id=201520160AB604

IoT時代のビッグデータビジネス革命　**133**

ボードを加えようという行政側の意図が感じられます。

　電動スケートボードが合法化されたことによって、モノづくり革命の真っただ中にあるシリコンバレーでは、電動スケートボードはもちろんのこと、新しいパーソナルモビリティを開発・提案しようという機運が高まるでしょう。そして、電動スケートボードよりも魅力的なパーソナルモビリティが登場し、それらが合法化されれば、カリフォルニア州はパーソナルモビリティ産業の一大拠点となる可能性があるのです。

[5] お粗末な日本のパーソナルモビリティ

　一方、日本におけるパーソナルモビリティは、カリフォルニア州と比較してあまりにもお粗末な状況にあります。大半の先進国では、歩道走行を認められているセグウェイでさえも、依然として「実証走行」のフェーズにあり、一般人が走行しようとすると交通違反で捕まってしまいます。当然ながら、電動スケートボードを含めたその他のパーソナルモビリティも公道走行が認められていません。

　カリフォルニア州で新しいパーソナルモビリティを開発・提案しているベンチャー企業がいるように、日本でもCocoa Motors（ココアモータース）というベンチャー企業が「持ち運べる電気自動車」（WalkCar、写真2-3-4）を開発・提案しています。しかし、残念ながら現状の交通法規において彼らのパーソナルモビリティが公道走行できるかグレーな状況に置かれています。

写真2-3-4 ▶ Cocoa MotorsのWalkCar

出所　www.cocoamotors.com

慢性的な交通渋滞に悩まされる大都市はカリフォルニア州だけではありません。中国、東南アジア、欧州などの大都市の多くはサンフランシスコやロサンゼルスと同じような状況にあります。カリフォルニア州において乗用車から公共交通機関＋ラストワンマイルモビリティへのシフトが進むようになると、同様の政策は世界中の他の都市でも実施される可能性があります。そうなると、先行して普及している米国製のパーソナルモビリティが最も輸出競争力をもつことになるでしょう。

パーソナルモビリティという新しいカテゴリーの乗り物において、日本は後進国になってしまうリスクが高まっているのです。

5 移動をデザインするデータベースである「スイスモビリティ」

〔1〕スイスの新戦略：スイスモビリティ

ここまで、自動運転という技術、シェアという利用方法、パーソナルモビリティという車両規格など、さまざまな角度から「モビリティ革命」が進んでいることを紹介しました。

ここでは、情報やデータの視点からのモビリティ革命を紹介します。

スイスモビリティ。知らない人が聞くとスイス製の新しい乗り物かと思われるかもしれません。実は、スイスモビリティというのはスイスの観光政策の一環として取り組まれている活動なのです。

山が多く複数の交通手段を併用しなければ移動しにくいスイスにおいて、「その複雑な地形をハンディキャップとするのではなく、逆に観光戦略として積極的に利用できないか？」という発想から生まれたのが「スイスモビリティ」なのです。

〔2〕移動手段に関する情報を束ねて提供

スイスモビリティの興味深い点は、「モビリティ」の定義から始まります。彼らの中で、モビリティとは自動車、鉄道、バス、自転車などの乗り

スーパーリーダーによる産業別ビッグデータと次世代産業指南

物だけでなく、ハイキング、トレッキング、カヌーなど人が自ら動くことも含めて移動全体を対象としているのです。

　そして、それらのさまざまな移動手段を相互に組み合わせながら、楽しくかつストレスフリーにスイス国内を観光できるよう、移動手段に関する情報を束ね、数珠つなぎに移動できるさまざまなプランを提示しています。そういう活動全体をスイスモビリティと呼んでいるのです。

　例えば、Ａという街からバスで出発し、Ｂという街からは自転車で移動しても、徒歩で移動してもよく、そこからＣという観光地に向かい、到着したＣでは帰りのバスが待機していて、出発地のＡという街に連れて行ってくれるという具合に移動ができるのです。

　日本では、路線バスで長距離を移動しようとすると長い待ち時間の乗継ぎを繰り返さなければならず、その苦労がテレビ番組になるほどの状況にあります。

　しかし、「移動」に関する情報が束ねられ、ユーザーの待ち時間を最小化するようにダイヤやスケジュールが調整されれば、これまで乗用車がなければ行きにくかった場所に行きやすくなります。このことは、基本的に公共交通機関を使って移動することが多い外国人観光客に大きなメリットをもたらすと考えられ、逆に地方創生の観点では、これまで足を運ぶことが難しかった場所が観光地化できることを意味します。

　2020年の東京オリンピック・パラリンピックに向けて、外国人観光客を増やしていきたい日本にとって、これまで観光地化されていなかったところが観光地化され、地方が活性化していくことは、経済活性化にはもちろんのこと、地方のコミュニティやインフラを維持していくうえで大きな意味をもつのです。

　スイスでの取り組みを参考に、我が国でも日本版のスイスモビリティを拡大させていくことは観光立国化、地域活性化、高齢化社会に向けた多様な交通手段の確保の３つの点で必要不可欠だと言えます。そのうえで、スイスモビリティを成功させるための秘訣は移動に関する情報を束ねることと、それを踏まえてシームレスな移動が可能となるよう、異な

る交通関係者が相互調整することです。

相互調整という点が容易ではないかもしれませんが、前述したモビリティ革命と比較すると、このスイスモビリティであれば比較的着手しやすく、ユーザーのメリットも大きいのではないかと考えます。

6 モビリティ革命と「移動ビジネス」の登場にどう向き合っていくか？

[1] 日本における世界的に高い競争力をもつ企業

自動運転、シェアリングエコノミー、パーソナルモビリティ、スイスモビリティの順番でモビリティ革命が確実に進展していることを述べてきました。これらの新しい動きが出てきた背景には、情報技術（IT）、インターネット、コンピュータなどの進展が大きく寄与しています。だからこそ、世界中のIT企業が積極的に取り組もうとしているのです。

世界有数の自動車産業大国として、トヨタ自動車を始め、グローバル競争力の高い自動車メーカーを抱える日本。それ以外にも「移動」に関するプレイヤーといえば、新幹線や「七つ星 in 九州」に代表されるクルーズトレインなどで世界最先端の技術とサービスをもつ鉄道事業者、世界最高の定時発着率を誇り、高いオペレーション力を有する航空事業者、厳しい経営状況に置かれているが先進的な取り組みも出始めているバス事業者など、世界的に高い競争力をもつ企業が数多く存在します。

[2] 日本が「移動ビジネス」でも勝てる条件

しかし、海外に目を向けると、モビリティ革命によってウーバーやグーグルなど、自動車、鉄道、航空、バスといったカテゴリーにとらわれず「移動ビジネス」という視点でさまざまな展開を始めている企業が登場し始めています。

そして、前述したとおり、新しい移動ビジネスのプレイヤーたちは日本よりも恵まれた法制度や実証環境において、次々と新しいビジネスを

第2章 スーパーリーダーによる産業別ビッグデータと次世代産業指南

展開し始めています。

日本が「移動ビジネス」でも勝てるようになるためには、「乗り物」主体の発想を捨ててインターネットなど最新のITを活用した新しいビジネスに挑戦していくプレイヤーが次々と出てくる必要があるでしょう。そのためには、新しいプレイヤーが活躍しやすいよう国や自治体などが積極的に法制度や実証環境を整えていくことも必要不可欠です。

モビリティ革命の結果として誕生するであろう「移動産業」。その「移動産業」の時代において勝者はどの国から登場するのか？

戦いの火ぶたはもう切られているのです。

2.4 社会保障分野におけるビッグデータの活用に向けて

1 2025年を目標に地域包括ケアシステムの構築

超高齢社会を迎え、社会保障サービス（医療・介護・福祉等のサービス）は、今後数年で、大きく変貌していく可能性があります。社会保障分野は、介護保険、医療保険などの公的保険によるサービスが多いこともあり制約の多い分野でもありますが、その一方、限られた財源と人的資源等の制約が強まるなか、その質を落とすことなく、また効率化も求められており、最もイノベーションが求められている分野ともいえます。

10年後に向けた動きもあります。社会保障サービスに関する重要な動きに、地域包括ケアシステムの構築[注1]があります（図2-4-1）が、これは、団塊の世代が75歳以上を迎える2025年がその構築目標となっています。

この社会保障分野におけるイノベーションのためには、エビデンス（根拠）に基づく社会保障分野の政策社会のためのデータ解析や、社会保障サービスにおける民間企業も含めた多数のステークホルダー間のサー

2.4 社会保障分野におけるビッグデータの活用に向けて

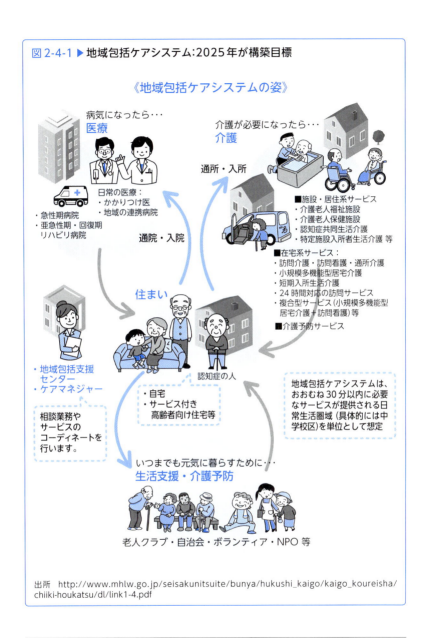

図 2-4-1 ▶ 地域包括ケアシステム：2025年が構築目標

出所　http://www.mhlw.go.jp/seisakunitsuite/bunya/hukushi_kaigo/kaigo_koureisha/chiiki-houkatsu/dl/link1-4.pdf

▶注1　厚生労働省「地域包括ケアシステム」、http://www.mhlw.go.jp/stf/seisakunitsuite/bunya/hukushi_kaigo/kaigo_koureisha/chiiki-houkatsu/

スーパーリーダーによる産業別ビッグデータと次世代産業指南

ビス連携等においても、ビッグデータの利活用が欠かせません。

現時点では、医療分野における医療ビッグデータの利活用が進行していますが、今後の健康寿命を延伸するための予防医療などを視野に入れると、医療分野から、介護分野、福祉分野、さらにIoTデバイスやウェラブルデバイスなどからも収集される生活データなども含んだ健康ビッグデータの利活用が重要になると考えられます。

健康ビッグデータ自体のソースデータのほとんどすべては、個人に係るデータ（パーソナルデータ）であり、その利活用には多くの課題もありますが、持続可能な超高齢社会の構築に向かって課題を解決していき、その中において民間企業によるサービスも活躍していく必要があります。

2 社会保障分野のビッグデータの重要性

〔1〕先進各国における超高齢社会の到来

今後の社会において有用だと考えられるビッグデータ解析の対象に、人に係るデータ（パーソナルデータ）があり、さらにそのパーソナルデータの中でも、その利活用が最も期待される分野が、社会保障分野におけるパーソナルデータです。

パーソナルデータは、利活用も重要ですが、その保護も大きな課題となります。さらに、社会保障分野となると、多くの個人の機微情報（改正個人情報保護法における要配慮情報）も含まれることとなり、その利活用にあたっては、より多くの課題があります。

こうした多くの課題がある中でも、社会保障分野におけるビッグデータの利活用が望まれている背景としては、先進各国における超高齢社会の到来がありますが、超高齢社会の到来自体は、成熟した国、地域における当然の帰結でもあります。

これは、もちろん日本においても例外ではありません。現在の日本においても超高齢社会への移行に伴い、社会保障分野における人的資源と財源が限界を迎えつつあります。こうしたなか、社会保障サービスは、

その質を落とすことなく効率化し、超高齢社会を支える持続可能なサービスとなることが期待されています。

〔2〕ビッグデータの利活用の形態：「1次利用」と「2次利用」

こうした社会保障サービスを構築するための決め手との1つとして、社会保障分野におけるビッグデータの利活用があります。社会保障分野におけるビッグデータの利活用の形態には、個人情報連携などによる直接的に個人情報を利用する「1次利用」と、その個人情報に何らかの加工を施し第三者が利活用する「2次利用」の2つがあります。

狭義のビッグデータの利活用は2次利用に当たりますが、一般論としては、より魅力的な1次利用のサービスが提供されることによって、より有用なデータが効率的に収集され、そのデータがビッグデータ解析として2次利用されます。さらに、その解析結果が1次利用のサービスにフィードバックされることによって、より充実した1次利用のサービスを生むというような、良い循環が生まれる必要があります。

サービスの質を高めることに関して、医療分野においては、「エビデンスに基づく医療」（EBM：Evidence-Based Medicine）の重要性が認識されてきました。同様に、社会保障費が増大する中において、医療だけでなく、介護、福祉などを含めた社会保障分野においてもエビデンスに基づく社会保障分野の政策が望まれますが、このエビデンスとして社会保障分野におけるビッグデータが必要になります。

〔3〕サービスの質の向上と効率化：「地域包括ケアシステムの構築」

サービスの質の向上と効率化のために、個人情報の連携（1次利用）も強く望まれるようになっています。国は、団塊の世代が75歳以上を迎える2025年に向かって「地域包括ケアシステムの構築」を目指しています。この「地域包括ケアシステム」では、例えば、要介護者に対して、自治体、病院、訪問看護、訪問介護などのステークホルダーがサービスを提供することになりますが、このサービスの質をより高め、効率化す

スーパーリーダーによる産業別ビッグデータと次世代産業指南

るためには、個々のサービスを融合する必要があります。これには、サービス間の個人情報連携が重要な役割を果たしていくことになります。

このような考え方は、世界的な標準化作業も進行しており、例えばIEC（国際電気標準会議）ではAAL（Active and Assistive Living、積極生活支援）として標準化が進められています。このAALの標準化は、日本と同じく高齢化社会を迎えているドイツからの提案によって始まっています。

〔4〕健康を保つために利活用されるビッグデータ

もう1つの重要な目標に、そもそも病気にならず要介護者にならない、そのために予防医療などを推進することによって、健康寿命を延伸するといったことがあります。予防医療のため、また、健康を保つために利活用されるべきビッグデータは、医療ビッグデータというよりは、健康ビッグデータと表現されるべきものであり、この中には生活ビッグデータも含まれるべきです。この健康ビッグデータの解析が、予防医療のための重要なエビデンスになると考えられます。

現在の社会保障分野のビッグデータのデータソースの多くは、人が入力したもの、例えば、医師による医療記録などになりますが、今後は、ウェラブルデバイスをはじめとするIoTデバイスの吐き出すデータが、ビッグデータのデータソースとなっていくと考えられます。特に多くの生活データは、IoTデバイスによって収集されていくことになると考えられます。こうしたデータは、安全、安心、快適、便利なサービスを個人が享受するために利用され、さらに、この生活データを含めた健康ビッグデータ解析が、予防医療のための重要なエビデンスになっていくと考えられます。

こうした社会保障分野のビッグデータの利活用のためには、社会の仕組み自体を変えて行く必要もありますが、次に、こうした状況を説明します。

3 マイナンバー制度とビッグデータ

　パーソナルデータが元になった「ビッグデータの利活用」のためには、そのための仕組み作りが重要な鍵になります。社会保障分野のビッグデータ、さらには生活データも含めた健康ビッグデータが効率的に集められ、利活用性の高いビッグデータとなるためには、制度的な枠組みが整備されることが不可欠です。

　今後、必要されている制度的な枠組みを理解するうえで、日本および海外における電子政府や個人情報保護法などの動向が参考になります。これまでの行政にかかわる多くの法制度は、紙、および紙台帳の時代からの影響を強く受けており、電子政府といっても、その取り組みの多くは紙台帳の延長上の電子化に過ぎないところがありました。ところが「紙台帳の延長上の電子化」は、世界的に見ても、時代遅れの電子政府であることが認識されるにつれ、日本においても2010年以降、状況が大きく変化しています。

〔1〕注目される3つの法制度の動向

　こうした状況を踏まえ「社会保障分野のビッグデータ」を考えるに、当面は、次の3つの法制度の動向に注目する必要があります。これらは、デジタル社会におけるパーソナルデータ／ビッグデータの利活用と保護のための法制度とも考えられます。

　①2015年のマイナンバー法の施行
　②医療等ID（制度）の検討
　③2017年の改正個人情報保護法施行

(1) 2015年のマイナンバー法の施行

　2015年10月に施行されたマイナンバー法（行政手続における特定の個人を識別するための番号の利用等に関する法律）は、その社会的インパクトの大きさが徐々に認識され始めています。しかしマイナンバー法

スーパーリーダーによる産業別ビッグデータと次世代産業指南

自体が、本来の目的のために機能し、また、その社会的意義が広く認識されるまでには、まだ紆余曲折があるかもしれません。

　行政サービスは、マイナンバー法およびマイナンバー法によって整備される情報技術基盤により、これまでの申請主義からプッシュ型と呼ばれる行政サービスに変わっていくことになると考えられます。このプッシュ型の行政システムを実現するために鍵となるものが、行政機関等が保持するパーソナルデータの情報連携になり、この情報連携によって行政サービス、税サービスなどの、社会にとって必要不可欠なサービスの効率化が図られることに非常に大きな意味があります。

　今後の行政サービス、税サービスなどは、限られた財源と人的資源で提供する必要があり、そのためにマイナンバー法は、必要不可欠な法制度といえますが、これは、社会保障サービスにもあてはまります。しかし、マイナンバー法におけるマイナンバー（個人番号）は、社会保障分野における利活用に対して、非常に制約が多いものになっています。

　これには過去からの経緯があります。マイナンバー法の原案ともいえる「社会保障・税番号大綱」は、2011年6月に公表されていますが、この大綱では、「番号制度」（現在のマイナンバー[注2]）で何ができるのかに関して6つの項目が示されており、その中の1つに「医療・介護等のサービスの質の向上」がありました。まさに、この「医療・介護等のサービスの質の向上」は、マイナンバーが、社会保障サービスに変革を促すもののはずでした。しかし、こうした分野におけるパーソナルデータの保護などが課題となり、マイナンバー法自体からは、先送り、ないし積み残しとなりました。

〔2〕医療等IDの検討とその報告書

　この先送り、積み残しとなった「医療・介護等のサービスの質の向上」のためのマイナンバーは、その後、「医療等IDの検討」[注3]として議論が継続され、その議論の結果は、2015年12月に「医療等分野における番号制度の活用等に関する研究会」報告書[注4]としてまとめられています。

2.4 社会保障分野におけるビッグデータの活用に向けて

表 2-4-1「番号(マイナンバー)法」と「医療等ID」の違い

	マイナンバー法	医療等ID(と法制度)
付番, IDentifier	個人番号(マイナンバー)	医療等ID(仮称)
本人確認 クレデンシャル	個人番号カード等 JPKI電子証明書	個人番号カードを健康保険証の代替とする???
情報連携基盤と情報連携に対する同意等	番号法の「情報提供ネットワークシステム」 ⇒明示的な同意を必要としない法令で示された範囲	医療等分野のための情報連携基盤??? ⇒同意に基づく仕組みが必要
情報保有機関(個人番号利用事務実施者)	自治体等の公的機関が多い。民間利用は想定していない(修正議論はある?)	医療機関、介護事業者等など民間の事業者が多く含まれる
情報連携に対する個人情報の保護等の制度的フレームワーク	「特定個人情報」に関する扱いに関する罰則等(番号法)	・改正個人情報保護法要配慮個人情報が関係する? ・医療等分野の特別法??

出所 松本 泰、「もうひとつのマイナンバー「医療等ID」に関する議論」、2015年12月5日、
http://www.dekyo.or.jp/kenkyukai/data/3rd/20151205_Doc5.pdf

　この「医療等ID」は、「マイナンバー」以上に社会的インパクト、社会的意義が大きいものになる可能性があります(表2-4-1)。それは、行政サービス、税サービス以上に社会保障サービスが、限られた財源と人的資源で提供する必要に迫られているからです。

　「医療等ID」は、現在のところ、「地域での医療介護連携ネットワーク」などに利用されていくことが想定されていますが、もう少し広く、社会保障分野ないし「地域包括ケアシステム」における多くのステークホルダー[注5]を巻き込んだサービス連携、個人情報連携、生活データを含めた健康ビッグデータ解析などとの関係については、まだまだ検討が足りないところがあります。

▶注2　マイナンバー(社会保障・税番号制度)
http://www.cas.go.jp/jp/seisaku/bangoseido/

▶注3　もうひとつのマイナンバー「医療等ID」に関する議論 -医療等分野における個人情報の利活用と保護の課題-、http://www.dekyo.or.jp/kenkyukai/data/3rd/20151205_Doc5.pdf

▶注4　「医療等分野における番号制度の活用等に関する研究会」報告書、
http://www.mhlw.go.jp/file/05-Shingikai-12601000-Seisakutoukatsukan-Sanjikanshitsu_Shakaihoshoutantou/0000106609.pdf

▶注5　ステークホルダー:経営活動において、直接的または間接的な影響を受ける利害関係者。

スーパーリーダーによる産業別ビッグデータと次世代産業指南

〔3〕「改正個人情報保護法」と匿名加工情報

こうした、個人に係るデータであるパーソナルデータ「ビッグデータの利活用」の動向と理解するうえで、もう1つ、「2017年の改正個人情報保護法施行」と改正法に含まれる匿名加工情報の理解が欠かせません。

この個人情報保護法の改正は、個人情報の利活用による経済成長（ないし経済成長の維持）を目的としたものともいえますが、この時、単に、個人情報の扱いを甘くすることが、個人情報の利活用を促進する訳ではないことに注意する必要があります。これは、特に、社会保障分野に関していえ、個人情報保護などの枠組みの整備自体が、個人情報の利活用をより可能にすると考えられます。

改正個人情報保護法における医療データなどの社会保障分野の個人情報の取り扱いは、まだ制度的にも未整備な点が多いのが現状です。一般論としては、多くのステークホルダーよって形成される社会保障サービスにおいて、より広く情報連携などが進んでいくと考えられます。それは、改正前の個人情報保護法おいては、主務大臣制[注6]と呼ばれる枠組みのため、個人情報の定義や取り扱いが分野ごとに異なるといったことがあり、結果として分野を横断した情報連携を阻害していた面がありましたが、こうした点は改善される方向になると考えられます。

〔4〕ビッグデータの利活用と「匿名加工情報」

ビッグデータの利活用ということに関して、改正個人情報保護法では、1次データに「匿名加工」を施した「匿名加工情報」を、本人の同意なしに第三者提供できるという枠組みがあります。この「匿名加工情報」が、医療・介護・福祉分野で利用できるのかは、かなり微妙な状況にあります。それは、「匿名加工情報」は、多くのデータをも1次データホルダーが存在する場合には有効なものの、医療・介護・福祉分野においては、さまざまな機関にデータが散財しているためです[注7]。

また、改正個人情報保護法では、改正法で新たに定義された「要配慮情報」が含まれる場合は、本人の同意なしに第三者提供は禁止されてい

ます。こうしたことから、さまざまな医療機関から医療データを集めたうえで「匿名加工情報」を作成するための法制度である「次世代医療基盤法（医療分野の研究開発に資するための匿名加工医療情報に関する法律）」[注8] が、2018年に施行されます。

　そのほか、改正個人情報保護法に関しては、今後、さまざまなガイドラインなどが作成されることが予想されますが、医療等ID、医療分野での代理機関（仮称）制度等も含め、その動向を見守る必要があります。

4 社会保障分野のビッグデータの利用に向けた動向

〔1〕「データヘルス計画」や「NDB」（ナショナルデータベース）の取り組み

　2018年現在においても、さまざまな社会保障分野のビッグデータの利活用の動きがあります。ただし、多くは、医療分野に近い分野であり、介護、福祉分野は、まだこれからだと考えられます。

　ビッグデータの利活用の動きで先行しているのは、すでに多くの情報が電子化、デジタル化がなされているレセプト情報（診療報酬明細書および調剤報酬明細書）と特定健診等情報をデータソースとして、健康保険組合の立場からビッグデータ活用を行う「データヘルス計画」[注9、注10] と、厚生労働省としての事業であるレセプト情報・特定健診等情報データ

▶注6　主務大臣制：各省庁が、所管する事業分野ごとに対象となる事業者をそれぞれ監督する制度。
▶注7　医療等分野におけるパーソナルデータの利活用の類型と考察、
http://www.kantei.go.jp/jp/singi/it2/pd/wg/dai2/siryou4.pdf
▶注8　医療ビッグデータの活用に向けた法整備 - 次世代医療基盤法の成立 -
http://www.sangiin.go.jp/japanese/annai/chousa/rippou_chousa/backnumber/2017pdf/20170801003.pdf
▶注9　厚生労働省「医療保険者によるデータヘルス／予防・健康づくり」
http://www.mhlw.go.jp/stf/seisakunitsuite/bunya/kenkou_iryou/iryouhoken/hokenjigyou/
▶注10　厚生労働省「レセプト情報・特定健診等情報提供に関するホームページ」
http://www.mhlw.go.jp/stf/seisakunitsuite/bunya/kenkou_iryou/iryouhoken/reseputo/index.html

スーパーリーダーによる産業別ビッグデータと次世代産業指南

ベース（NDB：National Database）構築があります。

データヘルス計画に関しては、「日本再興戦略」（2013年6月14日閣議決定）[注11] において、「全ての健康保険組合に対し、レセプト等のデータの分析、それに基づく加入者の健康保持増進のための事業計画として「データヘルス計画」の作成・公表、事業実施、評価等の取組を求める」とされ、この「データヘルス計画」に関する取り組みが進行しています。

データヘルス計画がどのような効果をもたらすかについては、広島県呉市などの先行事例[注12] があり、ジェネリック医薬品通知による薬剤費の削減、糖尿病性腎症重症化予防効果などが報告されています。

NDBに関しては、実際に、レセプトデータが約128億8,400万件（平成21年度〜平成28年12月診療分）、特定健診・保健指導データが約1億9,800万件（平成20年度〜平成27年度実施分）という、まさにビッグデータといえる規模のデータが収集されています[注13]。また、このNDBの利用に関して、「レセプト情報・特定健診等情報の提供に関するガイドライン」[注14] などが公開されています。

〔2〕個人の視点からビッグデータを利活用

個人の視点からビッグデータを利活用する動きもあります。医療分野でのビッグデータの利活用の重要なキーワードにHER（Electronic Health Records、電子健康記録）がありますが、さらに、個人に対してサービスを提供する視点からのキーワードにPHR（Personal Health Records、個人健康記録）があります。

このPHRを民間企業がサービスとして提供を検討する動きがありましたが、これまでのところビジネスモデルが成り立つとはいえないところがあります。その大きな理由の1つが、PHRで管理する信頼もおける医療データなどのパーソナルデータが効率よく取得することができないという課題があります。

こうした状況をブレークする方向に進むかもしれない出来事の1つに、厚生労働省が、2016年3月31日「民間事業者等が行う書面の保存等

における情報通信の技術の利用に関する法律」（e‐文書法）の省令を改正[注15]し、電子処方せんを解禁したことがあります。厚生労働省は、同時に「電子処方せんの運用ガイドライン（GL）」[注16]を定める通知を出しています。

　こうした電子処方せんは、現在、民間企業により立ち上がりつつある「電子お薬手帳」などのサービスと結び付いていく可能性があり、こうしたサービスが、今後、PHRのサービスに発展していくか可能性があります。

　「電子処方せん」「電子お薬手帳」、さらに、医療記録を個人視点から利用できる環境がすでに整備されている事例に、先進的な電子政府を構築した国としてよく知られる存在となりつつある、エストニアにおける患者中心の医療サービスがあります。

〔3〕エストニアの先進的な電子政府のサービス

　エストニアでは、先進的な電子政府のサービスを構築するにあたって、パーソナルデータ連携するために情報連携基盤と法制度を、世界に先駆けて2000年代前半にいち早く整備し、そうした整備された基盤を先に構築したうえで、個々の電子政府のサービスを提供するといった手順を取りました。

▶注11　「日本再興戦略」（2013年6月14日閣議決定）、
http://www.kantei.go.jp/jp/singi/keizaisaisei/pdf/saikou_jpn.pdf

▶注12　呉市国民健康保険事業の取り組み、
http://www5.cao.go.jp/keizai-shimon/kaigi/special/kenko/151006/shiryo_01a.pdf

▶注13　第三者提供の現状について：レセプト情報・特定健診等情報データベース（NDB）のデータ件数（平成29年3月末現在）、http://www.mhlw.go.jp/file/05-Shingikai-12401000-Hokenkyoku-Soumuka/0000165139.pdf

▶注14　「レセプト情報・特定健診等情報の提供に関するガイドライン」、http://www.mhlw.go.jp/file/05-Shingikai-12401000-Hokenkyoku-Soumuka/0000064238_3.pdf

▶注15　「民間事業者等が行う書面の保存等における情報通信の技術の利用に関する法律」（e‐文書法）の省令を改正、http://www.pref.kagawa.lg.jp/imu/soumuiji/tsuuchi/28/isei0331-30.pdf

▶注16　「電子処方せんの運用ガイドライン」http://www.mhlw.go.jp/file/05-Shingikai-12601000-Seisakutoukatsukan-Sanjikanshitsu_Shakaihoshoutantou/0000119545_2.pdf

スーパーリーダーによる産業別ビッグデータと次世代産業指南

　エストニアが、2000年代前半に行ったこうした施策と整備は、2018年現在の日本におけるマイナンバー法などの法制度の整備、マイナンバー法における個人番号カードの普及、マイナンバー法における情報提供システムの整備と同様のものと考えることができます。

　エストニアが、こうした先進的な電子政府サービスを他国に先駆け構築できた背景には、そもそも、人口が140万人という小国であったというほかに、1991年のソビエト連邦からの再独立ために、既存の「インフラ、法制度、慣習、権益」などのしがらみが少ない中で、電子政府のための法制度と情報技術基盤が一体となって整備されてきたことが挙げられます。

　エストニアでは、2018年現在「電子保健記録システム」「電子画像管理システム」「電子予約登録システム」「電子処方せんシステム」などが、患者中心の観点からの医療サービスとして稼働しており、エストニアの国民が誰もが利用できる状況にあります。こうしたサービスの基盤は、すべてエストニアの電子政府のサービスの情報基盤を利用することで、比較的短期間で構築され、実際の利用自体も短期間で普及しています。

　こうした医療サービス構築の状況は、『未来型国家エストニアの挑戦』注17の4章「電子政府のサービス／患者中心の医療サービスの実現」、こうしたサービスを利用する市民の生活は、1章「首都タリンでの生活／医者にかかる」で紹介されています。

　人口がわずか140万人のエストニアの施策をそのまま日本において実施できるものではありませんが、しがらみが少ない中で構築されてきたエストニアの医療サービスは、今後の日本における医療サービス、社会保障サービスの方向性を考えるうえで、大変に参考になるものです。

5　今後の目指す方向性と課題（2025年の目指す社会）

　2025年までに、国が目指す「地域包括ケアシステムの構築」は、どのような形で、また、どういったステークホルダーによって構成されるこ

2.4 社会保障分野におけるビッグデータの活用に向けて

とになるのでしょうか。また、健康寿命を延伸するといった施策によって、個々の人々の生活は、どのように変化していくのでしょうか。限られた人的資源と財源を念頭に置いた場合、次のようなこと（変化）が考えられます。

(1) 地域包括ケアシステムのステークホルダーとして多くの民間企業も参加する。
(2) さまざまなコモディティ化、高機能化したIoTデバイスやウェアラブルデバイスが、個人の健康データをはじめとするさまざまな個人データを自動的にクラウド上にアップする。
(3) クラウド上に保存された個人データは、地域包括ケアシステムのステークホルダーも含めたさまざまなステークホルダーによって、個人の安全、安心、快適、便利のために利用される。
(4) クラウド上に保存された個人データは、安全に管理され、健康寿命を延伸のためにエビデンスとなるための2次利用（健康ビッグデータ）としても利用される。

2025年の「地域包括ケアシステム構築」に、どのような民間企業が参加しているのかは、そもそも、その事業継続性も含め、民間企業にとっても多くの課題があります。また、現状の「地域包括ケア」は、多くの場合、公的介護保険の利用などから多くの制約があります。

公的介護保険だけに頼らない兆しはあります。例えば、すでに2016年3月に『地域包括ケアシステム構築に向けた公的介護保険外サービスの参考事例集・保険外サービス活用ガイドブック』[注18]が発行されています。公的介護保険外サービスは、当然のことながら民間企業が提供するサービスになります。

▶注17　未来型国家エストニアの挑戦、
http://www.impressrd.jp/news/160128/NP
▶注18　地域包括ケアシステム構築に向けた公的介護保険外サービスの参考事例集 - 保険外サービス活用ガイドブック、
http://www.meti.go.jp/press/2015/03/20160331007/20160331007-1.pdf

第2章 スーパーリーダーによる産業別ビッグデータと次世代産業指南

　こうした地域包括ケアなどにおいて、民間企業が、事業継続性を確保したうえで、顧客に安全、安心、快適、便利なサービスを提供するためには、個人情報連携や、2次利用が考慮されるべきですが、ここには、まだ、多くの壁があります。

　現在のところ大きな制約もあり、また、個別の企業サービスだけでは、情報連携基盤等のプラットフォームの構築が困難であるという課題があります。こうした課題は、マイナンバー法の進展、医療等IDの進展によって解決していく可能性がありますが、そのためには、国民の理解が一番重要かもしれません。持続可能な超高齢社会の構築のため、社会保障分野におけるビッグデータ活用の重要性について、国民の理解が深まることが望まれます。

2.5 デジタルテクノロジーによって始まった金融業の第二の変革

1 金融業界に再び大きな変革の波

　銀行、保険、証券といった金融業は、私たちの日常生活に欠かせない業界だけに、日々、発生する取引は、国内に限っても天文学的な取引量となります。コンピュータテクノロジーは、大量の取引が生じる分野での効率性の向上といった面で、大きな力を発揮してきましたが、まさに、日々多くの取引が発生する金融業はこの半世紀ほどで、急激にその産業の形を変えてきました。

　今、この金融業界に再びテクノロジーの大きな変革の波が押し寄せてきています。

　過去の変革の波は、大型コンピュータによる金融機関自身の内部業務と組織の効率化でした。これを第一次の金融テクノロジーの変革の波と

2.5 デジタルテクノロジーによって始まった金融業の第二の変革

すれば、近年、世界の金融業界で起こっていることは、顧客である預金者や企業への金融サービスの形を根本から覆す第二次の変革の波といえます。

すでに、クレジットカードやデビットカードが、現金決済に代わる決済方法として私たちの生活の中に定着していますが、この10年ほどの携帯機器やタブレット端末などのデジタルテクノロジーの進化によって、ユーザーの便宜性がさらに飛躍的に高まり、キャッシュレス取引が急激に増加しています。

インターネットの進化をベースに、モバイル端末、センサー等に代表されるデジタル機器類と、ソフトウェア、アプリケーション、機械学習といったハードおよびソフトの総体としてのデジタルテクノロジーが、金融業のビジネスモデルを急速に変容させています。この変革の波は、一般的には金融テクノロジー、いわゆるフィンテック[注1]と呼ばれ、世界の金融業界に大きな変革の動きが起きつつあります。

2 キャッシュレス取引の劇的な増加と電子データ

[1] キャッシュレス取引は年々増加

図2-5-1は、ヨーロッパの大手コンサルティング会社のキャップジェミニとBNPパリバ銀行[注2]が、毎年、共同で発表している国際決済動向に関するレポートです。

図に見られるように、世界におけるキャッシュレス取引件数は年々増加を続けており、世界の地域別では、アジア諸国でキャッシュレス取引が著しく伸びています。これは、アジア各国の経済発展によって増加している中間所得層の拡大する消費行動が、ちょうどスマートフォン、タ

▶注1　フィンテック (FinTech)：ファイナンス (Finance) とテクノロジー (Technology) を併せた造語。ITを駆使して新しい金融サービスを生み出したりする動きのこと。
▶注2　BNPパリバ銀行：フィンテックによる事業モデルの変革にも積極的な欧州を代表する世界有数の金融機関。

第2章 スーパーリーダーによる産業別ビッグデータと次世代産業指南

ブレットの登場とタイミングがあったことが背景にあります。消費意欲旺盛なアジアの中間層が、便宜性のよいキャッシュレス取引を抵抗なく受け入れているといえます。

一方、日本においても、NTTドコモのお財布ケータイが一般に普及したことによって、着実にキャッシュレス取引が増加しています。図2-5-2に示すように、キャッシュレス取引の中心は依然としてクレジットカードが中心ですが、スマートフォンなどの携帯端末を通じた決済も、日本全体の小売販売額の中でも相当な額を占めるまでに成長しています。

また、キャッシュレス取引が世界で急激に増加していることのもう1つの大きな背景には、利用者側での携帯端末の利用の普及に加えて、コンビニ、デパート、ブティック、レストランチェーンなどの外食・小売店舗側においても決済端末の導入が加速していることがあります。

顧客もレジに並ぶ面倒を避けることができ、店側も売り場で、より効率的に顧客対応ができるからです。

例えば、ブティックの試着室で衣料品の購入を決めた顧客に、試着室の前でアドバイスしていた店員がその場で店舗のタブレットで決済手続きを進めたり、顧客が事前にカード情報も含む個人情報を登録していれば、レジで名前を告げるだけで支払いを済ませることができるなど、デジタルテクノロジーの進化によって、現金のみならず、カードさえも使わない画期的な決済方法が世界のサービス業の現場で浸透してきています。

〔2〕決済＋商取引データは事業成功に導く重要なファクター

何よりも決済のキャッシュレス化で注目すべきことは、このような日々、数限りなく世界で起こっている個々の消費行動の履歴が、電子データで蓄積されていくということです。顧客の性別や年齢、居住地域、購入品目、値段、購入時期、等々の情報が購入履歴とともに時間軸でサービスを提供する企業に蓄積されていきます。

こうした日々起こる消費行動によって集積された莫大な数の情報が分

2.5 デジタルテクノロジーによって始まった金融業の第二の変革

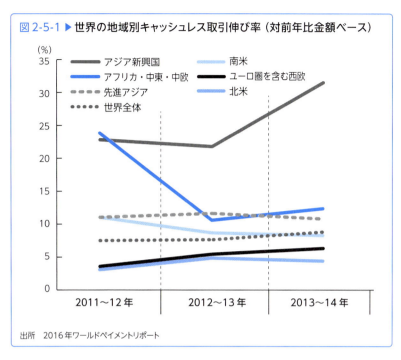

図 2-5-1 ▶ 世界の地域別キャッシュレス取引伸び率（対前年比金額ベース）

出所　2016年ワールドペイメントリポート

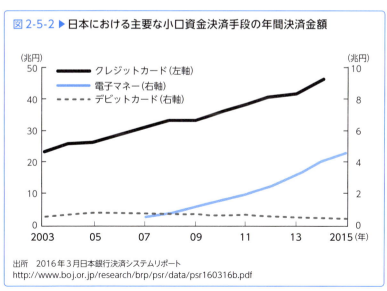

図 2-5-2 ▶ 日本における主要な小口資金決済手段の年間決済金額

出所　2016年3月日本銀行決済システムリポート
http://www.boj.or.jp/research/brp/psr/data/psr160316b.pdf

スーパーリーダーによる産業別ビッグデータと次世代産業指南

析されることによって、消費者が近い将来どのような消費行動をするのかも予想することが可能となります。例えば、20代で未婚、一人暮らしの女性は、春にどんなブラウスを買おうとしているのか、40代の既婚サラリーマン男性は、家族の誕生日のプレゼントにどのようなものを多く買っているのかなど、消費行動の傾向が予測できれば、次に出す商品戦略もおのずと決まってきます。人々の消費行動の先回りをした商品企画で販売のヒット率も上がることとなります。

金融業自体は個人、法人取引においてもともと大量の顧客データを保有しているわけですが、他のサービス事業者でのデジタル端末の普及もあり、個々の取引内容を反映したより詳細なデータが蓄積されていくことが予想されています。つまり、金融取引のデータに商取引の現場データが組み込まれることにより、金融機関と商取引を行う店舗との情報の壁がなくなります。

決済＋商取引のデータは、金融機関にとって付加的な情報取得であると同時に、商取引を行う企業にとってもマーケティング上有効なデータが積みあがることになります。こうしたデータは、顧客ニーズの把握や競合との差異化によって、事業を成功に導く重要なファクターとなり、非金融業態から金融決済事業に参入することで貴重なデータ集積が可能となるでしょう。

3 ビジネスチャンスの源泉としての金融顧客データ

〔1〕デジタル化によって大量な情報集積と分析が可能に

1980年代から世界を席巻し始めた米国のシリコンバレー発のITビジネスは、インターネット上でいかに多くの潜在的な利用者を獲得するかが、ビジネス成功のひとつの鍵になっています。

利用者を募る方法はさまざまですが、インターネット上で集積される情報を分析して、新商品の開発につなげ、また開発された製品をピンポイントで欲しがるユーザーに販売していくといったことが可能となります。

2.5 デジタルテクノロジーによって始まった金融業の第二の変革

　古くからいわれている"ビジネスにとって情報が命"という概念は、デジタル化によって、大量の情報の集積と迅速な分析が可能となり、まさに、現代における事業成功のキーワードになっています。

　一方、自動的に多くの情報が集積するしかけを作ることは簡単なことではなく、多くの事業者が製品化・事業化において頭を悩ませています。質の良いデータを長期にわたって集積する前提として、サービスを提供する側と受ける側の関係において次の3点が重要になります。

　(1) サービス提供者の安心・安全というブランド
　(2) 提供するサービスについての顧客の忠実性
　(3) 収集される情報の範囲の広さと情報量の多さ

　さまざま産業のなかで、上記の3つの条件を満たす業界は金融業界であるといえます。

　まず、安心・安全という金融機関がもつブランドや信頼感は、金融以外のサービス提供者に比べれば格段に高いといえます。

　次に、顧客の忠実性という点でも、一度、口座を開設すると長年にわたりその金融機関と付き合うことになるため、顧客の定着率が高い業界といえます。

　最後に、情報量の多さという点でも、貸借金残高や資金決済の状況、預金、外国為替取引やデリバティブなどの市場取引、はては信用格付けの状況など、金融機関はこうした取引の総体としての天文学的なデータを時系列的に保有しています。

〔2〕金融業で起こる新たな動き「フィンテック」

　コンピュータとインターネットなどのデジタル技術の発展によって、誰でも大量の情報にアクセスが可能となり、取得した情報をもとに事業構想を練り、さらに商品化、事業化の実現においてもデジタル技術を最大限活用し、起業後、短期間で事業上の成功を収めることも可能になってきました。

　また、ある業界で成功した起業家は、他業態での顧客ニーズを分析し、

スーパーリーダーによる産業別ビッグデータと次世代産業指南

成功経験を転用することで、まったく異なる業界においても、チャレンジャーとして成功を収めるということが起きています。

こうしたコンピュータとインターネットを駆使し、事業を成功させる前提になるのが大量データ、ビッグデータの存在です。金融業界は大量の顧客データが集積する業界として、現在、主にIT業界で成功を収めたチャレンジャーが熱い視線を向けています。

世界では、2010年頃から主にIT起業家達が、金融業務の領域で新たな事業構想を実現する動き、いわゆる「フィンテック」（ファイナンシャルテクノロジービジネス）の一大ムーブメントが起きています（図2-5-3）。

4 テクノロジーの進展と金融業のジレンマ

> 「だれも金融業に参入したいと思わないけど、
> フィンテックはみんながやりたがっている」

これは英国の大手経済紙、フィナンシャルタイムズの編集者のツイッターでのつぶやきですが、いろいろな業界で革新的ビジネスが次々と生まれている中での金融業の状況を、うまく言い表しています。

[1] 魅力的な大量顧客データと秘密保持

銀行、証券、保険に代表される金融業界には個人、法人双方の取引データが過去から大量に集積されています。その意味では、新たなビジネスを企画しているチャレンジャーにとっても極めて魅力的なマーケットです。一方、この情報の宝庫といわれる金融業で、既存の金融機関が、保有しているビッグデータを駆使して、次々と新たなビジネスモデルを生み出しているかというと、そうした状況はまだ起きていません。

それは、顧客の秘密保持ということが、金融事業という事業モデルを成立させている重要条件であるからです。顧客データは守るべきもので

2.5 デジタルテクノロジーによって始まった金融業の第二の変革

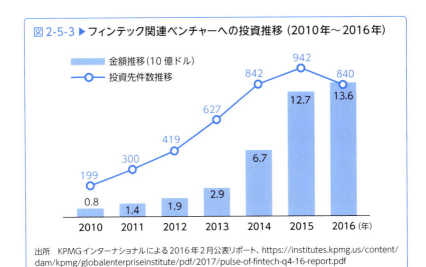

図2-5-3 ▶ フィンテック関連ベンチャーへの投資推移（2010年～2016年）

出所　KPMGインターナショナルによる2016年2月公表リポート、https://institutes.kpmg.us/content/dam/kpmg/globalenterpriseinstitute/pdf/2017/pulse-of-fintech-q4-16-report.pdf

あり、その顧客の取引状況について、金融機関以外の第三者と情報共有して新商品の開発をする、新事業を作るというような考えはこれまでなかったのです。また、金融機関の顧客の多くもそのような使い方を望んでいないでしょう。

さらに、個人情報の取り扱いのみならず、通貨取引が国民経済に及ぼすインパクトの大きさも考慮しなければなりません。

株式市場や外国為替・債券市場は、時にして人智を超える動きをします。市場心理ということもあり、急激な市場の変化で経済環境が一転することが過去にもよく起こってきました。また、お金はそうした国民経済的な側面での影響力に加えて、不正取引の温床を生み出すきっかけともなります。こうした金融業の経済一般に与える大きな影響もあり、一般の事業に比べても厳しい規制環境の中にあるのが金融業界です。

冒頭のツイートに示した意味は、このような業界に参入することは、ライセンスの取得もさることながら、規制に準じた事業運営をするためには相当な事業インフラへの投資を行わなければならないため、新規参入などあり得ないという意味（つぶやき）です。

〔2〕より利便性を追求した金融取引のニーズ

　一方で、この未来永劫閉鎖社会と思われていた業界に、近年大波が押し寄せてきているのも事実です。金融の利用者である個人・法人の双方で、インターネット取引のみならず、タブレットやスマートフォンを使った、より便宜性を追求した金融取引のニーズが拡大しているからです。

　この古色蒼然とした金融業界にも、他のリテール分野や業界から、そうしたユーザーニーズに寄り添う事業構築に慣れた創造的な起業家が参入してきています。

　再び冒頭のツイートに戻ると、欧米を中心とする先進国では「金融業のような面倒な業界には興味ないけど、フィンテックという金融事業ならみんながやりたがっている」という現象が起きています。

　日本では、テクノロジーの進化による決済方法の変更に対しては、より慎重な顧客層が多いのも事実です。しかし、すでに、他の業態で見られるとおり、一度、デジタル化による恩恵を受けた消費者は、二度と旧来型のサービスには戻りません。欧米ではすでに、金融機関の利用者に大きな変化が起きています。

　また、日本においては、既存の銀行業務に慣れ親しんだ顧客層がまだ多数派を占めているため、金融機関は一直線にデジタル技術を活用した事業モデルを構築することはないでしょう。新旧入り混じった日本の金融顧客ニーズがある中で、日本の金融業界は、当面はいわゆるオムニチャネル[注3]形式で、先端技術で省力化された物理店舗とネット、モバイルのバーチャルなサービスチャネルを通じて将来の金融業界の大変革に備えていくことが必要となるでしょう。

〔3〕仮想通貨は今後の動向を注視

　フィンテックといえば、「仮想通貨」を思い浮かべる人も多いと思います。実際、世界中で、仮想通貨の取引市場が生まれています。仮想通貨は、分散型のデジタル記帳技術を基に構築された決済システムで、決済の安全性の確保や、費用の低減を可能にするということで、既存通貨に

2.5 デジタルテクノロジーによって始まった金融業の第二の変革

代わる決済手段として華々しく登場しました。

しかし、"仮想"という、現実の商取引と必ずしも結びついていない通貨は、投機対象となりやすく、現状は、サービスや商取引の決済に使われるより、蓄財や、投資活動でより多く流通しています。

ドルや円といった国民経済を反映した実体通貨でさえ、時に荒れ狂う嵐のように、人々の欲望や失意のままに動くことがあります。1920年代の世界的な金融恐慌がその典型的な例といえます。仮想通貨の反対者の意見の1つとして「中央銀行が存在しない通貨は通貨として認められない」という主張があります。「仮想通貨」がひとり歩きすると幾何級数的[注4]な金額が予期しない動きをすることがあり、また、国際詐欺や資金洗浄といった国境を越えた不正取引の温床ともなります。金融業態の変革の流れが進む中で、仮想通貨については、各国当局の規制や国際連携により健全な発展を遂げることが求められます。

フィンテックは、携帯機器のさらなる進化や、AI、画像認識センサー、5Gによる通信の高度化等々の革新的なテクノロジーによって金融業態を大きく変容しつつありますが、仮想通貨については、国際的なルールや流通システムが確立するまでには、まだ、多年を要することが見込まれることから、一般的なフィンテックの流れとは一線を画して、その動向を注視していく必要があります。

5 金融業のオープンイノベーションと新たなビジネスチャンス

次に、イノベーションにおける既存の金融業と、スタートアップといわれる新規参入者との関係を見てみましょう。

イノベーションの創出を妨げる大きな要因の1つとして、一般に自前

▶注3　オムニチャネル（Omni Channel）：あらゆる（Omni）の販売経路（Channel）を連携させて、多様な販売機会を創出し顧客の利便性を図る販売戦略。例えば、実際の店舗とダイレクトメールやオンライン店舗、モバイルサイトなどを連携させ、顧客に合った方法で商品を購入できるようにした販売方法。

▶注4　幾何級数的（きかきゅうすうてき）：前の数値を数倍するような勢いで増大し続けるようなこと。

スーパーリーダーによる産業別ビッグデータと次世代産業指南

主義が挙げられます。組織外にいかに魅力的な先端的な技術シーズがあっても、社内の研究開発部門だけで類似研究はできるという思い込み、あるいは自前主義にこだわることによって、新規事業の開発スピードが遅延してしまうことも起こり得ます。

　金融業界においても、金融ユーザーが最新のデジタル技術を利用したさまざまな業態のサービスに慣れてきている現状を踏まえると、金融業だけの経験でこの変革期に対処することは得策ではありません。また、フィンテックは、いまや世界の銀行の大きな競争テーマとなっており、スピード感をもった事業開発が求められます。

　このため、自前主義からの脱却と他業態との連携、特に、フットワークの良いスタートアップとの連携が金融事業の変革において極めて重要になっています。

　金融業における外部の事業者との連携、いわゆるオープンイノベーションの取り組みも、世界の先進的な金融機関ではすでに何年も前から始まっています。

　そのうちの大きな取り組みが、銀行の内部データの外部企業との共有です。例えば、みなさんも馴染みのあるアップストア（App Store）のように、銀行が金融商品を軸にしたWebサイトを作り金融以外の事業者も含めてサービス提供の場を作る。つまり、銀行顧客への預金や貸し出し、投信販売、外貨預金、あるいは金融市場情報提供といったサービスを、アプリケーションプログラムで個別に提供するという試みも始まっています。まさに、銀行版のアップストアのイメージですが、銀行が複数のサービスを提供するバーチャルな場（プラットフォーム）を構築し、アプリを提供する複数の外部サービスプロバイダに銀行顧客へのアクセスを可能とすることが想定されています。

　もちろん、銀行顧客データへの外部企業によるアクセスは個人情報保護、安全性、利益相反等さまざまな課題をクリアしなければならず、そのビジネスモデルの実現は簡単ではありません。しかし、すでに日本の大手金融機関も、将来の金融の事業環境の変化に備えて、フィンテック

関連のスタートアップ企業と一緒に架空の銀行顧客データに基づいたシミレーションモデルの開発も開始しています。

こうした金融ビジネスモデルがモバイルバンキングを通じて普及した場合、電子取引の金融取引数が劇的に増えることが起こり、金融関連の新たなビッグデータの形成につながることが予想されます。

6 ITリテラシーの高い日本発フィンテックが世界にはばたく

日本の金融機関は、1990年代のバブル崩壊以降、常に危機的な事業環境にさらされてきました。国際競争にさらされている銀行、保険といった大手金融機関のみならず、地方の人口動態の変化によって地銀（地方銀行）、信金（信用金庫）も新たな競争環境に入っています。先進各国の金融機関も、グローバルな産業構造の激変によって絶えず構造的な改革に直面しており、世界の金融機関は、一様に技術革新による新たな事業機会の開発が急務となっているといえます。

金融ユーザーの金融への意識も大きく変わろうとしている今、金融以外の企業との連携や、柔軟なアイデアをもつスタートアップ企業との連携で、金融ユーザーとしての消費者の市場ニーズを分析して、新たなサービスを提供していくことが必要となっています。

幸い、日本においては、インターネットや携帯端末の利用に習熟した、いわゆるITリテラシーの高いユーザーが国民の大半を占めています。

日本の消費者は、先進各国のなかでも中産階級が幅広い年齢層で存在しています。日々、さまざまな消費行動を行っており、革新的な新しいサービスにも感度の良い日本のマーケットは、未来の商品やサービスモデルの開発を考えている金融事業者には、理想的なマーケットであるといえます。

こうした消費者としてレベルの高い顧客のニーズを、ビッグデータからうまくつかみ取ることによって、世界の金融機関に伍して戦える金融事業モデルをつくることが可能となるでしょう。日本で新しい金融事業

スーパーリーダーによる産業別ビッグデータと次世代産業指南

モデルを作り上げたその先には、今後、爆発的に増加が見込まれるアジアの中産階級の金融ユーザーも視野に入ってきます。

金融業は、デジタルテクノロジーの進化によって、今後、さらなるボーダレスな競争環境に入ることが予想され、まずは、国内で他業界の事業者やスタートアップとの事業連携の成功例を多く作り上げることが必要です。

そして、さらに、日本のフィンテックを、グローバルな事業目線の事業モデルとしてアジアを初めとした海外市場において、積極的な展開を図ることで、先進各国に負けない金融立国としての地歩を固めることが可能となるでしょう。

2.6 電力事業におけるビッグデータとイノベーション

1 電力事業の進展と IoT 活用によるビジネスチャンス

日常生活や社会・産業活動を支える電気・ガス・水道などのインフラ（インフラストラクチャ）設備は、政治や経済、生活環境の変化に応じて進化・高度化してきました。なかでも電力事業は 19 世紀の終わりごろ、産業革命によって工業化する各国で、その工業化の原動力として進展しました。日本ではちょうど明治維新と同期して欧米に遅れることなく電力事業が芽生え、日本の工業化を支えながら拡大し成熟し、IoT（Internet of things）などを含めた AI（Artificial Intelligence）技術を取り入れ、新たな展開が進んでいます。

本節ではまず電気現象の解明から始まり、蓄電池など電気機器の開発が 1 つずつ進み、電気利用に関するマーケティング戦略を展開し、電力を供給する事業に至るという、ダイナミズムを読み取って欲しいと思い

2.6　電力事業におけるビッグデータとイノベーション

ます。

　電力事業が事業として進展し拡大できた最大の要因は、電気を使う消費者（ユーザー）の信頼を得ることができたことによります。信頼とは安定供給、つまり電気をいつでも何処でも安全で安心して使うことができることです。消費者の信頼を得ることができたもう1つの要因は、サービス料金が着実に低減できたことです。これはどのような事業でも最も大切なことですが、特にインフラ事業においては重要なことです。

　2016年4月から日本でも歴史的な電力小売全面自由化がスタートしましたが、小売事業者は利益を一義とすることなく、「国力と社会活動を支えるかけがえのないエネルギーである電力を、安定して安全に、誰もが使える料金で届ける心」が重要です。

　事業が拡大し成熟するに従って、社会の発展に合わせた事業運営するための設備は、新たな環境への対応やIoTなどの最新技術を取り入れながら変化します。この設備を建設、保守、リプレースしていくこと、これこそが電力事業経営の基本で、まさに「アセットマネージメント」（経営資源や設備などの資源の管理）です。ここでは設備を運転（監視・制御）することでデータが日々刻々発生し、この分野における最新の技術でデータ処理や解析することで、新たな観点でのアセットをマネージすることが大いに期待されています。

　日本では1964年のオリンピックなど、国をあげてのイベントに合わせインフラ設備を増強してきました。これらの設備は、50年を経過しており老朽化が進んでいます。このような設備の更新には、「技術や事業が成熟しているので」という消極的な考えではなく、最新技術を活用し、新たな観点で事業を再生させるためのイノベーションが必要です。

　このような新たに取り組むべき課題は、デジタル化など将来を見据えて、ビッグデータ、IoT（Internet of Things）、AIを活用した新ビジネスとして取り組むことが不可欠で、ここには大きなビジネスチャンスが潜んでいます。

スーパーリーダーによる産業別ビッグデータと次世代産業指南

2 もともとはベンチャーだった電力事業

〔1〕電気エネルギー活用のための基礎 ―電気現象の発見と解明―

　人類が電気的現象を認識したのは、紀元前600年頃の古代ギリシャ時代に装飾品として用いられていた「琥珀」が、ものを引き付ける不思議な現象をもっていることを最初としています。この琥珀は、ギリシャ語で「エレクトロン」と呼ばれました。この名前は、このあと理論的解明が進み、人類は琥珀そのものと不思議な現象まで含めて電気的現象と認知したことになります。この現象は静電気で物体（主として誘電体）に電荷を蓄えることで起こります。

　19世紀になって、電気と磁気が1つの現象の表裏だということを明らかにしたのは、デンマーク人エルステッドとイギリス人マクスウェルです。この発見によって、電気エネルギーとしての理論的解明は大きく前進しました。

〔2〕電力システムの鍵 ―発電機とソリューション開発―

　電気エネルギーを利用する技術の鍵は、発電機です。電気エネルギー利用技術の難しさは、連続的かつ安定的に電気エネルギーを作り出すことにあります。

　この技術を進歩させる大発見が18世紀にありました。医者であったイタリア人ガルヴァーニは、1780年に患者の病院食としてカエルのスープを作る際に、異なった種類の金属体（メスなど）をカエルの足に接触したとき、筋肉が収縮することを観察しました。このとき「カエルの筋肉中に筋肉を収縮させる電気が存在する」と考えました。この現象解釈に対して、イタリア人ボルタは化学反応で筋肉が収縮したと考え、カエルの代わりに食塩水に浸した紙を使い、その紙を異なる2種類の金属で挟んで、電気が流れることを確かめました。この現象を利用した世界初の発電は、化学電池（ボルタ電池）として実現しました。その発明は、18世紀を締めくくる1800年でした。

2.6　電力事業におけるビッグデータとイノベーション

　19世紀になると、1820年にデンマーク人エルステッドは講義中、ボルタ電池を通電したところ「方位磁石」が動作したことで、電気が流れると磁場が発生することを発見しました。この現象を逆さにして「磁気で電気を起こす」ことを考えたのがイギリス人ファラデーです。1831年電磁誘導理論を確立し、連続した電流を実験で証明しました。これは、今日の電力システムを支える連続的かつ安定した発電機の確立の基礎といえます。

　その後1870年にベルギーにおいて、グラムが安定した強い電流が得られる直流発電機を制作しました。この成果を1873年の「ウィーン万国博覧会」に展示するため準備中、電線の接続を誤って通電したところ、接続を誤った発電機が反対方向に回転しはじめ、電動機として使用することが可能であることが判明しました。グラムは、1877年に実用的な交流発電機も製作しました。1884年には、イギリス人バーンズやスウェーデン人ラヴェールが蒸気タービン（反動タービン）を開発しました。この時点で、電池、発電機、タービンそれぞれの実用機器が誕生し、電力事業の技術条件が整ったことになります。

〔3〕電力事業起業時の事業環境　―国を変えられるか！―

　さて、日本では江戸時代の終わりごろ、行灯（あんどん）などに使用されていた灯明油（菜種油など）よりも安価な石油が輸入され、明るさと取り扱いの簡便さから石油ランプが急速に普及しました。また明治になってまもなく、大阪や横浜で街路灯としてガス灯も使用され、明治時代は日本人が夜間まで活動を広げる、「照明の革命」から始まったことになります。

　このような状況のなか、電気エネルギーを何に使用するのか、欧米や日本でも模索されました。

　19世紀初頭、ボルタ電池が開発されて8年後の1808年、イギリス人ハンフリー・デービーは世界で初めてアーク灯を作りました。しかし、光源が明るすぎ、かつ寿命が短いことから、1840年代に電気エネルギー

を用いた白熱電灯の開発に多くの国の人たちが挑戦しました。1879年（明治12年）、エジソンが40時間程度の寿命をもつ白熱電灯を実用化しました。日本ではこの前年の1878年（明治11年）に、15分間ですがアーク灯を点灯（東京・虎ノ門、工部大学講堂）することに成功しました。この実証には後ろ盾として、世界各国で夜間照明としてのアーク灯を視察してきた所管大臣、工部卿（こうぶきょう。工部省の長官）伊藤博文がおりました。官民一体が明治維新の機運にのり、日本の近代化を推進できたことになります。

〔4〕課題だらけの電力事業の始まり
　―資金集めと徹底したマーケティング―
(1) エジソン電灯会社の設立

　1878年、エジソンは、アメリカ・ニュージャージー州メロンパークにエジソン電灯会社を設立し、1881年にパリ、1884年にはフィラデルフィアの万国電気博覧会において白熱電灯を紹介しました。万国電気博覧会での紹介というマーケティング戦略は、アメリカだけでなく世界的に波及し、特に資本家や企業家の投資意欲を駆り立てることとなりました。その間1880年には、エジソン電気照明会社（エジソン電灯会社の子会社）が、ニューヨークで火力発電電源によって本格的な電力供給を始めます。
　1880年代はニューヨークだけでなく、ロンドン、ベルリン、ミラノなど世界各国で電力事業が芽生えました。

(2) 東京電灯の設立

　このような背景のなか、1884年に万国電気博覧会を視察した藤岡市助（工部省から派遣）は帰国して間もなく、電力事業として東京電灯の設立を企画しました。しかし、彼の企画は周囲の理解をまったく得られませんでした。そこで同郷の先輩で工部大学校の設立に貢献し、工部省、農商務省などを経験している山尾庸三に相談します。彼の協力を得ることで、有力財界人の事業企画への賛同を得ることができました。同じ時期

にもう1つ電力事業の話があり、これも併せて、1883年（明治16年）に「東京電灯」が発足しました。藤岡市助周辺の人脈で官民一体の事業戦略（起業）が成功したことになります。エジソン電灯会社発足に遅れること、わずか5年後のことでした。

　発足した東京電灯の株式の募集が始まりましたが、デフレ（松方デフレ[注1]）の状況下のため難航し、株式引き取り完了には3年かかり、資金調達に苦労しました。

　このような中であっても、白熱電灯の需要を開拓するプロモーションとして、1883年に鹿鳴館（ろくめいかん）の前庭、1884年に京都祇園一力茶屋前、大阪道頓堀などで点灯させています。なかでも1885年の東京銀行集会所の祝賀会では、国産の発電機を用いて20灯の白熱電灯を点灯させました。

(3) 直流送電システムの課題

　商業用としては、1886年、麹町の内閣官報印刷所での電灯照明が最初になります。ここでは発電機、配線用電線、照明機器など一切をエジソン電灯会社に手配し、工事方法などの習得も進みました。

　しかし、エジソン電灯会社の電力システムは直流送電でした。送電電圧は低く送電線の抵抗で電力を消費するという弱点を抱えていました。このため、送電線の末端にいけばいくほど電圧が下がるため、電球は暗くなりました。この問題は直流のもつ根本的な欠陥で、大規模化、ネットワーク化で達成するべきコストダウンが進まず、その結果、直流送電システムの実用性を失い、事業は続きませんでした。

　いつの時代も事業としての成功のためには、資金調達と積極的なマーケティングが重要なのです。

▶注1　西南戦争〔1887年（明治10年）に勃発〕によって生じた戦費を調達するためのインフレを解消するため、大蔵卿であった松方正義が行った、デフレ誘導の財政政策。

〔5〕電力事業の進展のポイント ―技術革新とコストダウン―

1886年、東京電灯の電気供給事業が本格的に始まりました。1888年にアメリカでは、ジョージ・ウエスチングハウスなどによって交流送電システムが事業化され、高圧で送電した電気を需要家側で低圧にして、安定した電気を安全かつ安く利用することが可能となりました。この交流送電システムに着目したのが、岩垂邦彦(いわだれくにひこ。現NECの創業者)です。

岩垂氏は、工部大学校を卒業して工部省で働いたのち単身渡米し、エジソン・マシンワークス(現:ゼネラル・エレクトリック)に入社しました。1888年(明治21年)には大阪電灯設立に招聘され、技師長として一切を任されました。彼は直流送電システムを推奨してきたエジソンに世話になりながら、彼の選択は送電網の拡大時に確実に建設コストが低減できる、「交流送電システム」を採用しました。

事業拡大とその継続には、確実な技術とコストダウンの仕組みが必要であることを証明したといえます(表2-6-1)。

3 インフラ事業とその事業経営ポイント

〔1〕インフラ経営マインド

道路、上下水道、鉄道、エネルギー(電気・ガスなど)、通信など、社会を構成するために必要な公共サービス事業がインフラ事業です。事業形態は官営(政府が管理運営)、民営(民間企業が管理運営)、第三セクターなどさまざまですが、政治や社会の形態、起業経緯などによって、一番合理性が高い方法が検討されて事業運営がなされています。

(1) 顧客ニーズに合わせた経営

自由を尊重する民主主義国家であれば事業の形態に関係なく、事業運営に必要なことがあります。それはサービスを利用する人や社会が、今そして将来においてインフラ事業・公共サービスに対して何を望んでい

2.6 電力事業におけるビッグデータとイノベーション

表2-6-1 ▶ 電力事業創成期の概略年表

紀元前600年ごろ	琥珀が物を引き付ける現象を認識
1600	イギリス人ウィリアム・ギルバートが静電気と磁気の現象を研究
1776	ジェームズ・ワットが蒸気機関を発明
1780	イタリア人ガルヴァーニがカエルの足に異種金属を接触して筋肉が微動することを観察
1800	イタリア人ボルタが異種金属間で電気が流れることを発見
1808	イギリス人ハンフリー・デービーがアーク灯を発見
1820	デンマーク人エルステッドが電気と磁気の関係を発見
1831	イギリス人ファラデーが電磁誘導論を確立
1868	イギリス人マクスウェルが電磁波という言葉で電気と磁気の相関を説明
1870	ベルギーのグラムが直流発電機を制作
1877	ベルギーのグラムが交流発電機を制作
1878	日本で初めてアーク灯が15分間点灯
1878	アメリカ人エジソンがアメリカで電灯会社を設立
1879	アメリカ人エジソンが白熱電灯を実用化
1880	アメリカ人エジソンがニューヨークで本格的な電力供給を開始
1881	パリで万国電気博覧会を開催
1883	日本で初の電力会社「東京電灯」が発足
1883	鹿鳴館前庭で白熱電灯を点灯
1884	イギリス人バーンズ、スウェーデン人ラヴェールが反動タービンを開発
1884	フィラデルフィアで万国電気博覧会を開催
1886	日本で初の本格的な電力供給(麹町、内閣官報印刷所)
1888	アメリカでテスラ、ウエスチングハウスらにより、交流送電システムを事業化
1888	大阪電灯が設立。交流送電システムを採用

出所　各種資料より筆者作成

るかです。これは事業運営するトップ(経営者)が、私利私欲や会社の利益優先などをまったく排除し、消費者(お客さま)を第一優先に考えるということです。あらゆるインフラサービス利用者の政治的な信条、社会的な地位、国籍、地理的な条件、私的な関係などに対して、そのサービスを必要としている消費者のあらゆるニーズに平等に応え、安定したサービスを提供することによって信用を得ることが最も重要で、これを経営理念とする必要があります。

　事業経営者を含めインフラ事業で働く人たちは、事業推進する目的を

スーパーリーダーによる産業別ビッグデータと次世代産業指南

十分に理解し、日々の業務を全うする真摯な態度が必要です。事業継続には利益が必要ですが、第一目的ではありません。さらに、人類の永遠の営みを将来にわたって保証できる最善の方法を常に考え、地球全体の課題として常に取り組む必要があります。そのための課題解決には常に最新の英知を集めた最先端な調査研究、知識にもとづく大胆な判断が必要です。この大胆な判断は、インフラ事業（公益事業）の神髄です。

(2) 利便性と経済性、合理性

ここ数年、鉄道事業、通信事業、郵便事業、高速道路事業、電力供給事業、ガス供給事業など、多種多様なインフラ事業が規制事業から解放されてきました。その目的は、利便性、経済性などの観点から検討されました。利便性は、消費者（お客さま）がサービスを利用するにあたり、そのサービスが地理的な制約や生活時間での制約がないことなどを含みます。経済性は、サービスの合理化されたコスト、サービスシステムのコストダウンを踏まえた新規性に加え、最新の技術を取り入れたサービスとなっているかなど、時代に応じて事業内容をグレードアップできる力までもが求められるのです。

技術は絶え間なく前進し、国際情勢の変化もスピードを上げているなか、積極的な利便性、経済性、合理性ともいうべき力はますます必要で、インフラ事業の経営はイノベーションの連続なのです。

〔2〕アセットマネージメント　―常時発生するビッグデータ―

インフラ事業が提供するサービスは時間的に途絶えることなく、また利用者の地理的な制約を受けることなく、大量の設備とそれを動かすシステムと組織をもつことになります。このため、インフラ事業におけるアセット（経営資源、設備などの資産）は、建設、メンテナンス、リニューアル、システムの面でイノベーションが必要となります。つまりインフラ事業経営の根幹はアセットマネージメントであり、さらに、サービス利用者が支払う、利用コストを最小化するイノベーションが常

に必要です。

これを実現するために、新技術を導入するインセンティブがインフラ事業経営者には必要で、組織運営する規模、業務形態に対して時代を先取りするイノベーションの努力を評価する必要があります。このためには、インフラ事業を監視、監督する組織の透明性、公平性、新規性が大変重要となります。

アセットマネージメントには、所有する設備の管理が特に重要です。所有する設備にはビッグデータが伴い、このビッグデータを活用して新たな切り口としての事業戦略（ビジネスモデル）の立案が可能となります。その一方で、これらのデータには個人情報や公共情報が含まれることから、データセキュリティに十分な対策が必要となります。

〔3〕電力ネットワークシステム制御
　　―ビッグデータのリアルタイム処理―

日本全国の電力流通設備は、送電線が101,477km（2010年度末、地球約2.5周）、変電所が6,686カ所（2010年度末）あります。インフラ事業の経営には、このようなアセットを運用する、つまり電力システムを監視・制御するという極めて重要な業務があります。

電力ネットワークシステム制御には大きく2種類のシステムがあります。1つは電力ネットワークの電圧と周波数を計測制御するシステム、もう1つは電気を使う箇所に安全に電気を届ける（事故時の事故除去を含む）運転（運用）システムです。

制御データとしては、小規模の変電所でも500ポジション（制御データ数）程度あり、これらのデータは1/10秒程度のタイミングで発生します。事故時の操作では、手動（運転員の判断など）となることもありますが、ほとんどが自動化されており、運転員の判断で操作することはありません。

運転（運用）システムは基本的に冗長化されているため、通信システム障害によって停電が発生することはありません。制御装置を動かして

スーパーリーダーによる産業別ビッグデータと次世代産業指南

いる情報通信システムは、すべてオンプレミス（自社設備）ですが、新たに導入される電子メーター（スマートメーター）では、データ伝送に公衆回線を使用してビッグデータに対応するなど、今後のシステムのあり方について検討を進めています。

〔4〕マーケティング　―ビッグデータの収集・分析―

　サービスを享受している利用者のデータは、時間の経過とともに大量に発生し続けます。このデータは現在のサービス状況だけでなく、ビッグデータとなることでマクロな生活情報や各分野での事業戦略情報となるため、重要な要素を含んでいます。まさにビッグデータで、国内はもとより国外での同業他社との比較や年次的な比較など、多種多様な分析を進めるとさまざまな知見が得られます。国としても、経済状況や需要動向などの分析が可能であることから、セキュリティ対策をしたうえで、それらの情報の活用についてな関心をもつ必要があります。

〔5〕都市再生事業
　　―分野を融合した新ビジネス分野（電力インフラ）―

　世界各国の都市で発生している都市再生プロジェクトとして取り組んでいるインナーシティー問題[注2]は、都市を支えるインフラが陳腐化していることが1つの原因と考えられています。

　都市機能の再生は、最新の技術を取り込み革新的に取り組むべきインフラ再生事業です。インフラ設備（ここでは変電所など電力供給設備）は、単に大きく作ればいいのではありません。まず都市計画としてどの程度の就業人口、生活人口となるかを確認し、それを支えるインフラの大きさを決めます。そしてその街の地理的条件（近くに川がある、海に近い、近くに空港があるなど）を考慮して、変電所の配置（電気を多く使用する、例えば街の中心部のデッドスペースに変電所を配置するなど）、設置形体（設備を地中に埋設する）を決めます。また、リニューアル方法（電気の使用量が予想以上に増加が見込まれる場合など）、自然災害（とく

に地震対策など）などに対する防災対策、メンテナンス方法も事前に検討することになります。インフラの構築はまさに街づくりの基本です。

このような計画を進めるためには、実績に基づく各種のビッグデータを活用して実行しています。街は政治・経済の動向で大きく変わりますが、街の変革には街を支えるインフラ整備に時間が必要で、規模にもよりますが、このような計画を実行するには20～50年程度の歳月が必要となります。

〔6〕自然現象とともに生きる電力ネットワーク
　　―リアルタイム気象状況の把握―

これまでの電力ネットワークは、人口の増加、産業構造の変化に合わせて拡大してきました。既存の設備を有効活用しながら拡大してきたので、明治末期、大正初期に建設された機器が今でも現役で活躍しています。この設備は、台風などの風雨、降雪、雪崩、地震、雷、季節変動、設置場所周辺で発生する火災など、すべての自然現象や人為災害に影響を受けます。

例えば、数百年に一度の自然災害や地震災害に対応する設備を作ることは、合理性を欠き利用料金のコストアップとなります。設備を建設するときにも、数百年後でも使用できる設備を作ることは、過大な設備投資となり、同じく利用料金のコストアップとなります。大切なのは街の変化に応じて、シームレスに対応していくことなのです。そして、さらに大切なのは長期にわたる信頼性を常に確保しながら最新技術を取り入れて、設備投資の合理性が確保された設備で運転していくことなのです。

今までは日単位、月単位での気象状況を把握する方法として、気象庁、民間気象観測会社などの協力で、気温や湿度、風力データさらには国家的・地域的なイベントなどの過去のデータを分析しながら、1週間後か

▶注2　インナーシティー問題：都心の周辺地域（インナーシティ：Inner City）などで、人口の流出や住宅環境が悪化し，あるいは夜間人口が減少して，都市空間としての機能が衰退する問題（ここでは変電所など電力供給設備）

ら前日までに、当日に必要な電力（1日のピーク電力）、電力量（1日の電気の使用量）を予測し、発電所の運転、電圧調整設備などの準備をしてきました。これからは、自然の日射量をもとに発電する太陽光発電量を計量しデータを蓄積分析して、今後の予測データとして確立していく必要があります。

例えば、太陽光発電システムや配電柱などのような面的に広がりのある施設に気象観測機器を設置するなど、観測システムの充実を考える必要があります。計測されたデータはビッグデータとなるので、その標準化がもとめられています。

4 電力事業のイノベーション —Electrodiversity—

〔1〕発電事業の多様化

平成25（2013）年4月2日に閣議決定された電力システム改革では、
① 広域系統運用の拡大
② 小売および発電の全面自由化
③ 法的分離方式による送配電部門の中立性一層の確保
の方針が出されました。

(1) 火力、水力、原子力から自然・再生可能エネルギーまで

発電事業は、火力、水力、原子力という発電方式によってその成り立ちが大きく異なります。石炭、石油などを燃やして水蒸気を発生し、蒸気タービンを回転させる「火力発電」は、エジソンがニューヨークで本格的な電力供給（1880年）を行う際に利用するなど、電力事業の歴史とともに活躍してきました。

水が流れ落ちる力を利用して水車を回転させる「水力発電」は、1882年アメリカ（ウィスコンシン州アップルトン）で広域電力供給用として使われましたが、それ以前から自家用として使われていました。そして原子核反応の熱によって水蒸気を発生させて蒸気タービンを回転させる

2.6　電力事業におけるビッグデータとイノベーション

「原子力発電」は、地球温暖化対策として脚光を浴びた時期もありましたが、発電後の核廃棄物の処理方法が確立できていないことなど、喫緊に解決するべき課題があります。

　1973年に、いくつかの石油産油国がそれまで安定していた石油価額を70%程度値上げしたことで、先進諸国の発電量のほとんどを占めていた火力発電の代替え発電技術の調査検討が始まりました。その時の本命は、蒸気を媒体とした熱力学に頼ることのない太陽の光エネルギーを、電子レベルの反応としてとらえる「太陽光発電」でした。1ワットの発電に1,000円以上かかっていた技術を、100円以下にすることが日本の目標でした。

　1980年代になりますと石油価額が1970年ごろの価格に戻ったことから、日本の国策として進めていた化石燃料に頼らない新エネルギー・自然エネルギー開発（サンシャイン計画：1974年～1992年）は、残念ながら目標を達成することなく、それ以上進むことはありませんでした。この時、自然・再生エネルギー開発を進めた世界的な取り組みの中で、1976年、アメリカのエイモリー・B・ロビンス（Amory B. Lovins）[注3]の著書「Soft Energy Paths」は、具体的な技術開発のけん引役（バイブル）として話題となりました。

(2) 地球温暖化対策も意識した発電システム改革へ

　発電事業者は、地球温暖化対策も含めて、有限な資源である化石燃料に頼らない発電方式を事業化することが求められ、また検討が進められている技術を複合化することも求められ、今後も期待されるべき事業だと考えられています。

　近年導入が著しく進んでいる太陽光発電や風力発電は、自然エネルギーでの発電となるため、負荷[注4]とのバランスをとるために蓄電池の導入が

▶注3　エイモリー・B・ロビンス氏：「京都議定書」誕生の地である京都の名のもと、世界で地球環境の保全に多大な貢献をした人の功績を称える「KYOTO地球環境の殿堂」第4回で表彰（2013年3月）された。
http://doyoukyoto.net/event/

▶注4　負荷：使用電力および電力量

進んでいます。なかでも電気自動車の蓄電システムを取り込むことによって、これまでの「電力需要に追従しているシステム」から、「電力発電システムに追従するシステム」とすることによって、発電システムの設備利用率を上げ、発電コストを下げる重要な発電システム改革となります。

さらに FC（Fuel Cell、燃料電池）はエネルギー変換効率に優れ、環境にも優しく、燃料を多様化することが可能であることから、実用化を優先するべき技術です。

発電システムを多様化することは、エネルギー調達を多様化することになり、エネルギーの国家安全保障や災害対策を含めた社会の安全確保として最も必要なことです。

〔2〕デマンドサイドマネージメント ―DSM―

発電設備、送配電設備など電力設備を1日24時間平均した設備稼働にする努力は、エジソンが電力事業を始めた時から大きな課題です。消費者は、料金は払うのだから「使いたいときに使いたいだけ使う」ということになります。

電力は生活インフラであることから、ライフスタイルに合わせて使用されます。朝になると電力需要は増え始め、生活や生産活動が最も盛んとなる午後の1時から3時頃にピークとなります。毎年このピークを予想して、この想定値に合わせて電力設備を建設し運転準備することになります。このピーク時間は、1日24時間の10％程度に当たる2時間半程度です。このため、冷房需要が大きい日本の場合、電力設備の平均稼働率は50％以下（1日の最小電力／1日の最大電力）となっています。

世界のどこでも課題ともなっている1日のピーク電力を下げる手段として、

　① ピーク時間の電気料金を上げて、ピーク電気使用量を低減する
　② ピーク期間（日本の場合、7月下旬から9月上旬）に工場を夏季休暇にしてもらう
　③ サマータイムなどを導入してライフスタイルを変える

④オフピーク時間帯の電気料金を安くする

など、その時代に応じたいろいろな施策が世界各国で採られてきました。電力を使用する個人、オフィスや工場など（デマンドサイド：需要側）が、電力需要量を操作（マネージメント）することが重要です。電気料金の安定化、低減化として、電力設備の稼働率を向上させるデマンドサイドマネージメント（DSM：Demand Side Management、電力需要側の管理）は、今後も継続的な課題です。

電子メーター（スマートメーター）が設置された利用者については、通信ネットワークに接続されたスマートメーターから、リアルタイムに電力使用量を把握できることになりました。

この技術を利用して、本来使用したはずの電力使用量を使用しないということで「ネガワット」（すなわち「節電」のこと）と表現し、これをリアルタイムで売買（ネガワット取引市場2017年4月に創設[注5]）が始まっています。バーチャル（仮想的）な取引なので実感をもちにくいため、例えば二酸化炭素（CO_2）排出権など、課題を明確にする努力が早急に必要となります。

〔3〕Bルート・プラットフォーム
―M2Mオープンプラットフォームを作ろう！―

(1) 世界的なスマートメーターの導入

利用者が使用する電力量を測定しているこれまでの電力量計は、機械式で現地表示であることから、検針員による定期的な検針業務が必要でした。この機械式電力量計は計量法にもとづく機器で、正確に測定できる保証期間を10年として国の検定を受ける必要があり、検定時にメンテナンスして再使用してきました。機能は極めてシンプルなことから、

▶注5　経済産業省・資源エネルギー庁「ネガワット（節電）取引市場の創設に向けて（中間取りまとめ）」平成28（2016）年7月1日、
http://www.meti.go.jp/committee/sougouenergy/denryoku_gas/kihonseisakupdf/007_05_01.pdf

第2章 スーパーリーダーによる産業別ビッグデータと次世代産業指南

製造コスト、メンテナンスコストともに安く、機械強度的にも堅牢です。

この機械式電力量計を電子化する技術開発は、1960年代に挑戦されましたが、コストダウンが進まず実用化できませんでした。1990年代の欧州では電力の市場開放政策が進み、このためのスマートメーターの導入は2005年頃から世界的な動きとなりました。

先進事例としては、2001年〜2006年にイタリアの電力会社エネル（Enel）は、イタリアの全世帯・企業4000万メーターのほとんどをスマートメーターに変更しました。日本では、2004年頃から国内メーカーのスマートメーターの開発が進み、2011年から設置が始まり、2025年頃までにはほとんど（全国合計7000万台）がスマートメーターとなります。

(2) 第四次産業革命を支える M2M オープンシステム

スマートメーターになると、電力量が分単位に伝送されます。スマートメーターを起点として、スマートメーターから電力会社（メーター管理会社）に伝送されるデータルートを「Aルート」、スマートメーターから自宅内（利用者の宅内）に設置されるHEMS[注6]などに伝送されるデータルートを「Bルート」と呼んでいます（図2-6-1）。Bルートは利用者が自主的に活用できるデータです。

利用者はこのデータを見ながら、自宅で使用している機器を制御することができます。この制御には、M2M（Machine to Machine、機器同士の接続）の技術で構成し、インターネットを介して、IoT、IoEへの展開も可能となり、これらから発生するビッグデータの処理は、クラウドコンピューティングで処理されることになります。

これを展開していくと、今後設置が検討される「M2Mオープンプラットフォーム」（仮称）を活用して、さらにシステム化することにより、ドイツが国家戦略として推進している「Industrie 4.0」となります。Industrie 4.0は第四次産業革命といわれていますが、これを支えるシステムとして「M2Mオープンプラットフォーム」が必須となります。

このM2Mオープンプラットフォームは、産業を支える生産管理シス

2.6　電力事業におけるビッグデータとイノベーション

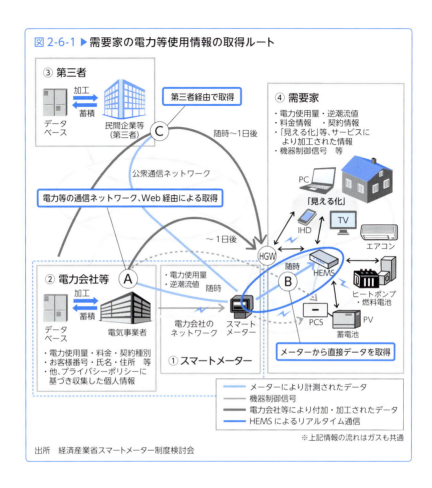

図 2-6-1 ▶ 需要家の電力等使用情報の取得ルート

出所　経済産業省スマートメーター制度検討会

テムや日常生活の生活支援システムとなることから、セキュアー（安全）で安定していることが必須条件ですので、まさに国家戦略として取り組むべき課題なのです。

〔4〕無電柱化　―400V配電線の導入―

今後、日本は一層グローバル化を推進していくことなります。その中

▶注6　HEMS：Home Energy Management System、宅内エネルギー管理システム

スーパーリーダーによる産業別ビッグデータと次世代産業指南

の1つに「観光立国」があります。日本は海外からの観光客を増やそうとしています。西欧諸国の街の景観とまったく異なり、課題となることの1つとして、電柱の存在があります。街にある電柱をなくすこと、すなわち「無電柱化」という景観を確保する施策は避けて通れません。

(1) 無線電柱化への課題

無電柱化の推進は、ケーブルを単に地中化すればよいと考えがちですが、これにはいくつもの課題があります。

第一の課題は、ケーブルを埋設する位置をどこにするか、です。これは道路という既存のインフラを使用することになるので、どこに埋設すれば合理性を確保できるのか、数十年先まで見通した都市計画として明確にする必要があります。すでに埋設されている上下水道管、ガス導管・供給管との共存が必要です。

第二の課題は、電力システムとして架空（電柱を利用している設備：柱上設備）で構成している各種機器をそのまま地中化するのではなく、地中化する建設コストを削減するために、既存システムを簡素化して、機器をコンパクトにする必要があります。例えば、電柱に設置している柱上変圧器から直に各建築物に引き込んでいる電線（図2-6-2）を、家屋の引き込み口からさらに次の家屋への引き込み口に引いていくこと（図2-6-3）とすれば、柱上変圧器の引き出し口がコンパクトになります。

(2) 電圧を 200/400V へ昇圧

これを実現するためには、各家屋（建築物）へ現在引き込んでいる電線の電圧が低下する、という課題を解決する必要があります。このためには、引き込み電線の電圧を昇圧（100/200V ⇒ 200/400V）する必要があります。これは、各建物内へ引き込まれる電線の電圧を維持するためです。

このように、引き込み電線の電圧を昇圧しますと、現在採用されている配電線電圧を6kVから例えば20〜30kV（経済計算の結果として）に

2.6 電力事業におけるビッグデータとイノベーション

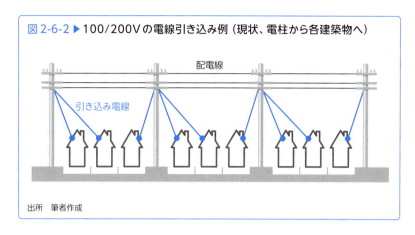

図2-6-2 ▶ 100/200Vの電線引き込み例（現状、電柱から各建築物へ）

出所　筆者作成

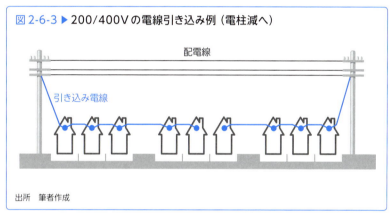

図2-6-3 ▶ 200/400Vの電線引き込み例（電柱減へ）

出所　筆者作成

昇圧する必要があります。これは、コストが高くなる地中化を少しでもコストダウンするために設備量を減らす（アセットマネージメント）ためです。世界の大都市は、すでに40〜50年かけて配電線の昇圧に取り組んでいます。

日本においても配電柱の電圧については、街づくりの観点、都市直下型地震の防災対策の観点から、経済性と効率性を詳細に検討し、適用地域も含めて国家戦略として推進する必要があります。

5 これからの電気の使い方と課題
　―電力システムのイノベーション！―

〔1〕宅内電圧100Vは日本だけ　―200V家電の推進―

　宅内での電気製品は、ライフスタイルの多様化とともに、ますます多様化しています。その機器は、ほとんどが100Vで稼働しています。日本全国の多くの場所では分電盤[注7]のブレーカーとコンセント形状を変更するだけで、一般家庭も200Vが使用できるようになっています。

　200Vの機器はパワーが大きくなりますので、例えばエアコンの効率は良くなり短時間に効力を発揮します。その他ドライヤーや台所の電気機器、風呂場の空調機器など、さまざまな家電機器も同様です。今後、電気自動車（EV）の導入が進むと、充電時間の短縮化などを考慮して宅内電圧を200V、さらに400Vに昇圧して利用することは避けられません。

　表2-6-2に示すように、世界を見渡しても、100Vをやめようとしていないのは日本だけです。ただし、いろいろな法律が関係しているため、200V機器（家電）の推進は電力会社だけでは実現できません。経済波及効果を十分に見極めながら、国家戦略事業として取り組む課題となります。

〔2〕直流家電が増えてきた　―宅内直流監視制御システムの開発―

　周知のように、パソコンをはじめスマホやタブレットなどの電子機器は、直流（DC：Direct Current）で動作しており、直流は容易に蓄電することができます。蓄電は、最近リチウムイオン電池など高効率な電池の開発が進み、軽量かつ小型になり今後も技術開発が進みます。

　家庭での電気使用量の最も大きいのは照明ですが、最近では低消費電力のLEDランプという電子機器に替わりつつあります。もはや家電機器で交流（AC：Alternating Current）でなければならない機器は存在しません。直流で発電する太陽光発電システムが多くの建物で標準装備され、電池を装備している電気自動車が普及してくると、直流システムの

2.6 電力事業におけるビッグデータとイノベーション

表 2-6-2　各国の電圧階級低圧表

		低圧 (V)		
		住宅用	商業用	工業用
欧州	ドイツ	230	230	230
			400	400
	スウェーデン	230	230	230
			400	400
	イギリス	230	230	230
			400	400
	フランス	230	230	230
			400	400
	イタリア	230	230	230
			400	400
	ノルウェー	230	230	230
			380	380
	ロシア	220	220	220
			380	380
北米	アメリカ	120	120	120
		240	240	240
			227	227
			480	480
	カナダ	120	120	240
		240	240	480
			347	600
			600	
太平洋	オーストラリア	240	240	240
		415	415	415
アジア	中国	220	220	220
			380	380
	インド	230	230	230
		250	250	250
	韓国	220	220	200
			380	380
	北朝鮮	100	100	380
		220	220	
	シンガポール	230	230	230
		400	400	400
	マレーシア	240	240	240
		415	415	415
	日本	100	100	200
		200	200	

出所　筆者作成

▶注7　分電盤：電力会社など外部からの電力線によって供給される電気を、住宅内の各部屋に分岐するための装置。ブレーカーなどを内蔵している。

スーパーリーダーによる産業別ビッグデータと次世代産業指南

導入が身近なものになります。

　宅内に直流配線をする場合に最も大切なことは、家電機器を直流で使用する直流家電機器の使用電圧を世界的に統一（スタンダード）することです。直流は、電圧を変えることが難しいのです。世界的なスタンダードが確立し、宅内に直流配線が完備されると、現在使用している家電機器それぞれが内蔵している、交流－直流変換装置が不要となります。

　宅内に、直流システムが存在することになった場合に安全性を確保するには、その直流システムを管理する公的に認定した監視制御システムというインフラを整備する必要があります。このインフラは、シンプルなIoT技術で実現できます。

〔3〕電力託送料金の低減　—電力システム改革の切り札！—

　電力システムの目的は、①安定供給の確保、②電気料金の最大限の抑制、③電気利用の選択肢の拡大、④企業の事業機会の拡大です。また改革の柱は、①地域を越えた電気のやり取りの拡大、②電気小売事業の自由化、③送配電ネットワークの利便性の拡大です。

　この改革の目的および柱の中で一番の課題となるのは、「電気料金の最大限の抑制」です。電気料金は発電コスト、送配電コスト、小売事業に必要な経費を合計したものになります。特に送配電コスト（託送料金）は、これからもインセンティブが働きにくいので、広域機関（電力広域的運営推進機関）が監視をします。この機関は送配電事業会社にインセンティブを与えて、合理化、効率化を推進していく施策が必要になります。

　例えば送電電圧の問題です。これは日本の電力設備の構築方法にあります。50Hzの地域（北海道電力、東北電力、東京電力管内）では、配電柱の一番上に横に3本の電線があります。電圧は6kV（昔はいろいろな電圧がありました）です。この電線は、配電用変電所からきています。配電用変電所には、60kV〜154kVの電圧の電気がきています。これは、1つの電力会社全体の電力使用量が増えるにしたがって、高い電圧を採用

したことが理由になっています。

　ここで問題は、高い電圧を採用した時にその前に使用していた低い電圧の設備を、新たに採用した電圧の設備にリプレースすることなくそのまま使用し続けたため、電圧階級が増え、電力の連系を難しくし、設備の効率化が遅れています。電圧を上げると、送電容量が増加するため設備量が減るのでアセットマネージメントが容易になり、メンテナンスコストが低減し、送電時に発生する送電損失も低減できます。送電電圧の昇圧（グレードアップ）は避けて通れない課題なのです。

　この課題は、電力会社がプライベートカンパニーであるためインセンティブがないこと、設備を設置する用地交渉が難しいこと、街づくりの基本である都市計画機能が弱体であったこと、という見方もあります。

6　まとめ：新たなイノベーションによって発展を

　本節では、インフラ事業の1つである電力事業を例として、事業として成り立っていく過程を時系列的に整理し、考えられる今後の課題を提案しました。電力が事業となるまでの過程は、偶然の連続のように見えますが、目の前にある不思議な現象を見出し、その現象を解明した研究者、その研究成果を実用化する技術者、ここには飽くなき努力と情熱と直向き（ひたむき）な考えが成果を生み、それらの技術を人間の生活環境の改善のため、事業化する実業家の努力を垣間見ることができたと思います。この人たちは国境を越え、いつも地球規模で物を考えていることもわかりました。

　電力技術は完成し、事業も成熟していると思われがちですが、どのような技術どのような事業にも終わりはありません。最近確立しつつあるビッグデータやAI関連技術は、あらゆる技術や事業にイノベーションを与えようとしています。電力事業においても新技術の導入によって、新事業を創出し、多種多様な新技術が今なお生まれており、これからも引き続き開発しなければならない技術もあります。

スーパーリーダーによる産業別ビッグデータと次世代産業指南

電力事業のみならず、あらゆる事業や産業においても成熟してしまったということはなく、これからも新たなイノベーションによって、事業や産業を再生し発展し続けることを読者の皆様に期待しています。

2.7 災害復興とビッグデータの活用

1 災害時における復興のサイクル

災害発生時のビッグデータの活用には、大きな誤解があると考えています。

一部の自治体や IT に関連する業界は、災害復興に最も活躍する仕組みは情報システムであると考えています。事実、多くの IT 企業が自治体と共同で災害情報システムの構築を進めてきました。情報システムは、通信ラインや電気が供給されていることを前提にして動く仕組みです。

2011 年 3 月 11 日の東日本大震災のとき、東京地区にも大きな揺れがあり、東京電力の計画停電や電話ネットワークの利用制限などが行われましたが、基本的な機能は供給されていました。したがって災害時に必要となる仕組みを考える際には、電気と通信機能の供給を前提とする取り組みが多いのも事実ですが、それらが供給されなければ仕組みは動くことができません。

このように、電気や通信の供給が何よりも大前提になる訳ですが、もう 1 つ深く考えなければならない視点があります。それはデータです。電気や通信などの供給とデータには何か関係するのか考えてみましょう。

最初に、災害とその復興のサイクルについて考えてみましょう。図 2-7-1 を見てください。この図は、私が米国ニューオーリンズ市のハリケーンカトリーナ（2005 年 8 月末に米国南東部を襲った大型のハリケーン）からの復興支援で、同市長の支援をした際に提案した資料の 1 つです。

2.7　災害復興とビッグデータの活用

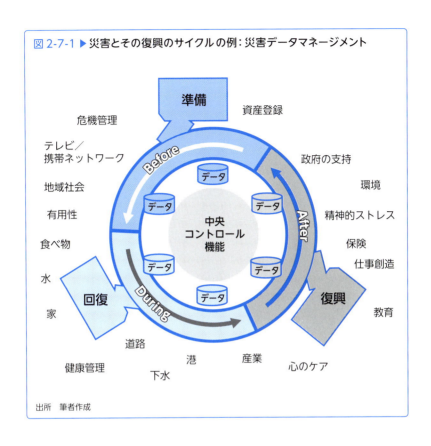

図 2-7-1 ▶ 災害とその復興のサイクルの例：災害データマネジメント

出所　筆者作成

　この資料を説明したのが2011年ですので、ハリケーンカトリーナの被害から6年目のことになります。この図では、災害発生から終息、そして次の災害の備えの時期を分類してまとめています。

　まず、全体が3つのエリア、「回復期」（During）、「復興期」（After）、「準備期」（Before）に分類されています。回復（During）とは地震や津波などの災害が起こっている時期を表しています。この時期の最初が、ハリケーンの発生時期ということになります。

　その周りに、水、食料、家などと書いてあります。これは、災害発生直後から出てくる欲しいものリスト、いうなれば市民などの現場からの要求を記述してあります。

2 復興サイクル：「回復」期 ⇒ 「復興」期 ⇒ 「準備」期

　災害が起こる時期は、1番目の「回復」期の始まりです。この図2-7-1の回復期の初期、つまり発災直後、まず食べ物の要求がおこります。もちろん同時に水も必要になるわけです。地震の余震や津波が残っていても、台風の洪水が引かなくても、食料や水の要求は待ってくれません。災害の発生から数日後であっても人は住む場所、つまり家を欲します。その後、避難所生活での体調不良や子供お年寄りの健康管理施設への要求も高まってきます。さらに時間が経過すると、道路や下水、港の修復など、救援物資の物流に必要な要求や長い非難生活に必要となるさまざまな要求が表面に現れてきます。

　物流の整備が始まるということは、その物流の仕組みがもう壊される心配がなくなってきたことを意味します。地震でいえば、余震がほとんど収まり、気象庁からも大きな被害を及ぼす余震の可能性が低くなったと発表がある頃です。

　そうなってくると人や町は、次への希望をもって2番目の「復興」というフェーズを考え始めます。

　復興期に入ると、心のケアを求める声、小学校や中学校、高校の対応といった教育、さらには復興の地での求人と人に関する要求が出てきます。その一方で、人の心や気持の要求として、精神的ストレスに関するケアの要求が生まれ、政府の保証や賠償への意識へと要求が移っていきます。要求はどんどん変化し、日々新たな要求が発生してきます。

　3番目の「準備」というフェーズは、一番落ち着いた時期だといえます。

　この時期は復興作業が続いているのですが、災害は収まり、災害復興作業は次の災害に備える準備作業に近づいていきます。わかりやすいのがインフラの工事です。東日本大震災の復興工事の中での防潮堤、防波堤の工事においても、緊急対策的な工事から、千年先を考えたインフラ作りまで多種が混在してきています。東北地方の太平洋沿岸では復興工事が続いています。それ以外にも通信やエネルギー手段の整備、緊急対

応マニュアル整備などが広く行われています。

3 3つのサイクルとビッグデータとの関係

さて、この3つのサイクルとデータにはどのような関係があるのでしょうか。

図2-7-1の最初の復興フェーズでは、最初にある食べ物が欲しいという声はまさしく命の通った人々の声であると同時に重要なデータなのです。食べ物が欲しいという声を1つのデータだと考えると、そのデータには多くの多様性、曖昧性、緊急性を内在した性格があります。命にかかわるデータなのですが、ひとつひとつにさまざまな場所や時間、量などの付加データが複雑に絡まっています。

例えば、食べ物が必要という情報も、

「XX市体育館で20人避難しており、災害発生から10時間を経過している。現場に電気は通じていないので冷蔵庫は使えない。当然、煮炊きもできないが、真冬のため水分は凍ってしまい温かい汁物の供給も必要」

など、さまざまな付帯情報が複雑に絡んでいます。

さらに、この情報の到達方法も、人による伝達や携帯電話、防災無線などの媒体の差や、市の発表や避難民の声、自衛隊からの報告など、組織的な発表内容からの責任の差も出てきます。

このような複雑で緊急でまとまらず、さらに大量に発生してくるデータがビッグデータなのです。ビッグはラージと違い大きいだけでなく、多様な要素を含んでいると先に述べました（第1章1.2節、1.3節参照）。ビッグデータを使ってビジネストレンドを把握して予測することも述べました。ビッグデータは、データの特徴であって、必ずしもビジネスデータだけを表しているわけではありませんし、災害現場からあがってくるデータも、5つのVの性格をもったビッグデータなのです。

スーパーリーダーによる産業別ビッグデータと次世代産業指南

4 ビッグデータの特徴、変化の激しい災害時データ

　災害時データでとくに注目すべきは、その変化（Variability）の激しさです。時間によるデータの変化と考えてもよいでしょう。災害現場の要求データは時々刻々と変わっていきます。食べ物が欲しいという要求項目は変わらないとしても、現場の状況や季節、地方の特性や年齢分布などによって、その要求は変わっていくのです。

　例えば、最初は何でも食べられればよいとパンが配られるのですが、パンを毎日食べられない人も出てくるので、おにぎりが必要になります。ご飯が炊けるようになると大量に作れるカレーが登場し、炊き出しが始まると豚汁が振る舞われます。

　このように、食べ物という要求項目が変わらなくても、中の詳細なデータは変化を続けていきます。図2-7-1の食べ物の右にデータと書かれているのは、食べ物が欲しいという要求をデータとして格納しているということを示しており、要求は水へと変化し、そのデータが格納されます。食べ物の要求がだんだん水に移っていることに注目してください。食べ物の要求が少しずつ水に置き換わったり、水が要求に追加されたりするわけです。前述の食べ物という要求だけでも中身の変化が起こるのですが、新たな要求項目が現れ、同じように複雑な要求内容の変化へと広がりを見せていくのです。そのたびに、図2-7-1の中心に描かれたいくつかの筒に、データが蓄積されていくと考えます。

　さて、図2-7-1の中央にある円は、刻々と変化し続ける災害関連データを常時利用できるようにしている機能を表しています。時には組織を意味し、時には情報システムなのですが、その機能は、「災害の発生から最後の準備時期に現れ変化するデータ」を常に正確にとらえ、実施の業務に反映することにあります。これは、災害とその復興のビッグデータの変化をとらえ続けることであり、被災者や救援者の声のマネジメントなのです。

2.7　災害復興とビッグデータの活用

5　災害復興と他の産業と大きく異なる課題

　災害関連のデータで、今のデータとこれから10年後使えるデータという観点で見てみると、そこには他の産業とは違う課題が見えてきます。

　「災害支援情報システムのようなものは電気と通信がないと意味がない」と先に述べましたが、災害関係のデータで重要なのは、時間の経過を意識したデータのマネージメントとコントロール機能なのです。

　中央政府や市役所、県庁、防災協議会から被災現場に情報伝達することに集中した災害情報システムは、電気と通信を潤沢に使える人々が被災現場に向けて、一方的に発信する仕組みです。

　本当に重要なのは、双方向の意思疎通「情報を現場から収集し 中央に蓄積し現場で利用する仕組み」なのです。

　現時点での災害対策情報システムの中に、この観点でつくられた仕組みは極端に少ないといえます。東日本大震災発生直後、日本IBMと米IBMで、即座に50名の震災合同対策チームができ、多くの世界のIBMの人たちも支援に入りました。しかしこの中でも、天災を数多く体験し、その多くが町から車で何時間もかかる所で生まれ育ったアメリカ人と、地方といっても近代化された町に住み、何でもお金とシステムで解決できる日本人の考え方の差が大きく出たのです。

6　発信しつづけたアメリカチームと、ソリューション作成の日本チーム

　この時私は、アメリカ人チームの日本のリーダーとして働きました。副社長クラスから現場のエンジニアまでいましたが、アメリカ人の発想は至極単純で、"とにかく何が起きているか知ろう"でした。米国IBMのスマートシティCTO（チーフテクノロジーオフィサー）のコリン・ハリスンは、その高い役職にも関わらず、即座にアメリカへの帰国停止宣言をし、仙台のホテルにたった一人で移り住みました。まったく日本語

スーパーリーダーによる産業別ビッグデータと次世代産業指南

はできません。

毎日毎日日本IBMの仙台事業所に出社して、そこから全世界に、自分で歩き、見て、聞いたことを英語で発信し続けました。その結果、多国籍のチームが得意な範囲で支援をしていくことができました。

東京にいる日本IBM社員のチームは、さまざまな企業と共同で災害ソリューションを昼夜作り続けていました。その結果として、例えば、洋上発電システムであったり、津波の到達予測システムであったり、半年後にはかなりのボリウムの震災対策ソリューションがまとまりました。

日本人は、ソリューションという"物"を一生懸命考えていました。一方、アメリカ人は、起きている"事"を考えようと"データ"を集めようとしていました。

このことの良し悪しや結果については、さまざまな意見があるので割愛しますが、現時点での日本の災害対策には、どうしても日本中で災害対策システムと呼ばれる"物"が作られますが、"データ"を集めることがもっと重要だと感じます。

7 日本に求められるビッグデータ利用の意識改革

現在と10年後の災害対策システムや災害対策そのものに関して、日本では、データを体系的かつ理論的に集めて利用する発想や仕組みはあまりありません。一方で、ヨーロッパやアメリカで取り組まれている、画像処理や解析に使う多種多様のセンサー類をつなぐという考え方は、データを集めることに主眼を置いたもので、安全安心のエリアに数多く実施され適用されているのも事実です。

この分野でも、物を追い求める日本と、情報つまりデータを追い求める西側諸国の姿勢の差が浮き彫りになっています。このままでは、10年後の日本においては西側諸国で作られた"データを集め、高度分析する仕組み"がたくさん輸入され、国内や、日本が手掛ける国外の現場でも稼働しているようになるのではないかと感じます。災害とその対策シス

2.7 災害復興とビッグデータの活用

テムについては、日本としてビッグデータの利用について政府レベルばかりでなく、企業レベルでも真剣な意識改革が必要であると感じています。

8　10年後を見据えたビッグデータによるビジネスチャンス

〔1〕災害時のデータに関連するビジネス創出の可能性

　10年後を見据えた災害対策や復興に貢献できる皆さんのビジネスチャンスは、ずばりビッグデータもしくはデータに注力した仕組みであると断言できます。データ関連にはその収集、転送、分析、対策などのビジネスもありますが、一方ではそのデータを抽出しやすくしておくという、準備（Before）の時にしかできないインフラビジネスもあります。電力業界や通信業界はデータそのものではなく、データをうまく集められるようなインフラに対して巨額投資を行っていますが、災害時のデータの内容そのものに関するビジネスは、多くの人や企業はあまり行っていません。

　避難所の食料需要の把握から始まってボランティアのマネージメント、災害物資の物流調達、政府民間の支援グループの資産管理、緊急時に目的転用できる建物、また食品業界であっても、適切な保存期間や、地域特性や地域住民の好み、年齢、季節などというデータを的確に考慮した保存食品の開発など、その適用エリアの大きさは計り知れないと感じます。

　データといっても、図2-7-1に示した準備（Before）、回復（During）、復興（After）という復興サイクルのどの時点で使うかという、時間とデータに関する考慮も重要です。地震が起きると、支援物資が瞬間的に送られ多くの食料が腐る。数年経つと、送られてくる食料も減り、被災者は再び生活の厳しい現実に直面する、という事態を避けるために、発災時に使うもの、発災から1年後に使うもの、4年後に活かされるものなど、時間差での貢献も視野にいれて考えることができます。

　町のビジネスと他のビジネスとの大きな違いは、その幅の広さにあります。いくら電気産業や自動車産業が大きいといっても、町のビジネス

IoT時代のビッグデータビジネス革命　　**195**

スーパーリーダーによる産業別ビッグデータと次世代産業指南

はそれら全部を含んでいます。日本のほとんどの業種の方が町のビジネスに参入できると思います。皆さんの業界において"遠い"と思ったとしても、ぜひ、柔軟な発想で、新規ビジネスの創出をしてください。

〔2〕7年を超えた東日本大震災の姿

2018年2月、再び石巻、雄勝、東松島、仙台、名取、岩沼、新地、相馬、南相馬と復興の地を歩いてきました。6年11ヵ月経って一番強く感じたことは、人の心を首長が受け取り、適切な対策を迅速に打つ能力の差が大きく、町の再建に差を生み出しているということでした。システム的な表現で言い換えると、住民の要求データをうまくマネージメントして迅速にアクションを起こす力、ということになります。

ある町などは、海岸付近の住民を高台の新しい場所に移すのに、津波で流された町の家々の集まりを再現し、向こう三軒両隣を移設地に再現していました。この町では、この手法を住民との会話で丁寧に編み出したそうです。また、ある町ではそれがうまくいかず、宮城県名取市の場合は、海岸付近の住民を高台の新しい場所に移すのに、津波で流された町の家々の集まりを再現し、向こう三軒両隣を移設地に再現しました。この町では、この手法を住民との会話で丁寧に編み出したそうです。

一方で、被害にあい集団移転したある町では、震災以前の住民の生活や状況の把握がうまくいかず、もとの区域内と新規近隣区域との関係に難しさを生じてしまったところもあります。

人の心もデータとして扱え、会話の言葉もデータです。これらのデータを収集して分析し対策の方針を決めるのが市長や町長で、それを実行に移してあらゆる観点で対話と出されたアイデアを積み重ねて町作りをしていくのが、市の職員と住民の協力であると感じました。

最後に、東日本大震災の場合には、図2-7-1に示すような輪の上に、突然、原発事故という重い輪が重なってしまいました。そのため、輪が図2-7-1に示すような単純なモデルにはなっていません。それに加えて、首長の違いがさらに違う大きさや形やスピードの輪を作っています。そ

2.7 災害復興とビッグデータの活用

の結果、データ利用についても大きなバラツキを起こしているのが現状です。この非常に複雑な災害復旧モデルでの日本の知恵は、形は変わっても人の気持を理解して対策を講じるという観点から、海外のビジネス展開に向けた、日本の大きな知恵の礎になると確信しています。

IoT時代のビッグデータビジネス革命

第3章

ビッグデータビジネスを支える"知恵と教育：究極の成功例"

第3章では、戦略的な人間作りを説明しています。ビッグデータもIoTも、所詮は人間の使う道具です。ビジネスは道具だけでは成り立たず、人がいかに戦略的にそれらを使えるかで決まります。ここでは、組織をリードする"知恵の力""教育の力"について、どう成功したのかを紹介します。

第3章 ビッグデータビジネスを支える"知恵と教育：究極の成功例"

3.1 成功例1：日本の半導体の生き残りの戦略
―企業における技術者教育に対するアプローチ―

1 日本の半導体会社の統合が始まった

　大型コンピュータの心臓部に使われて隆盛を極めた日本の半導体も、時代の流れの中で次第にその競争力を失っていきました。そうした中で、半導体の各社は赤字経営に苦しんでいました。それまでは、ルネサスの前身として、日立製作所と三菱電機という総合重電企業の一部門として半導体を作ってきました。世の中の変化が激しくなるにつれて、半導体も徐々に経営のスピードを上げる必要に迫られ、2003年4月1日付けで日立製作所と三菱電機の半導体部門が統合し、従業員2万7,000人、売上高9,000億円の半導体専業メーカーとして「ルネサステクノロジ株式会社」が誕生しました。その後、世界では大規模な半導体会社のM&A（企業の統合・買収）が行われています。

　さらに状況は厳しくなり、経営基盤の強化を目的として7年後の2010年4月1日付けでNECエレクトロニクスと統合し、社名を「ルネサスエレクトロニクス株式会社」と改名しました。

　これが日本の半導体の生き残りの戦略です。スマートシティや自動運転の世界において半導体は、その心臓部といっても過言ではありません。図3-1-1に、このルネサスの企業統合（ブランド名:RENESAS[注1]）の流れを示します。

2 半導体会社統合の過程で何が起きたのか！

　ルネサスエレクトロニクスは、3社が一緒になったわけですから、仕事のやりかたを早く統一して決めないと、お互いが従来通りのことを

3.1 成功例1:日本の半導体の生き残りの戦略

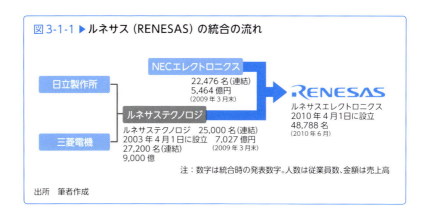

図3-1-1 ▶ ルネサス（RENESAS）の統合の流れ

出所　筆者作成

やっているだけでは仕事がまったく進みません。会社の全体像もわかりません。早くしないと統合した意味がないのです。そこで、まず業務ルールをどうやって統一するかということで、いろいろな分野で話し合いが始まります。統合は対等な統合なので、次のような話し合いが始まります。

「そちらはどういう考えでどのようにやっていますか？　こちらはこうやっています」という形になります。その結果、多くの場合「こちらのこれはいいと思うのですが、そちらのそれもいいですね」となり、結果は「いいとこ取り」になります。

実はこれがよくないパターンです。何が問題かというと、あるべき姿が欠落しているのです。世界で戦うためにどうあるべきなのかという考えで進めていかないと、その形を実現できません。私たちは、ルネサスのビジネスプロセスの統合を実現するRIPD[注2]を構築するにあたって、最初に考えたのはそのことです。

さらに、「世界で戦うためのあるべき姿」を追求すると、大きな課題が

▶注1　会社のブランド名の「RENESAS」は、Renaissance Semiconductor for Advanced Solutions の結合語。

▶注2　RIPD: Renesas Integrated Product Development、ルネサスの製品統合開発手法

ビッグデータビジネスを支える"知恵と教育：究極の成功例"

2つあることに気づきました。
 (1) それぞれの人や部門の独特の仕事のスタイルにこだわらず、統一した「あるべき姿」の意思決定や設計プロセスを作る必要がある。
 (2) その作り上げた仕組みを、徹底して運用していく必要がある。

次に、どのようにしてあるべき姿を作り徹底していったのか、当時を振り返ってみましょう。

3 全社を巻き込んだ巨大プロジェクトが始まった

【背景解説】この問題を解決するために、当時米国で広まっていたIPD（Integrated Product Development、統合された製品開発）という手法を参考に、コンサルタント（以下コンサル）を雇って進めるという形でプロジェクトの提案がなされ、それをルネサス流にアレンジするということでプロジェクトがスタートしました。もともとIPDという手法は、米国が日本に半導体競争で負けた結果、日本の経営手法を研究して作り上げた、ある意味で日本の手法なのですが、多くの人はアメリカの手法と思っていました。

〔1〕IPD（統合された製品開発）の勉強会から

社長：「新会社（ルネサステクノロジ）は2社の業務ルールを早急に統一しなければならない。会社の財務とかは、とにかく急がなければならないがこれも緊急課題だ。ただし、業務ルールは統一することだけが目的ではない。きちんとしたものを作りたい。例としてIPDを勉強してやってみたらどうか」

このような社長の声をもとに、各事業部を中心にIPDの勉強会が始まりました。しかし内容を聞いてみると、それは実行するのがすごく大変そうな印象を受ける仕組みで、そこから先になかなか進みませんでした。

社長：「みんなに急げと言っているが、緊急の統合作業で忙しいのでなかなか業務ルールの統合は進まない」

事業部長：「これは思った以上に大変な仕組みだ。この統合時に、これ

を実行するのは大変なことだ。コンサルが入ってきてガンガン進められたら、他の仕事も多く大変なことになる。今までは自分で決めていた。以前より手間がかかるようになる」

それゆえ、次の一歩が踏み出せないでいました。

そこで社長から、このような事情に明るい私（関口）に相談がありました。

社長：「関口よ、どうする？ みんな直近の統合作業が大変で手がつかないのだろう。それに業務のルールは、現場が考えないと失敗する。これはトップダウンでなく、みんなに考えさせたい。急ぐが拙速に走りすぎてはならない」

関口：「まず将来を考えて、一番やらなければならないM事業部を重点事業部として進め、後は展開すればいいと思います。M事業部長のAさんは今反対していますが、彼の言い分をよく聞きましょう。'急ぐが拙速に進めてはならない'という社長の言葉をかみしめながらやります。最初に会社の精鋭を集めて何が新会社の問題かを議論し、さらにその対策も考えさせて、RIPDが本当に必要かみんなで考えて結論を出して、それから一気に進めましょう。みんなアメリカの手法だと誤解しているので、よけい抵抗が強いのです。プロジェクトの推進のためには、強力な推進リーダーとサポート体制（PMO：Project Management Office）が必要です」

社長：「わかった」

そして…… 何日か後、

社長秘書：「関口さん、Aさん、社長がお呼びです」

社長：「RIPD（ルネサスの製品統合開発手法）を行う。M事業部を重点事業部にする。PJのリーダーは、M事業部のMとする。関口はPMOとしてMをしっかりサポートするように。コンサルは必要かどうか、自分たちで考えること」

社長室からの帰り道……。

ビッグデータビジネスを支える"知恵と教育：究極の成功例"

A：「関口さん、これで覚悟が決まりました。実行するからにはしっかりしたものを作りましょう」

そして何日か後に、事業部長のAさんから「RIPDに関するAメモ」が発行され、それは後に仕組みの骨格に盛り込まれました。

次は、コンサルの導入でまたもめました。コンサルは費用がかかります。

多数：「なぜ自分でやらないのか、コンサルにわかるのか」

関口：「コンサルは黒子型を採用する。彼らは自分たちでも実証している。我々は考えをもっている。コンサルに惑わされない。彼らのグローバルに通用する力と時間を買うのだ」

このように全社を巻き込んだ巨大なプロジェクトを開始すると、次から次と難問が降ってきます。

「これを実行した結果の効果はどうなるのだ」

「こんなものを作って本当に運用できるのか」

「先端技術を使った製品は金がかかるのだ。それを単純に儲かるか、儲からないだけじゃないんだ」などなど。

そして今度は現場の声を聞くと……。

設計者：「関口さん、やめてくださいよ。RIPDを行ったらまたいろいろな資料作りが増えて、現場が一番大変になるんですよ。関口さんは、ずーと一緒にやってきて一番よく知っているじゃないですか」

関口：「わかってる。必ず現場の役に立つものを作るから」

設計者：「今までいろいろな仕組みが作られて散々苦労してきましたからね。結局、最後は設計が大変になるんですよ」

関口：「これは、現場を助ける仕組みなんだ。それを作らないといつまで経ってもリソースはない、現場の残業でカバーしろで終わってしまって、結局開発が遅延するという結果になる」

しかし、事業部長も現場の声も、よく聞いていくとこれらの話は、経

営レベルの対応が必要ということにつながります。ある意味、PMI（Post Merger Integration、M&A 実行後の統合プロセス）で、今まで、それぞれの会社でやれなかったこと、やり切れなかったことを行うチャンスです。PMI は、そういう意味ではチャンスでもあるのです。単なる仕組みを作ればいいという話ではありません。そのとき事業計画部をけん引しているOさんが、「関口さん、これは事業部改革になります。約束通り開発計画を履行しているプロジェクトリーダーを評価してあげたい。一緒にやりましょう」と名乗りを上げてくれて、大きな味方についてくれました。このときプロジェクトの目標もはっきりしました。

　こうして、あるべき姿の「お客様に予定通りサンプルを届ける」、そして2つの会社が一緒になるPMIを達成すべく、プロジェクトがスタートしました。

〔2〕RIPDのプロジェクトがスタート

　まず、各組織から部長級の精鋭が集められました。そして2カ月間徹底的に「我が社の問題点とあるべき姿」についてワークショップが開かれました。最初は、「何のために呼び出されて何をするんだ」というメンバーでしたが、徐々に真剣な議論になっていきました。そしてこの議論を通じて、今までライバルだった会社の深部を知ることになり、徐々に1つにまとまってきました。そして3カ月後には「自分たちの会社のあるべき姿のRIPDを作るんだ」という結論が出され、正式にプロジェクトのスタートが切られました。

　現場の声を反映するために、重点事業部の部長級をアサインしてRIPDのプロセスの詳細設計が開始されました。まさに、「自分たちの業務プロセスを自ら作る」ということです。さらに、これらの結果を実際の製品に適用してみてどうなのかという「パイロットラン」を徹底して行いました。それらの結果は、社長に定期的に報告されました。

社長：「いいじゃないか、思った以上だ。現場が変わる気がする」という

ビッグデータビジネスを支える"知恵と教育:究極の成功例"

社長の言葉が大きな推進力になりました。
　それでもまだまだ反論は続きます。
反論:「選ばれた製品は、そりゃーうまくいくよ。でも、それ以外が犠牲になるんだ」
　そうした声を拾いながら「RIPD journey」は続きます……。そして次は、重点事業部から全社展開へとなり、Oさん(前述のOさん)が事業部を引っ張って展開を進めました。ここでもまた、「RIPDを行うと何がよくなるんだ」という議論が起こります。このときOさんが「関口さん、執念、執念ですよ。そしてとにかく継続することですね」

　プロジェクトを進めるのは、「あくなき執念と継続する力」です。その後も、いろいろなことがあるたびに形が崩れたり、違う方向にいったりします。それをまた元に戻したり、工夫を加えたりして進めます。
　最初は2社の統合(ルネサステクノロジ)から始まった話が3社(ルネサスエレクトロニクス)になり、さらに難しくなりましたが、PMIとして作り上げたあるべき姿RIPDに向けて議論が集中しました。その中で事業部をけん引したOさんが昇格し経営の幹部になり、今まで作ってきたRIPDがぶれずに会社の中核の仕組みとして定着していきました。
　会社の統合は簡単ではありませんが、このような経緯を経て1つの姿としてあるべき姿にまとまっていく、まさに「PMI Project X」なのです。

4 何をどうやって作ったのか(手法解説やセオリー)

　反対の声も聞きながらではありましたが、一方で動き始めたプロジェクトは何から手を付けるかが重要です。

設計者:「何からやればいいんですか?」
関口:「まず、自分たちの今やっている仕事をきちんとした形にまとめるんだ。それは自分たちでやらないと駄目だよ」

3.1 成功例1：日本の半導体の生き残りの戦略

設計者：「そんなこと言ったって、我々時間がないですよ。めちゃくちゃ忙しいし、今までだってそういうことはしたけど、結局途中から誰もしなくなって、中途半端で役にたたなくなっちゃうんですよね」

関口：「わかってる。だから今度は、君たちが考えてそれを実現する部隊を作るんだ。それが設計支援部隊（略称、設援：せつえん）というものだよ」

設計者：「設援？ なんですかそれは？ またそんな管理部門作っていろいろ管理されるのいやですよ」

関口：「設援というのはね、まず設計者が自分のことをしっかり考えるんだ、それを忙しい設計者に代わって実現していくんだ。管理部門じゃないんだよ。費用も、設計部門に間接費として配賦するんじゃなくて請負といって一件、一件設計者が発注するんだよ。したがって、設計がいやだと思ったら発注しなければいいんだ。そうすれば費用が発生しない。だから設計が望まなければ、巨大な管理部門ができないという仕組みなんだ」

設計者：「それいいですね。今までと変わるような気がする」

関口：「わかってくれたら、じゃあちゃんと自分たちの仕事の手順をまとめてみて」

数日後……。

設計者：「関口さん、どうですか？ これで」

関口：「これだと、手順だけだろ、何をインプットにして、何をアウトプットにするの？ それから作業をするとき、いろいろな規格を見たりするだろ。そういうのも明確に記述するんだ。そうすると誰もが間違いなく仕事ができるようになるんだ。それが標準開発手順[注3]というものだよ」

設計者：「わかりました。そう書きます」

▶注3　標準開発手順：まず業務を順番通りに記述して、それぞれの作業に必要な入力ドキュメント、アウトプットドキュメントを定義して、必要な規格類をリンクで貼り付け、作業実績を記録したもの。これをITの仕組みの中に格納したもの。

第3章　ビッグデータビジネスを支える"知恵と教育：究極の成功例"

そして数日後……。
設計者：「関口さん、どうですか？　これで」
関口：「そう OK。これを Excel のシートにまとめて、参考にする規格とか、インプット、アウトプットのテンプレートを全部リンクで貼り付けるんだ。大丈夫、忙しいんだろ、これから先は設援でやるから。そうするとホラ、'探す'という手間が省けるだろ。これは結構大きいんだよ。よく規格とか探していないかい？　じゃあそうやってできたものを次に図 3-1-2 に示すね」

関口：「これはだれでも考えるんだけど、その時プロジェクトとかで作ってその後メンテされなくて使われなくなることが多いんだ。それをきちんとサポートするのが設援だよ」
設計者：「それは助かります。でもあくまで自分で考えるんですよね」
関口：「そう、それが、大事！」
設計者：「うーん、いいかも！」
関口：「そうすると他の人も参考に見やすくなるよね」

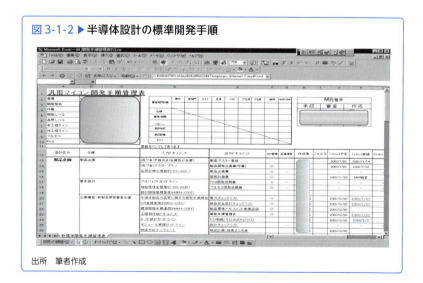

図 3-1-2 ▶ 半導体設計の標準開発手順

出所　筆者作成

5 仕事の仕方の整理と業務の仕組みづくり

〔1〕RIPDの考え方とその完成

関口：「企業の中には、それぞれが独自の仕組みをもっている。それが統合時の立ち上がりのスピードを鈍くするのにつながっている。会社は、経営者が変わればやりかたが変わる。しかし、製品開発のやりかたは基本的には変わらない。そこに不変なものを作り上げるのだ」

設計者：「またまた関口さん、面倒なものお断りですよ。今でも大変なんですから、わかってますよね」

関口：「我々はよく書類が多い、会議が多いと言っている。でも一番問題なのは、書類に一貫性がなく毎回要求に合わせて書類を作り変えていることだ。何回も違う人に同じ説明をするために、何回も会議をやっている。そういうことがごっちゃになっているのだ」

設計者：「そうなんですよ。もう同じ説明を部署の人が違う度に何回も説明するんですよ。あまり関係ない人も一応呼んでとかもありますよ」

関口：「今度作るRIPDの考え方はまず、上位職制の人たちが自分が判断するのに必要な項目を網羅してテンプレートを作る、これを最初から最後まで段階的に精度を高めていくんだ。よくいう資料が多いとか少ないとかでなく、必要か必要でないかで決めるんだ。これはPM（Project Management）で段階的詳細化というんだ。PMは重要だから、みんなこれからは勉強してもらうよ。何回も会議を開かなくていいように、関係者（これはクロスファンクショナルチームと呼ぶ）を一堂に介して一回の会議で行うんだ。もちろん実務者の打ち合わせはするんだよ」

設計者：「めんどうくさそー」

関口：「最初はそう思うけど、多くの人を集めるのは設援の人がやってくれるし、いろいろサポート付きだよ。みんなで集まって、設計が提案する新製品開発を行うかどうかきちんと決めるんだ。今までのように'誰がこんな製品を作ったんだ！'なんてことをなくす仕組みだよ。それをDCP（Decision Check Point、決定チェックポイント）というんだ。それ

第3章 ビッグデータビジネスを支える"知恵と教育：究極の成功例"

ぞれがその開発に対して、DCPの場で実行することを約束するんだ。そうすると、みんなの協力が得られやすくなるだろ」

設計者：「やってみるかな」

関口：「わかっていると思うけど、RIPDは新製品の開発をお客さんの要求に合わせて、予定通り実行するのが思想だよ。できるかい。何が一番ひっかかる？」

設計者：「それはリソースでしょ、いつも人がいないのに頑張れと言われて、無理やり日程を約束させられてヒーヒー言って、それでも大体遅れますよね。みんなわかっているんですよ」

関口：「そう！そこが一番問題。だから、RIPDはリソースを担保するのは上位職制のIPMT（Integrated Portfolio Management Team、戦略的業務改革計画の順位付けおよび最適化チーム）の役割なんだ。このチームは部長以上の各組織の代表者だよ。だからRIPDは上位職制にとってとてもきつい仕組みなんだ。残業で頑張れと言えなくなるんだ。だから君たちも正直に言わないと駄目だよ」

　こうして、ようやくRIPDが完成しました。パイロット（製品とチームを決めて試行）を何回も重ねて、さらに違う部門に展開するときも、またパイロットを実施して徐々に展開を進めていきました。それを1つの形で表現したものが次の図3-1-3です。

関口：「RIPDは、新製品の開発をいかにうまく行うかという仕組みであって、会社の経営の手法ではない。これを実行すれば新製品の開発はうまくいくが、会社の経営手法ではないということを混同しないようにしなければならない」

〔2〕リソース（人）の問題解決への道

　さて一番の悩みの、人の問題なりました。リソースの問題は、どこの企業でもわかっていてもっともできないことです。そして安易に残業でのカバーなどに逃げてしまいます。

3.1 成功例1: 日本の半導体の生き残りの戦略

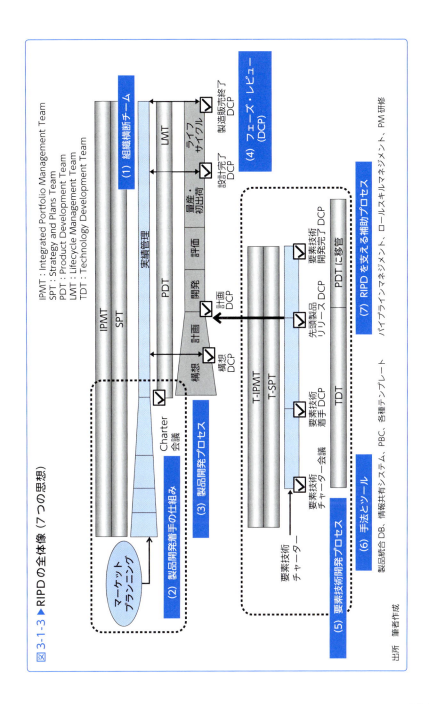

図 3-1-3 ▶ RIPD の全体像（7つの思想）

出所 筆者作成

IoT時代のビッグデータビジネス革命

ビッグデータビジネスを支える"知恵と教育：究極の成功例"

設計者：「結局人がいないんですよね。実行することは多いし、なんか設計とかと関係ない仕事も多いんですよね」
関口：「それだよ！そこに全部ヒントがあるんだよ」
設計者：「？？？？」
関口：「結局、新製品開発を日程通りに仕上げるとしたら、リソースがなかったらできないんだよ。リソース対策は製品を絞るか、人を増やすしかない。ああ、もう1つあった。設計とかに関係ない仕事とか設計者に代わって、他の人ができる仕事を整理してそれを設援の人がやり、設計者は本来業務に集中するんだ」
設計者：「そんなこと関口さんに言われなくても……」
関口：「それをはっきりさせることが大事で、そこから逃げちゃ駄目なんだよ」

　そこで、まず会社の方針として「日程通りに仕事を仕上げる」ということを決めました。そしてリソース対策は、会社の上位層の仕事であるという認識を強くもたせるようにしました。その結果、リソース問題は前もって手を打たなければ、その場では対策できないということと、製品の絞り込みの重要性の再認識という考え方を強く打ちだし、対策を考えました。

　また、設計者の間接業務を行う設計支援部門を強化するという取り組みを実行しました。このとき、設計者の本来業務従事率を取ってみました。なんと55%という数字が出ました。これを設計支援部門の強化によって85%にしました。まずリソース問題を考えるために、上位職制を動かし取り組みを開始しました。

上位者：「まず、現状をどうやって把握するかだ。技術者の状況を把握するのは難しいがやって見よう。」
関口：「まず、'ロール・スキル'[注4]の定義を自分たちで記述する。これが一番難しいがこれができれば後はなんとかなる。ベテランの人たちに

ロール・スキル定義をさせて欲しい」
上位者:「わかりました」

〔3〕ロール・スキルの定義とマネージメント

　まず、会社の中の技術者のすべてのロール（役割）を定義します。同時にそのロールに必要なスキル（技術）を定義します。この作業は、現場を中心に行います。それを5段階で評価をできるようにします。この定義書に対して、このスキルを上げるためには何の教育を受ければよいのか、ということを関連付けてリストアップします。これで本人は、自分のロールを意識して、足りないスキルを定量的にレベル把握ができます。

　さらに、どの教育を受ければレベルを上げることができるのかが明確になります。そして目標管理と結び付けます。上司との目標管理面談で自分のレベルを把握して、「今期はどういう勉強をしてどこのレベルを目指すのか」が、目標管理面談で話し合われるわけです。ここで、学習に対する動機づけが行われます。スキルというのは、業務の目標を達成するための必要条件です。十分条件ではありません。

　したがって、まず業務の必要条件を満たすために、目標管理面談でスキルの話し合いをすることが重要なのです。この部分が、教育を会社の実績に結び付ける重要なポイントとなります。まず対象者は、この流れで自分のスキルを定量的に把握し、何を勉強するかを明確にし、上司との面談で教育計画を立てるという流れでスキルアップをはかることになります。これらの結果は、組織的にも分析され、組織の問題としてもスキルアップを捉えることになります。また、必要なスキルアップする教育が存在しない、あるいは内容が不一致という問題も顕在化します。こういった点をつぶすことによって、しっかりした社内教育システムができ上がっていきます。

▶注4　何かをする役割がロール、それを実行するのに必要な技術がスキル。

ビッグデータビジネスを支える"知恵と教育：究極の成功例"

上位者：「結構いい形でできましたよ。一部に定義に対する不満はあるようですが、それは修正していきます」

関口：「これは第一歩で、大事なことは上位者が次の事業に対して事前に必要なロールを示して、それのスキル定義をして、人材をそれに向けて育成していなければ永遠にリソース問題は片付きませんよ。今のリソース問題は、それをやらなかったせいですよ」

上位者：「はい。それが大事ですね」

図 3-1-4 に、筆者の考える一般的な人財育成モデルを示します。

〔4〕縦方向と横方向のキャリアパス

ここで少し、筆者の余談をひとつ。キャリアパスはどう作られるかについての話です。

通常、会社のキャリアパスは大体大きな流れが決まっていて、その流れに従って教育されたり、昇格したりして決まっていきます。しかし現実は、そういう決まりきったコースとは違ったことがおおいに起こります。そこでキャリアパスをどう考えるかというと、「縦のパスでなく横のパスの重要性」です。

キャリアパスは、縦方向（例：設計メンバー⇒設計チームリーダー⇒設計ライン長⇒事業部長のようなパス）で考えられますが、縦のパスを経験しながら重要なことは、横のパス（例：プロジェクトマネージャ⇒専門職⇒部門マネージャなど、ほかに営業経験、海外経験）です。もちろん縦のパスでの深い技術は基本ですが、多くのキャリアは横のパスで作られます。あるいは言葉を変えて言えば、縦のパスはわかりやすいので、あまり意識をしなくても自然体で作られます。キャリアパス設計をしなくてはならないのは横のパスです。ここが、なかなか計画的には行われません。

例えば、よく企業で言われる「玉突き人事」です。誰かが何かで変わらなくてはならない。その後任は？ そしてまた次の後任は？ というように席を埋めていくやり方です。こういうやり方では、健全なキャリア

3.1 成功例1：日本の半導体の生き残りの戦略

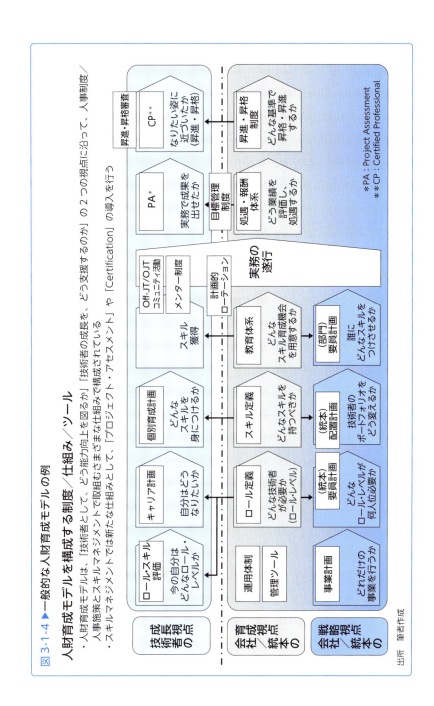

図3-1-4 ▶ 一般的な人財育成モデルの例

出所　筆者作成

第3章 ビッグデータビジネスを支える"知恵と教育：究極の成功例"

は形成されません。語学力についてもなおさらです。これからのグローバル化を考えたら、英語の力は仕事をするうえで必要条件と考えなければなりません。したがって、これについても、計画的に養成されなければなりません。その職責に必要な英語力を基本として、その英語力をどうやって身につけるかを、きちんと設計されているかということです。一般的な人財育成モデルにおけるキャリアパスの例について、図3-1-5に示します。

6 PM（プロジェクトマネージメント）研修の導入

設計者：「関口さん、業務プロセスの仕組みはできたんだけど、それを運用したり、マネージメントしていくのはどうするんですか？」
関口：「そう、実際は運用が大事なんだよ。まずそのために、みんなにPMの勉強をしてもらう。結局、仕事をマネージメントしていくためには、PMのスキルが大事なんだ。今までPMの勉強はしたと思うけど、実際の業務とつながっていない形での勉強が多いので、今度は完全に業務と密着した形でPMを勉強してもらう。また今まで、みんな面倒だと言っていたPMBOK（Project Management Body of Knowledge、プロジェクトマネージメントの方法やノウハウを体系化したもの）を勉強してもらうよ」
設計者：「何ですか？ PMBOKって。また面倒くさいのを押し付けるんでしょ。いやですよ。忙しいんだから」
関口：「PMBOKというのは、PMの世界の共通語なんだ。これをマスターしないと世界中のメンバーと仕事をするときに困るんだ。だからこれからはこれを採用する。でも大丈夫、わかりやすく研修をするから。そしてPMBOKとRIPDをセットにして勉強していくんだ」

こうしてPMBOK準拠のPM研修がスタートしました。社内でPMP（Project Management Professional）資格取得者が講師になり、カリキュ

3.1 成功例1:日本の半導体の生き残りの戦略

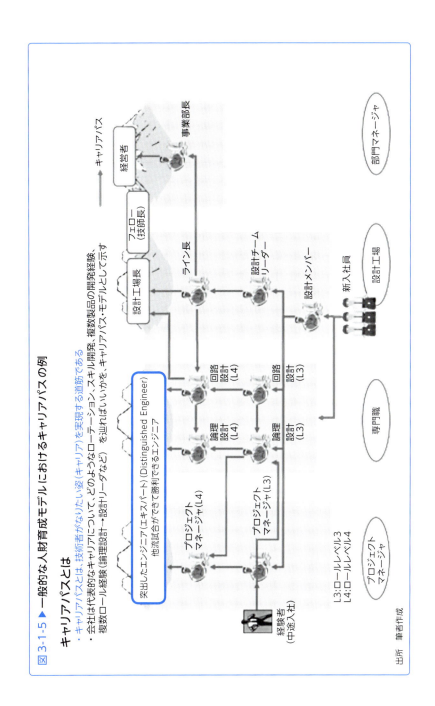

図3-1-5 ▶ 一般的な人財育成モデルにおけるキャリアパスの例

キャリアパスとは
・キャリアパスとは、技術者がなりたい姿(キャリア)を実現する道筋である
・会社は代表的なキャリアについて、どのようなローテーション、スキル開発、複数製品の開発経験、複数ロール経験(論理設計→設計リーダーなど)を辿ればいいかを、キャリアパス・モデルとして示す

出所 筆者作成

IoT時代のビッグデータビジネス革命　217

ビッグデータビジネスを支える"知恵と教育：究極の成功例"

ラムを作りあげました。そして、全員教育がスタートしました。
設計者：「関口さん、僕らはいいんですけど、上の人がちゃんとやってくれますかね？」
関口：「そう、この仕組みをきちんと運用するのに上位職制がきちんと理解して行うことが最も大事。とくに、リソースを担保するのは上位職制の大事な仕事ということをきちんと理解してもらえないとうまくいかない」
上位者：「えー教育ですか？　関口さん、言われたことちゃんとやりますから大丈夫ですよ。若いのをしっかり教育してください」
関口：「駄目！　上位職制が一番大事な仕組みです。しっかり勉強しましょう」

7　顧客バリューを重視したマーケティング活動

　こうして「新製品を計画通り開発する」仕組みは、あるべき姿に基づいて策定され、運用を徹底する活動に入りました。そして次は、限られたリソースを有効に使うために製品の絞り込みを行うためのインプットコントロールを実行するマーケティング活動のあるべき姿と運用です。
設計者：「いつまでたっても仕事は減らないし、いくらやっても人が足りないんですよ」
関口：「そういう状態だと、いつまでたってもリソース問題は片付かないし、設計者は楽にならない。そのためには、マーケティングをしっかりやって、やるべき製品を決めていかないと変わらない」
設計者：「そうですよ。関口さん、マーケティングにも頑張ってもらわないと……」
マーケティング部門：「顧客バリュー（Value）をもっと重要視しないと、折角 RIPD で予定通り開発が完了しても、想定した利益は得られない」
マーケティング部門幹部：「シェアアップに苦しむ、海外販社マーケティングの強い要望もある。顧客バリュー起点でのマーケティングの重要性

3.1 成功例1：日本の半導体の生き残りの戦略

を再認識し、マーケティング改革を進めよう」

こうしてマーケティング改革がスタートしました。

日本は、海外に比べるとマーケティングが弱いと言われています。そもそも過去の日本の半導体ビジネスにおいては「B to B」、すなわち顧客を密着サポートし顧客の要望を実現してさえいれば、顧客の成長に伴って自社も成長するポジティブスパイラルが実現できたため、欧米流のマーケティングを取り入れ活用する必要性が低かったのです。しかし、これからの企業の成長には、マーケティング手法を駆使したイノベーションが必須となってきました。そこで、マーケティングについてもきちんとした業務プロセスの導入が必要になってきました。すなわち、マーケティング・プロセス（MP）の確立の要請です。

マーケティング・プロセスは、6つのフェーズで構成されます。①市場把握、②セグメンテーション（市場分類）、③ポートフォリオ（製品構成）分析、④ビジネス戦略策定、⑤自社への最適化、⑥ビジネス計画のマネージメントパフォーマンス評価、そして⑦次のサイクル、という流れで考えていきます。従来型（B to B）からマーケットを面で捉える方向への転換、すなわち見えない顧客の声を拾っていくためには、今までと異なるマーケティングのツールを使ってやっていかなければなりません。

この問題意識をもって、半導体ビジネスに適したマーケティング・プロセスを営業関係部門と設計部門で可視化しました。半導体のマーケティングの難しさは、それが適用・応用される分野ごとに製品のライフサイクル〔企画・開発・量産・EOL（End of Life、製品生産の終了）まで〕がまったく異なる時間軸で進んでいることです。コンシューマ製品のように、今日、明日の世界の変化を考慮すべきものと、自動車分野における自動運転のように、10年単位で未来を想定しつつマーケティング活動を進めなければならないものまで、さまざまです。そうした課題を認識し、課題を解決するための「あるべき論」を踏まえて、マーケティ

ビッグデータビジネスを支える"知恵と教育：究極の成功例"

ング活動に活用するテンプレートを準備するとともに教育体系も整備し、それらを通じて顧客バリューを意識したマーケティングが実行できるようにしていきます。

8 業務改革を実施するときのテクニック

　最後に、みなさんに役立ちそうな業務改革を行う際のテクニックを紹介します。参考にしてください。

〔1〕仕組みを実行に移すためにテンプレートを準備する
　仕組みを作ったら、業務を実行に移すためにテンプレートを作成します。これは、誰もが同じレベルで業務を遂行するために非常に重要なものです。テンプレートがあると、誰もが最低レベルの仕事ができるようになります。また、議論がしやすくなり、聞く方が非常にわかりやすく、聞きやすくなります。また、テンプレートはどういう意図があるのか、どう書くかという教育が必要です。テンプレートによって、会議の進行も格段にスピードアップし質の向上が図れます。

〔2〕先輩経験者の力
　技術者はいくら説明しても「実際に実行して見ないとわからない」という意見を基本的にもっています。これは逆にいうと、実際に行った人の話を聞くということを意味します。そこで、研修時に必ず先輩経験者の話を聞く時間を入れました。これは、予想通り非常に評価が高かったです。

　このとき大事なことは、技術者にプレゼンのうまさ（技術者は発表がうまくない人が多い）を求めないということです。設計者は中身で判断します。いわゆるプレゼンのうまさを求めると失敗します。何でもいいとは言いませんが、その順番としては、まず中身が重要で次がプレゼンのうまさを間違えないことです。技術者はプレゼンが多少まずくても中

身がよければ評価してくれます。

[3] 研修のテクニック

　研修を飽きさせず、より効果的に行うテクニックはたくさんあります。私たちが考えたテクニックのいくつかを紹介します。

(1) 事前受講希望シートの提出

　これは、研修希望者に事前に提出してもらいます。この中に研修内容や普段思っている疑問点を記入して提出してもらいます。これを全件、パワーポイントにまとめてそれぞれの回答を準備します。あるいは、テキストの中にこの疑問点に対する回答はこの部分ですよ、という表示を付けてアピールします。

　このとき大事なことは、全件漏らさず、似たような意見でもまとめないことです。受講生の原文そのままで扱うことが大事です。なぜかというと、受講生にとっては大切な自分の意見なので、漏らしたりすると「ああ私の意見は無視された」となります。これをとにかく丁寧に行うことで、受講生のモチベーションが圧倒的に変わります。

(2) IO (Input Outprt) シート

　これはプロジェクトマネージメントで使っているもので、この研修の開催に至るインプット情報と、この研修のアウトプット情報を明確に記入したものを準備します。これを作成することによって、多くの関係者の誤解がなくなります。また、研修時に明確に示すことによって研修の目的がより明確になります。さらに、このことをオリエンテーションでしっかり伝えることが重要です。

(3) 玉手箱

　どんなにうまく話をしても、1日座学をやっていると眠くもなります。そこで休憩時間に入る前に5分程度、玉手箱を開けて面白い話をします。

第3章 ビッグデータビジネスを支える"知恵と教育：究極の成功例"

題材は、必ず最後は研修の目的につながる話にもっていきます。例えば、記憶術を駆使して「鬱」（うつ）という難しい漢字をどう覚えるか、というような話をします。この話は、最後にはプロジェクトマネージメントにつながります。

(4) 研修の開始前と終了後でスキルチェック

プロジェクトマネージメント研修では、事前にスキルチェックを実施してもらいます。また、研修の最後でも同じスキルチェックをしてもらいます。これをマクロで即処理をすることで、その研修によってスキルがどのくらいアップしたかがすぐわかります。これを行うことによって、「研修の成果の定量化」も実現できます。

図3-1-6に、その例を示します。研修の前後で0.13レベル（=2.75-2.62）が向上しています。

(5) 研修結果のアンケート

研修の最後に、アンケートをパソコンで記入後提出してもらいます。ここでは「総合評価、理解度、講習資料、有用性、講師評価、施設・設備、その他ご意見・ご要望」を5段階評価とともに記入されたものを、またマクロ処理をして一覧表にし、グラフ化します。結果をパソコンで入力して提出してもらいますので、即処理が可能で、図3-1-7および表3-1-1のような形で出力されます。

アンケートは内容を忘れないように、早めのタイミングで研修後2日以内に記入し提出してもらいます。ここでは、80点以上を研修評価の合格ラインにしています。

(6) アンケート結果のLessons learned

アンケート結果は、一覧表にマクロ処理されますのでそれを参考に全件チェックをして、Lessons learned（研修で学んだこと）を行い、必ず次回に反映します。即実現できないものもありますので期限を決めて対

3.1 成功例1：日本の半導体の生き残りの戦略

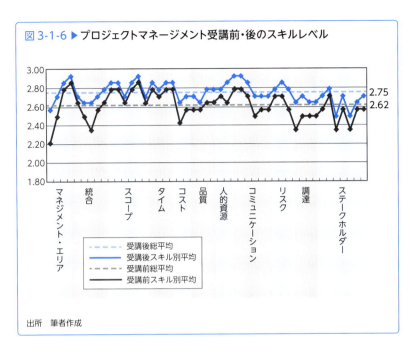

図 3-1-6 ▶ プロジェクトマネージメント受講前・後のスキルレベル

出所　筆者作成

図 3-1-7 ▶ 研修結果のマクロ処理の例(1)

出所　筆者作成

ビッグデータビジネスを支える"知恵と教育：究極の成功例"

策を実行します。このPDCAサイクル[注5]によって、研修は格段にレベルアップします。

> ### 9 まとめ：「大事なことは、あるべき姿」

ここで、これまで解説してきたポイントをおさらいします。
1. 「あるべき姿」を目指して、業務標準を決めて業務のプロセスを作ること。
2. ルールを決めたら全員教育を上位層から行うこと。
3. テンプレートを作ること。
4. 続けること。
5. 改善するPDCAを回すこと。

以上に述べたような内容をしっかり行えば、お金をかけなくても、現在もっている企業の力を使ってビジネスに勝てる仕組みを構築することは可能なのです。

こういった取り組みを続けてきた結果、会社に中にひとつの形ができ上がり、事業部運営のKPI（Key Performance Indicators、重要業績評価指標）にも効果が表れてきました。

それらをまとめてみると、
1. 会社の中でグローバルに展開できる業務プロセスができ上がりました。今では、グローバルに共通な仕組みで業務が展開される形になりました。また、M&Aを実施した場合、耐えられる業務プロセスができ上りました。
2. 教育の仕組みについて、RIPD、PM、MP、ロール・スキルマネージメントなども、グローバルに実施できるようになりました。
3. 経営のKPIとしてヒット率（売上計画達成率）30%の改善、開発期間順守率20%の改善、開発費用順守率33%の改善の成果を得ることができました。

3.1　成功例1：日本の半導体の生き残りの戦略

表3-1-1　研修結果のマクロ処理の例（2）

氏名	項目	評価	具体的な意見
A氏	総合評価	B	気付きとして認識した点は、すべてのアクションの起点に、「何のために行うのか？」という目的確認を常に意識することでした。
B氏	総合評価	A	ポートフォリオDCPでの判断基準等、新しい視点でのポイントを説明頂けたのでよかったです。
C氏	総合評価	B	今回の研修でRIPDの概念、××の指定フォーマットで期待されている内容について学ぶことができた。これまで一部の関係者に展開されていたため、××の位置づけ、フォーマットで要求されている内容に対する理解も各々個人差があったと思うが、この研修にて、その差を埋めることができたと思う。
D氏	総合評価	B	研修①でのRIPD概要の説明から進んで、どのように××を作成するか、実際の××での例など具体的な説明もあり、実務担当者に有益な内容と思います。
E氏	総合評価	A	SWOT (Strength、Weakness 、Opportunity 、Threatの頭文字。マーケティングの分析手法)、クロスSWOT等理解しているつもりでいたが、本日の講義で基本的に部分の理解ができていないことがわかりました。××メンバー内で、共通の知識、言語で議論するためには、最低限こういった教育が同等に受けられる必要があると感じました。
F氏	総合評価	A	××からチャータへの体系的フローを理解することができた。SWOT分析などから導き出せる結論がどのように有機的にM××へつなげていくことの理解が深まった。

出所　筆者作成

4. ロール・スキルマネージメントは、国内外数千名について実施することができました。

　私たちがM&Aを繰り返していく中で学んだものは、「大事なことは、あるべき姿」であるということです。これをあくまでも追求することが、最も重要なことです。困難を乗り越える最後は、「人財」だと考えています。私たちはこれらの統合作業を終えて、またこれからのM&Aを控えて、日本の半導体の生き残りをかけて、こう強く決意しています。

▶注5　PDCAサイクルとは、「計画」(Plan)、「実行」(Do)、「点検」(Check)、「改善」(Act) の頭文字をとったもので、マネージメント手法の一種。

[参考文献]
・日本アイ・ビー・エム（株）IPD研究チーム、「IPD革命」、工業調査会、2003年
・IBMビジネスコンサルティングサービス、「ものコトづくり-製造業のイノベーション」、日経BP社、2006年
・富田健、「実践IPD」、工業調査会、2009年

ビッグデータビジネスを支える"知恵と教育：究極の成功例"

3.2 成功例2：ビッグデータ時代の「学」の存在意義

1 「学」のリーダーシップの必要性

〔1〕企業と「学」との関係：どうあるべきか

(1)「自利利他」の実践

　本節の「学」とは、広義の「学識」や「まともな常識」を意味します。したがって、企業と「学」との関係は、企業と大学との共同研究においては、企業内「学」はもとより、大学に社会性のある「まともな常識」をもとにした「学」をいかに育てるか、という課題などが含まれます。

　このプロセスで、双方に多様な利益をもたらすとともに、社会貢献を実現することになります。こうした産学の協力は、社会的で具体的な「自利利他」（自分が利益を得れば他人の利益をも考える行為）の実践として歓迎され、わが国でも徐々に定着しつつあります。私が長年（30年弱）にわたって関係した、英国クランフィールド工科大学（現在、クランフィールド大学）は、産業界、とりわけ航空工学をベースとした産業界からの要請によって、1945年秋にロンドンの北80キロの地域に設立された大学院大学です。

　その開学精神から、産学協同の実践が基本であり、世界最初の航空機用ジェットエンジンをはじめ、航空工学の常識を破ったとされるジェット機「垂直離着陸機：ハリアー」の研究開発などで、国際的にも高い評価を得ています。本節は、そこでの経験（学長室企画担当）をもとにした考え方を述べることにします。

(2) 企業の中核的精神の役割を担う「学」

　企業における「学」とは、共同研究の一員となる大学の側から見ると、

3.2 成功例 2：ビッグデータ時代の「学」の存在意義

　経営者や技術者が新事業を推進するに当たり、その時代に見合った「企業文化」のもとに「国際社会」からも受け入れられる「伝統文化」を育成する行為でもあります。

　そのためには、自社の経営体質をはじめ、研究開発から製造・販売という一連の事業展開において、国際社会の取り決めをベースにおいて、総合的かつ論理的に企業活動を再評価する仕組みを制度化する必要があります。しかし、この「制度」はしばしば見直すことが必要です。「制度疲労」が生じるからです。

　例えば、自動車メーカーにおいて新車の諸機能、とくに排出ガスデータなどが自社の規制基準を満たすとともに、そのデータが国際社会の取り決めの範疇にあり、さらに自らの技術力とともに「企業文化」をも高めるものであるのか、などを厳正に検討することなどが挙げられます。

　この意味で「学」とは、公益性を重視した現実的で論理性のある企業戦略を展開するときの、各企業の中核的精神の役割を担っています。最近、わが国においても国際的な大企業などに、目に余るスキャンダルが発覚し、国際社会の話題となっていることは誠に残念なことです。

　21世紀の、国際社会の関心事である「環境問題」における、廃棄ガスデータの改ざんや捏造という不正行為が発覚し、国際社会を震撼とさせています。このような不正行為は、ときに話題となる「学術論文」の不正引用や改ざんやデータ捏造など、研究者の卓上でのデータ捏造という倫理的な不正行為という範疇ではすまされない現実的な弊害を、広く国際社会の人々に及ぼすことになります。

　「地球環境の重要課題として、国際社会が取り決めた排気ガスの基準データ」を、自社の仮想ソフトで不正に改ざんした、偽りの「適格商品」が大手を振るって社会を闊歩（かっぽ）していたのです。多くの「ブランド」というのは、先輩たちの「伝統文化」によって築かれた誇りあるものなのです。

　世界的に信用を得ていた大企業が、経営者自身の個人的な地位と利権の保全という我欲を優先し、産業人としての誇りを傷つけたことは誠に

残念なことです。経営に携わる役員人事を一新して、企業体質の根本的な改革により、ブランドの信用回復に努力することしか道はないようです。大企業が、自社の「制度疲労」を見逃した具体例だったといえます。

〔2〕政治と「学」との関係：どうあるべきか
(1)「まともな常識」を身に付けること
　こうした傾向は、「政治と学」との関係にも見られます。
　最近、盛んな憲法論議に対して、野党の一部が唱える「自衛隊」は憲法違反（違憲）だが、現実的には彼らを運用する「自衛隊関連法」には賛成という「違憲だが合法」とする論議のすり替えに似ています。こうした、政治家とその集団が、選挙を意識して日和見身主義に陥るとき、わが国社会にも大きな影響を与えているのです。
　「民主主義」の根底には、ひとりひとりの政治家にとっての「学：哲学」の存在が大きいことを認識すべきです。そのためには、常日頃から私たち有権者も多様なレベルで社会のあり様を心して観察する心意気が求められています。
　環境問題と国際政治の問題は、いささか異なる側面もありますが、その本質においては両者に共通する意識が働いているようです。いずれの領域においても、その道のプロ集団が、国際社会の環境基準や、各国の憲法や法律の取り決めに従って、一人の人間として正しく行動するという「まともな常識」を身に付けることです。

(2) 政権与党と「学：哲学」
　政治と「学」について、具体的には政権与党と「学：哲学」との関係が考えられます。ここでの「学」の育成には、政治家と知識人との交流であり、学者や経済人や文化人などが対象となります。大平内閣時代に、「田園都市構想」などいくつかの優れた政策課題が挙げられ、それぞれに学者や経済人を任命して話題となりました。これらの政策課題は、大いに評価すべき点が多く、現代政治にも範とすべき事柄に満ちています。

3.2 成功例2: ビッグデータ時代の「学」の存在意義

　しかし、政府や政権与党が新たな政策案に「政府審議会」などを設け、それに学者や知識人を任命して、その氏名を公表することなどは最小限にとどめるべきだったと考えています。その当時、「政治家の特権は人事だ。社会に大きな影響を与えるからだ」といって、先頭に立っていた著名な若手経営者がいたことが想われます。この当時から、権力に重々しさがなくなり、付和雷同する「足軽政治」の観を呈してきました。

　私が、いささか関係した佐藤栄作内閣や福田赳夫内閣においても、いくつかの政策的な勉強会などが、派閥や官庁レベルを横断して設けられていましたが、それらのメンバーを公表することはありませんでした。とくに、学者メンバーの氏名の公表は、その一部の学者にテレビタレント的な学風（多くのテレビ出演による知名度が、そのまま学術的にも優れているという錯覚）が身に付き、優れていた本来の「学」から逸脱し、権力になびく傾向が見られたからです。こうしたことが、「政治をゆがめる」ことになるのです。当然ながら、政治権力が「学」の領域に土足で踏み込むべきではありません。

　いささか論旨を、異にする課題かもしれませんが、商業主義の「人間性と効率化と安定性」によるリーダーシップを、「学：哲学」として政界に導入しようとした（らしい）「松下政経塾」なども、その現状を見ると明らかに満足し得た成果はないようです。これは、政治と「学」とを結ぶ「哲学的構想」に乏しく、残念ながらその創建にあたって中核的精神性が欠けていたためです。この領域では、ヨーロッパにおける精神性をベースとした「まともな常識」に学ぶべき必要があります。

2 「学」が産業分野を拓く：「福祉工学」の例

想の原点となった「エコテクノロジー」

（1）補完代替医療：治療予測にコンピュータを導入

　私たちの「健康」維持には「健体康心」という言葉にあるように、健全なる身体と安らかな心という「精神の作用」が重要であることは、ヨガ

や禅などからも伺うことができます。その流れをも取り込んだものとして、「補完代替医療」[注1]がアメリカで発案され、現在ではかなりの研究費がNIH（アメリカ国立衛生研究所）などから交付されています。

　私は、1960年代の初期に、ワシントンD.C.郊外にあるNIHの支援で、ガン患者の治療予測にコンピュータを導入する研究に携わり、隣接するSilver SpringにあったNPO法人「National Biomedical Research Foundation」の研究員をしていた経験があり、こうした傾向の実践的な黎明期に立ち会いました。

　具体的には、ニューヨークのガン病院研究所から送られてくる患者のガンに関する多様なデータ、初期ガンなのか、転移したガンなのか、それらの位置や大きさ、さらには発ガンからの推定時間などを、当時としては最先端のIBMコンピュータの入力パンチカードに、それぞれの患者のデータとして打ち込むのです。当時はまだ、DNAや遺伝子工学を基にした研究開発が存在していませんでした。

　その計算処理の結果で、患者の今後の治療方針が決められました。つまり、投薬治療や手術（患部の切除）、あるいは今思うと「ホスピス」（患者の負担を最小にして死に至る病をケアする）といえる、「神に委ねる」自宅療養などが決められました。コンピュータの作業は、使用者が立て込んでくると深夜に及ぶことも多く、空調の雑音に溢れたコンピュータセンターで、またその夜も特定のガン患者の病巣がデータ化され、その人の運命が機械音の中で踊る儚さ（はかなさ）を感じたものです。

(2) エコテクノロジーの提唱

　そうした日々、1963年11月22日の昼前に、ケネディ大統領暗殺というビッグ悲報に襲われました。その日からの1年間は、私の若き日の思い出として、忘れ難いワシントンD.C.滞在となっています。

　最近、また評判になってきた「AI：人工知能」研究の発足にもこの時期に関与し、1969年にワシントンD.C.で開催された、第1回「人工知能国際会議」（IJCAI:International Joint Conference on Artificial

Intelligence）の準備委員会が、折しもケネディ大統領暗殺当日に、私の所属していた研究所で開催する予定でした。当然、延期となり、私も組織委員として名を連ねていた前出の国際会議「IJCAI」も数年遅れて1996年になったのです。

翌年の1970年、大阪万博の開会式に参列し、そのあくる日には、イタリアのナポリにあった、イタリアの政府機関「サイバネティクス研究所」の創設にあたり、研究企画担当の客員教授として招かれました。国際的な研究機関であり、ナポリという土地柄にふさわしい雰囲気の中で、オペラや舞台や歌曲などに小劇場で接することになりました。

その当時、ヨーロッパでも環境問題が注目を浴び、新たな研究課題として、私が提唱した「エコテクノロジー」（Eco-Technology）は、ヨーロッパの学界や産業界で関心をもたれた「NATO[注2]科学技術セミナー」などでも、トピックスとして取り上げられました。

創設以来、順調に進んでいたかに見えたイタリアの研究所が、当時のイタリア共産党が勢力拡大により、わが研究所もその支配下となり、私は縁あって英国「クランフィールド工科大学」に移籍したのです。

(3) 国際エコテクノロジー研究センターの誕生と「エコテクノロジー」研究

1982年には、写真3-2-1に示すように、英国クランフィールド工科大学構内に、「国際エコテクノロジー研究センター」の建物が、本田宗一郎氏のご支援もあり誕生しています。

「エコテクノロジー」を要約すると、次のようになります。

> 『文明社会に不可欠な生産活動から、自然環境に排出される廃棄物を最小限に留める社会システムの構築を目指す。自然環境「エコシ

▶注1　補完代替医療：ある程度の通常医療に加え自然療法や精神性を重視するもの。例えば「瞑想、音楽療法、ハト麦、プロポリス」などの精神性や自然食を加える。「日本補完代替医療学会誌」などを参照。

▶注2　NATO：North Atlantic Treaty Organization、北大西洋条約機構。

ステム」のリズムを把握し、それが技術開発の多様なプロセスで共鳴する工学体系』

　同じ頃、「財団法人本田財団」（http://www.hondafoundation.jp/）の創立に参加することになり、幸いにも、筆者の提唱による「エコテクノロジー」をベースとした国際会議が、ヨーロッパを中心に10年余にわたり財団活動の基本となりました。

　この開催にあたり、私のイタリア滞在中の人脈が大いに役立ち、当時のイタリア、ペレ大統領やフランス、ディスカール・デスタン大統領、若き日のスエーデン現国王やベルギー前国王、さらに英国エジンバラ公などに拝謁の栄を賜り、「エコテクノロジー」についての要約を説明したことが、私のこれまでの人生に深い印象を残しています。

　さらに1980年以来、本田財団では「エコテクノロジー」の研究分野で顕著な業績をあげた学者および産業人に「本田賞」を贈呈しています。（本田宗一郎さん逝去の翌日、私は本田宗一郎さんの思い出とともに「（財）本田財団」を辞し今日に至っている）

(2)「福祉」と「工学」の融合

　「福祉工学」は、特別の工学技術を開発しようとするものではなく、各種の工学技術を、社会福祉実現のためにいかに活用するかを志向した「テクノロジー」の創出です。広義には、人類全体の福祉と繁栄に役立つ科学と技術の「システム工学」的な展開といえます。当時、筆者が編集に関係していた「計測自動制御学会」から特集号などを企画しました。

　これは、ITやロボット技術などによる、ハンディキャップ（Handicapped、身体の不自由な人々）を対象とする支援システムを考え、それをもとに広義の「福祉工学」、つまり人間活動における、物質的および精神的側面の調和を目指した「テクノロジー：工学」を展開することです。言い換えると、福祉社会実現のために各方面への「技術移転」を実現することなのです。

3.2 成功例2: ビッグデータ時代の「学」の存在意義

写真3-2-1 ▶ 英国クランフィールド工科大学構内の「国際エコテクノロジー研究センター」

出所 Report of 'International Ecotechnology Research Centre' : IERC/ 1985, Cranfield Institute of Technology

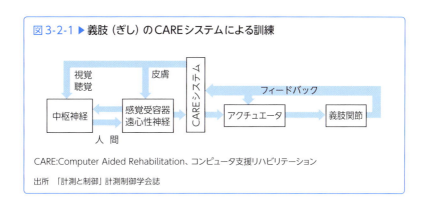

図3-2-1 ▶ 義肢(ぎし)のCAREシステムによる訓練

CARE:Computer Aided Rehabilitation、コンピュータ支援リハビリテーション

出所 「計測と制御」計測制御学会誌

　最近では、この範疇といえる技術が、筑波大学大学院の山海嘉之教授による「ロボットスーツ」などの研究開発であり、国際的にも優れたシステムとして高い評価を受け、新たな産業が確立されてきました。この研究領域は、図3-2-1に示した、私たちの提唱による「CARE[注3]システ

▶注3　CARE:Computer Aided Rehabilitation、コンピュータ支援リハビリテーション。

ム」の具体例と考えています。

さらに図3-2-2は、こうした観点から「社会福祉サービス」をシステム化しています。

現代文明の展開とともに、私たちは真の人間性に立脚した福祉を、産業活動の中に確立しなければなりません。従来の科学・技術の相関において、図3-2-3に示すような領域に注目して総合的に展開することなのです。

〔3〕「福祉工学」と関連ビジネスの創出

高度成長社会は、現代社会に物質中心主義の思想を広め、私たち日本人が得たものは、僅かな物質的な豊かさとともに、福祉のイメージとは逆行する精神的不安と、社会の多様な階層における、格差とひずみの広大だった、といっても過言ではありません。

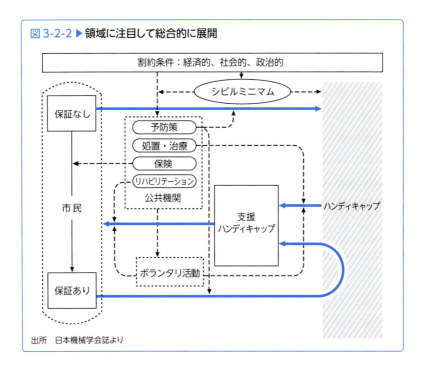

図 3-2-2 ▶ 領域に注目して総合的に展開

出所　日本機械学会誌より

3.2 成功例2: ビッグデータ時代の「学」の存在意義

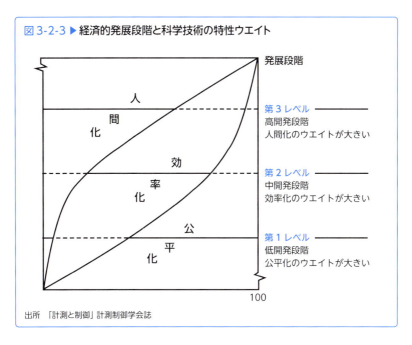

図3-2-3 ▶ 経済的発展段階と科学技術の特性ウエイト

出所 「計測と制御」計測制御学会誌

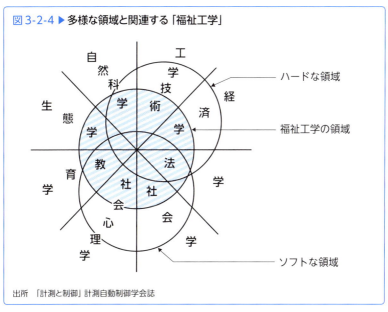

図3-2-4 ▶ 多様な領域と関連する「福祉工学」

出所 「計測と制御」計測自動制御学会誌

ビッグデータビジネスを支える"知恵と教育：究極の成功例"

「福祉工学」は、人間活動の多様な分野を人間化あるいは福祉化することです。したがった、図3-2-4に示すような多様な領域と関連してきます。こうした観点から見ると、最近の介護ビジネスは、その発展途上というよりも、「福祉工学」が志向する範疇にはまだ程遠いものを感じます。

3 技術が複雑に絡み「異質」なものを創出する時代：ビッグデータと哲学

ビッグデータを哲学的に捉えると、次の3領域の分類が可能となります。

[1]「情報分析」の在り方の変化／「ベクトル思考」
(1) 五感から六感へ

時代とともに、人間自身の考え方と社会の見方が変わります。具体的には、人間を「五感から六感へ」、第六感とは人間の研ぎ澄まされた「カン」が働くことで、ここまでは「まともな常識」が社会を支配することになります。

フランス国立クリュニー中世美術館の至宝「貴婦人と一角獣」(The Lady and the Unicorn) は、西暦1500年の制作とされる六面の連作タピストリーです。2013年に、それらが東京の「国立新美術館」に来日し、青木保館長のお誘いで見学し感動しました。

千花模様（ミルフール）の鮮やかな五面の大作は、「触覚」「味覚」「臭覚」「聴覚」「視覚」との人間の五感を表現し、残る六番目の「わが唯一の望み」は"愛・知性・結婚"などとの諸説がありますが、何を意味するかが未だに謎のようです。仏教学における第六感に類似する傾向があります。

ところが仏教学にいう七番目の「末那識（まなしき）」という領域は、私たちには強い自己欲が存在すると説いています。例えば、私たちは大勢の集合写真の中から、即座に自分の存在を確認し、さらにはその仕草にまで注目します。こうした能力を、私たちは潜在意識に宿しているのです。

(2) 次世代文明の構築に携わる「開発の論理：哲学」

誰もが宿している「末那識」を前面に出すと、人は何事をも自己中心的に社会を観察するようになり、さらには財力をもつと自己の意のままに社会を構築しようとする傾向になるようです。ところが、仏教学にいう八番目の「阿頼耶識」（あらやしき）という領域は、人間には自ずとそうした傾向を戒める意識領域が存在するということです。

この領域では、言葉や振る舞いの世界を超越した意識レベルのコミュニケーションを可能とするのです。人間は、もともとこの世界に生きていたようです。それが「言葉をもつ」ようになり、その時の感動もつかの間、次第に堕落したとの説があります。言い換えると、誰にもテレパシーの世界が存在していたのです。自分が、何かを試そうとするとき、その想いが即座に周囲の人たちにもテレパシーとして伝わり、それに対する相手の思惑や反応が、自己の意識にバンバン伝わってくるのです。

こうなると、「まともな人間」であれば自己の行為が自ずと「自利利他」にならざるを得ないということです。たとえ不可能でも、こうした社会の構築を目指すことが「AI研究」でも「ロボット開発」においても、次世代文明の構築に携わる私たちの「開発の論理：哲学」とすることです。

次世代を創るのは、次世代の人たちではありません。現代人の思想と行動、あるいは「現代人の妄想」が次世代の社会を構築するベースとなるのです。

〔2〕政策の方向性が変わる

社会において、科学性という見かけの「正確さ依存症」が蔓延し現実化しています。何事をも、デジタル化、数値化することで日常生活に大きな変化を起こしてきました。その1つが、生活のイノベーションの促進でしょう。

日常生活では、多くの場合「結果が良ければ、原因や理由は問題ではない」のです。

〔3〕データの「因果関係」(理論) より、データの「相関関係」の把握が重要

「膨大なデータ量」(ビッグデータ)から、人間特有の閃き(感性:六感)が生まれ、これを重視する日常性が到来しています。「未踏科学」の価値と領域が拡張され、次世代文明に新たな研究課題が提示されます。

(1)「テクノロジー」と「エンジニアリング」

次に、「テクノロジー」と「エンジニアリング」の相違について考えてみましょう。

私が、長らく関係していた、英国クランフィールド大学の建学の精神は、フォン・カルマンの次の言葉が用いられています。

> 「サイエンスとは、'存在するもの'を発見することです。エンジニアリングとは、その知識を駆使し'これまで存在しなかったもの'を生み出すことです」
> (Science is about discovering 'what is'; engineering is about using that knowledge to create 'what has never been', Von Karman)

「テクノロジー」は、この英語が明治時代に伝えられると、私たちはこれを「工学」と訳しています。言い換えると、「工学」は、「サイエンス」と「エンジニアリング」の架け橋を意味しています。

工学を意味論的に考察すると、「学びながら、工夫の糸口を見つける」あるいは、「工夫の過程を学ぶ」と読むことができますが、また「工」の字源に注目すると、わが国に導入された明治時代には、漢字学として興味ある解釈がなされていました。

(2)「工」の字が表すもの

① 「工」の漢字の上部の「一」は、「天・地・人」の「天」に相当するもの。自然現象の背後にある普遍性、法則性のシンボルで「理学」の対象を表します。学術とは普遍性、法則性を抽出し、体系化する行

3.2 成功例2: ビッグデータ時代の「学」の存在意義

為を表現しています。こうした多様な深い意味を込めた横線の「一」なのです。

② ついで下部の「一」は、「地」に相当するもの。実社会でのさまざまなニーズを満たす解決策や生活の利便性を追求するための創意工夫が行われる領域の表現です。つまり「人間の営みの場」、言い換えれば、「実学」の場を表すシンボルとしての「一」なのです。

③ 上下の「一」を支え結ぶ行為が、「|」で表現され「人」の存在に相当するもの。これは創意工夫を行う「人間の行為」を抽象化したものです。学術的には、「工学」のシンボルです。「工学」には、「天」から「地」への「応用の流れ」と、「地」から「天」への「体系化の流れ」という2つが存在しているのです。

「工学」(テクノロジー) の概念からすると、「技術」(エンジニアリング) とは、考え方のうえでも、総括的なテクノロジーを実践する人間の創意工夫によるテクニックを意味しています。このように、「テクノロジー」と「エンジニアイング」には大きな相違があることが理解できると思います。

(3) 「技術立国」のベースに宿る「暗黙智」

「暗黙智」とは、データを意味する「形式智」の反対領域にある言葉です。具体的には、富士山を想定するとき、その高さは3,776メートル、形状は逆すり鉢状である、となります。これに対して、「暗黙智」とは数字や形状ではなく、富士山という言葉のイメージから心に湧き起る、個人的な感情や思い出などを指します。

ビッグデータは、多様な領域からの数値データの集合体ですが、全体像に重きを置く考え方です。したがって、ビッグデータそのものから「暗黙智」の性格を把握することができます。従来は、多様な異領域に存在するデータが、ビッグデータとして同一範疇になることから、産業領域でのイノベーションをもたらす発想を容易に展開することが可能とな

ります。

　産業のイノベーションには、「暗黙智」を発揮することが不可欠なのです。それは、異なる複数の領域に共通点を見出すことが優先するからです。例えば、2領域を融合するイノベーションを考えると、その2点を焦点とした楕円形の分野に新たなる産業が創出されるのです。具体的には、機械領域とエレクトロニクス領域に、共通点を見出したイノベーションが、ロボットを含む「メカトロニクス」産業を生み出したのです。

　私たちに必要なのは、次なる産業を生み出すための「暗黙智」を身に付けることで、産業界に「未踏領域」を提供し新たなる「開発の課題」が提供されるのです。

4 「開発の論理」の具体例 ① : ホールガーメント

〔1〕「ホールガーメント」編機の特徴とその応用

　これまでの基本的な「開発の論理」を踏まえて、最近関与してきた具体例の1つを紹介します。

　「ホールガーメント」（WholeGarment）注4 は、ニット編機の製作では国際的に著名な「SHIMA SEIKI」が開発した横編機による無縫製ニットウェアです。この機器は、1995年10月イタリア・ミラノで開催された国際繊維機械展（ITMA:International Textil Maschinen Austellung）にて島精機製作所が発表し注目を浴びました。同社創業者の島正博の発明によるもので、その開発プロセスの概要を図3-2-5に示します。

　この特徴は、「軍手」の袖口に伸縮するゴム糸を挿入し、「軍手」の先が機械に巻き込まれるや、容易に速やかに手から離脱する「軍手」を＜丸ごと＞自動的に編み上げた機器開発が原点です。この機器を開発したことで、作業者が機械に手首を巻き込まれる労働災害が減少されました。

　また、福祉工学として労働福祉の分野に貢献するとともに、コンピュータの発展に伴い、この発想を「軍手」から「セーター」をデザイン制作する道具として活用し、CG（コンピュータグラフィックス）とコンピュー

3.2 成功例2：ビッグデータ時代の「学」の存在意義

図 3-2-5 ▶ 手袋から「ホールガーメント」への進化

出所　島精機製作所パンフレット（2017年）より

タを組み合わせることで「ホールガーメント」横編機の開発につなげたのです。具体的には、CGによって立体的に表示される画像を「ホールガーメント」機器で編み上げることを可能としています。

　以来、20年を経てニットファッションの分野のみならず、スポーツアイテム、健康医療介護分野、安全防護製品、スマートガーメント[注5]、さらにシューズ、インテリアや自動車業界といった工業製品にも導入され、さまざまな試作開発が行われています。

　通常ニットウェアは、前身頃、後身頃、袖といったパーツを別々に編んだ後、縫い合わせて製作加工されます。これに対して「ホールガーメント」は、一着＜丸ごと＞の状態を編機にて立体的に実現するという、まったく新しいタイプのニットウェアの製作法です。

　言い換えると、人体にフィットする＜丸ごと＞という「概念」の機械による「見える化」であり、そのため縫い目がなく、軽く、ストレッチ

▶注4　ホールガーメント（WHOLEGARMENT）：セーターなどのニット製品を丸ごと自動的に製品化する「島精機」による横編機の登録名称。
▶注5　スマートガーメント：IT技術を活用してつくられた衣服や衣料のこと。

第3章 ビッグデータビジネスを支える "知恵と教育：究極の成功例"

性が高く、動きやすく、体になじむ、着心地が良いのが特長とされています。現に、わが国の宇宙飛行士も宇宙船での作業に着用し、その着心地と運動性能の良さは実証されています。

〔2〕「ホールガーメント」の研究開発：人道的な利用

実用化されている「ホールガーメント」として、圧縮型スポーツウェアや各種の健康用・高齢者向きサポーターなどがあります。また試作段階ですが、スマートガーメントとして、妊婦用ベリーバンドなども研究開発の対象になっています。

図3-2-6は、開発中の妊婦用モニタリング腹帯です。腹帯は、「ホールガーメント」として1本の導電性のある糸で編み上げ、各種センサーで胎児などの状態を実時間で把握し、そのデータを電波発信によって図のように胎児の心音などを計測し、遠隔地診断の「見える化」を実現するものです。この研究は、島精機と米国フィラデルフィア「ドルクセル大学」（Drexel University）との共同研究として進められています。

〔3〕「ホールガーメント」製品と新素材「CNF」

最近の新素材やインテリジェント材料に注目すると、「ホールガーメント」による製品を各種産業に導入することが可能となります。その代表例が、「CNF」（Cellulose Nanofiber、セルロースナノファイバー）の研究開発による新産業の振興です。

具体的には、自動車、建材、家具などへの導入で、従来の製鉄産業などに替わるものとして注目されています。

「CNF」は、本質的には従来の木材による紙繊維ですが、これをナノレベルで細分割して繊維間の接点を数百万倍に増加させることで、本質的には「紙」でありながら、「鉄」よりも薄くかつ軽く強靭な素材の製作が可能となります。

しかも、「CNF」素材の製作プロセスでは、薄い鋼板製造に欠かせない高温のエネルギーを必要とすることがありません。将来の研究課題とし

3.2 成功例2:ビッグデータ時代の「学」の存在意義

図 3-2-6 ▶実験段階のスマート腹帯

出所　島精機製作所提供(「ドルクセル大学」との共同研究)

図 3-2-7 ▶「ホールガーメント」による各種立体形状の例

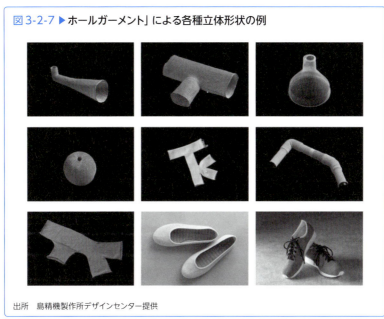

出所　島精機製作所デザインセンター提供

て、紙繊維を溶かした液体から和紙を漉く技術のように、多様な形状の素材製作が可能となるものです。

例えば、図3-2-7のような「ホールガーメント」による諸形状を「CNF」

素材でコーティングすることが可能となれば、自動車産業や建築素材産業として有望です。そのうえ、廃棄に際して、網繊維の種類にさえ配慮すれば、土壌で自然の循環サイクルに組み込まれ、大きな環境汚染の問題を起こすことも少なくなります。

5 「開発の論理」の具体例 ② ：「ダチョウ抗体」の Translational Technologies

　ダチョウが作り出す抗体は、ウイルスやバクテリアなどの病原体等を不活性化する能力が非常に高いのが特徴です。大量生産が可能で熱にも強いことから、これまで困難とされていた「日常品」への抗体の利用が可能となり、多様な応用研究が進められています。

　興味のある方は、インターネットで「ダチョウ抗体」を検索してください。京都府立大学の塚本康浩教授の発明です。

［参考文献］
1)「福祉工学」小特集号、『計測と技術』計測自動制御学会、1975年12月
2) Aida, "The Humane Use of Human Ideas", PERGAMON PRESS, 1983
3) 日本開発銀行・設備投資研究所「社会福祉の課題と福祉技術開発の展望」、1974年3月
4) 合田周平他3名、『社会福祉関連科学技術の研究開発促進に関する調査研究』（科学技術庁委託研究）、1974年3月
5) 合田周平、『福祉関連技術の体系化：福祉工学の提唱』、計測と制御（計測自動制御学会誌、1975年12月
6) 合田周平、『社会福祉へのシステム論的接近：福祉工学の課題』、日本機械学会誌、1977年3月
7) 合田周平、『地球時計を読む ―共生技術が地球を変える』、徳間書店、1990年8月
8) 合田周平、『ビッグデータと未踏思考』、三五館、2014年3月
9) 中嶋利夫、合田周平、『ホールガーメント／代替補完医療産業への導入』、日本代替補完医療学会誌、2017年9月

IoT時代のビッグデータビジネス革命

第4章
ビッグデータがもつ可能性とそのリスク

第4章では、ビッグデータは企業競争力を向上させるとしながらも、同時にIoT時代に想定されるリスクについて考えていきます。、車載情報システム、医療機器、自動車、産業用システムなどにおけるリスクから人的なリスクまで、それぞれの課題について、国際的な視点から解説しています。

第4章 ビッグデータがもつ可能性とそのリスク

4.1 ビッグデータの分析と専門家との共同作業

　ビッグデータ分析は、社会に貢献するための非常に有効な機能をもっていることについては、すでに、いつかの例が第2章で述べられています。また、その最大の価値を提供するためには、多くの基本的な必要条件が満たされなければなりません。

　まず企業は、ビジネスニーズ、規制遵守など政府の指針、市場シェアの追加などの「必要条件」を満たすことからはじめ、次に、企業の産業分野を専門としたデータに関する専門家と直接協力しあう必要があります。これは、正しいデータソース[注1]が使用されているかどうかを確認するためです。

　さらに、情報をユーザーに提示するために要求されていることは、データの専門家ではなく、一般の人が使えるようなタイプの、企業のニーズや目標に有益な情報を提供することです。これを実現するためには、企業にポジティブな影響を与えビジネスの結果を出し、かつダッシュボード[注2]を作成できるような、データの可視化に関する専門家と共同作業することが必要です（図4-1-1）。

　しかし残念ながら、ビッグデータ分析は、意図的あるいは偶然によって、誤用されてしまう可能性も秘めています。例えば、個人のプライバシーの侵害やマイナスの結果につながるビジネスの決断、あるいは犯罪行為などです。

　このことは、ビジネスを行ううえで、問題を引き起こす可能性がある、

▶注1　データソース：データの整合性が保たれ、信頼性のあるアルゴリズム（処理手順）が使用された元データ（収集したデータ）のこと。

▶注2　ダッシュボード：Dashboard。各種の情報源からデータを集め、その概略をまとめて一覧表示する機能やソフトウェアのこと。

4.1 ビッグデータの分析と専門家との共同作業

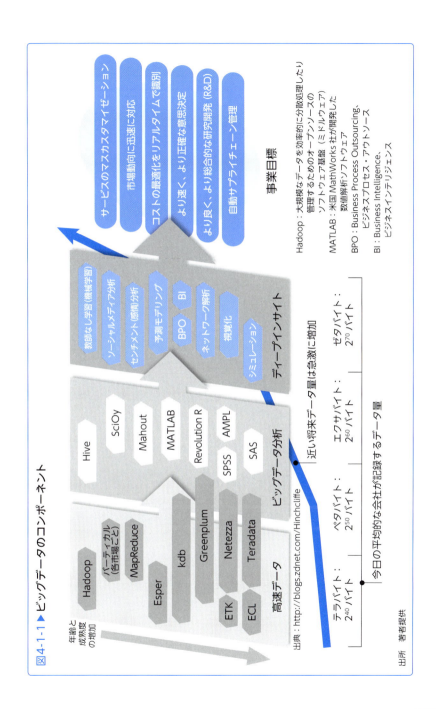

図4-1-1 ▶ ビッグデータのコンポーネント

出典：http://blogs.zdnet.com/Hinchcliffe
出所　著者提供

付加的で関係性の高いデータソースを避ける必要があります。具体的には、結論を下すために必要なデータソースのみを選択して収集し、分析することが重要です。また、多くのユーザーが一般的に利用できるようにする前に、分析結果を慎重にテストすることが必要となります。

　ここで重要なことは、ユーザーにとってプラスとなる価値を提供し続けるだけではなく、法的な規制領域あるいはコンプライアンス（法令遵守）におけるリスクが追加されていないことを確認するために、分析結果や成果、使用パターンを常に測定し監視しておくべきだという点です（図4-1-2）。

4.2 IoT（あるいは「スマート」）に関係するリスク：サイバーと物理的セキュリティの融合

　テレビ、冷蔵庫、車、さらには赤ちゃん見守り用ベビーモニターなど、あらゆるものがネットワークに接続されるようになった今日、あるデバイスのデータは他のデータソースにリンクされ、相互に関連するようになりました。それと同時に、従来の「サイバーセキュリティ」攻撃では経験したこともなかったような、セキュリティやプライバシーへの脅威にさらされるようになりました。この原因をセキュリティの面から見ると、今日、いろいろな新しいデバイス（機器）が接続されるようになったことが、物理的セキュリティとサイバーセキュリティの融合を引き起こしているのです。

　「IoT（Internet of Things）の時代に突入した現在、物理的セキュリティと情報セキュリティ（編注：サイバーセキュリティ）の融合は避けられなくなってきています」と、米国ガートナー バイスプレジデントのクリスチャン・バーンズ（Christian Byrnes）氏は述べています[注3]。

　「おそらくその融合は、私たちが考慮すべき最も重要な事柄（Things）

4.3 サイバーと物理的セキュリティの融合で考えられるリスクの例

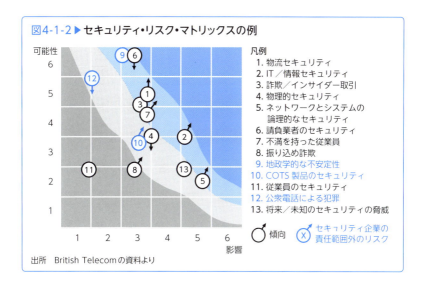

図4-1-2 ▶ セキュリティ・リスク・マトリックスの例

出所　British Telecomの資料より

となってきています。物理的セキュリティは、生命の安全と維持に関連しているため、今後、このような危険なことは解消されていくようになります。なぜならば、IoTは、今何が起こっているかを単に感知するだけではなく、今起こっていることを変更し、物理的な世界をも変化させるからです」(同バーンズ氏)。

4.3 サイバーと物理的セキュリティの融合で考えられるリスクの例

起こりうるであろうリスクについて、倫理的ハッカー(エシカルハッ

▶注3　出所　Gartner: IoT security is all about physical safety and data handling or compliance issues.http://internetofthingsagenda.techtarget.com/news/4500248108/Gartner-IoT-security-is-all-about-physical-safety-and-data-handling

▶注4　倫理的ハッカー：高い倫理観や道徳心などを備え、高いセキュリティ技術をもったハッカーのこと。

第4章　ビッグデータがもつ可能性とそのリスク

カー。Ethical Hackers[注4]）が、すでにハッキングの技術を検証しています。

1　車載情報システム「オンスター」(OnStar) のリスク

　例えば、米国GMが提供する車載情報システム「オンスター（OnStar）」を搭載した車は、高速道路を走行中でも、ハッキングツールである「オウンスター（OwnStar）」を用いれば、誰でも16キロ（10マイル）以上も離れた場所から、完璧に制御できることが実証されています（写真4-1-1）[注5]。

　また、ベビー用モニターを設置している家のモニターをハッキングしてその家の中を盗み見たり[注6]、「スマート」機能をもつ冷蔵庫を乗っ取り、冷蔵庫からスパムメールを送信したり[注7]、電子キーを使った車がわずか30ドルのデバイスでドアを開けられ遠隔操作されてしまうこと、なども証明されています[注8]。

2　医療機器のリスク

　最近では、安全でない通信プロトコルが使用された健康器具が、最も重要なリスクとして注目されています。

　例えば、省電力型のBluetooth 4.0（BLE：Bluetooth Smartとして知られているBluetooth Low Energy）などは極めて不正侵入されやすく[注9]（この事実はBLE 4.0の仕様で認められています）、ごく単純なデバイスが乗っ取られた結果、人の生命が奪われてしまう可能性も提示されています。

　また、糖尿病患者などが使用するインスリンポンプが不正侵入されて、多量すぎるインスリンを注入するように指示されたり、ペースメーカーが不正侵入されて、不整脈を検出したのにまったく動作しなくなってしったりするなど、そのほか数々の致命的なシナリオが想像されます。

250　　IoT時代のビッグデータビジネス革命

4.3 サイバーと物理的セキュリティの融合で考えられるリスクの例

写真4-1-1 ▶ Ex車載情報システム「オンスター(OnStar)」

米国GMが提供するOnStar「オンスター」は、自動車に通信システムを組み合わせて運転の支援や情報提供をするサービスであるが、これに対して、OwnStar「オウンスター」は、内部にスマートフォンの通信を傍受するアンテナが収められていて、スマートフォンと接続することでその通信内容を抜き取ってしまうことができる装置。

出所　著者提供

その例として、米国の前副大統領、ディック・チェイニー（Dick Cheney）氏は、当時使っていたペースメーカーが標準モデルのため、あまりにも簡単にテロリストに攻撃されてしまうかもしれないと心配して、ペースメーカーを2007年に交換しました[注10]。

3　自動車のリスク

また、自動車で多くの通信チャネルが利用可能になるにつれて、さまざまな犯罪シーンを想定することがいとも簡単となり、厄介な状況を作

▶注5　http://www.wired.com/2015/07/hackers-remotely-kill-jeep-highway/

▶注6　http://www.wired.com/2015/09/security-news-week-turns-baby-monitors-wildly-easy-hack/

▶注7　http://www.cnet.com/news/fridge-caught-sending-spam-emails-in-botnet-attack/

▶注8　http://motherboard.vice.com/read/unlock-almost-any-car-and-garage-door-with-this-30-device

▶注9　Chapter 4 of http://csrc.nist.gov/publications/nistpubs/800-121-rev1/sp800-121_rev1.pdf

▶注10　http://edition.cnn.com/2013/10/20/us/dick-cheney-gupta-interview/

ビッグデータがもつ可能性とそのリスク

り出しています。

例えば、緊張が高まっている、あるいは精緻な交渉をしている海外遠征中の政府の高官を乗せている車中で問題が起こった場合、これは危機的な国家セキュリティ問題を派生させたりします。

また、自動車に装備されているシステムの多くは、所定の場所に複数のチェック機能を装備し、運転中の危険、とくに加速したり減速したりする際や、高速での急なステアリング（ギア部を含む方向変換機構）の変更などを回避する仕組みとなっています。

4 産業用制御システムのリスク

さらに、産業用制御システムへの不法侵入など、別のエリアでの潜在的な問題が最近ニュースで取り上げられています。具体的には、産業用制御システムへの不法侵入によって、深刻な停電や断水を発生させる、あるいは何千人もの人々の生命を奪ってしまう可能性があります。例えば、化学工場においては化学薬品の漏洩につながる可能性があります。

2016年3月、米国政府は金融機関を狙って分散型サービス妨害（DDoS：Distributed Denial of Service）攻撃を仕掛けた罪で、イラン人7人を起訴しました。この事件で憂慮すべきことは、彼らがニューヨーク州にあるダムの産業制御システムに不正アクセスし、ダムの水門を制御しようとしたことです[注11]。

また金融取引システム、航空機制御システム、医療システムなどの重要な産業に影響を与えるビルの管理システムやデータセンターの制御システムへの侵入なども、産業用制御システムのリスクとして考えられます。

こうした潜在的な攻撃ベクトル（システムに侵入する際に使用される方法や経路）のすべては、ビッグデータ分析のパワーによって、以前よりはるかに容易となってきています。このため、犯罪者やハッカーに多くの異なる情報源からデータを関連づけることを可能とし、アクセスポ

イントや一般的なシステム制御の弱点や、弱いパスワード管理などを発見する手助けができるようになってきています。

4.4 ビジネスにおけるリスク

1 PII（個人識別情報）と規制リスク

ビッグデータ分析は、分析によって、そのデータがもつ値よりも多くのリスクを引き起こしてしまう分野が多々あります。

例えば、それらのうちで、明らかに主なリスクの1つは、本来個人情報にアクセスしてはならない人[注12]に個人情報（PII）[注13]を流出して、不当な目的（例えばインサイダー取引、特定の人物についての情報を業務上の理由とは関係なく閲覧する、内部情報にアクセスして競合相手や国営ハッカーに販売するなど）[注14]や、差別（人種的、性的指向など）[注15]のために個人データを使わせてしまうことによって、規制コンプライアンスに違反してしまう、というようなことです。

2 データ選択のリスク

他の重要な分野として認識しておかなくてはならないのが、適切なデータの検証や管理、継続的なモニタリング（監視）を怠って、早急に

▶注11 http://www.bloomberg.com/news/articles/2016-03-24/u-s-charges-iranian-hackers-in-wall-street-cyberattacks-im6b43tt
▶注12 https://fcw.com/articles/2014/05/13/fose-mosaic.aspx
▶注13 PII：Personally Identifiable Information
▶注14 http://www.integrity-research.com/jury-convicts-in-big-data-insider-trading-trial/
▶注15 https://www.fordfoundation.org/ideas/equals-change-blog/posts/can-computers-be-racist-big-data-inequality-and-discrimination/

ビッグデータがもつ可能性とそのリスク

ビッグデータを分析してしまうことです。

これでは、目標を達成するのではなく、逆に有害となる間違った判断（洞察力）をデータにインプットしてしまうというリスクを劇的に増やしてしまいます。ビジネスは、厳密かつ科学的なプロセスに焦点を当てるべきであり、また仮説は、さらにより良い結果を達成するために設定されなくてはなりません。

そのより良い結果は、広範なユーザーに解放される前に、さまざまなデータセット（ファイル群）を使って検証される必要があります。そして、実際にその結果がユーザーに使用されるようになってからも、価値が継続的に追加されるために適切であるかどうかを確認するために、使用した分析と支援データセットの監視を続けることが必要となります（図4-1-3）。

4.5 人的なリスク

1 分析無視への対処

最も重要で、しばしば見落とされてしまうリスクの1つとして挙げられるのが、ビジネス案を決定する際、適切な利害関係者（ステークホルダー）すべてに、最適な分析結果の提供に失敗してしまうことです。例えば、シニアマネージャーが「勘」を頼りに自分が正しいと信じている結論を下してしまい、出された分析結果が、シニアマネージャーが信じていることと違う結論を出した場合には、その結果を無視してしまい、本能のみで行動してしまうことがしばしば行われます。

このようなことが、きちんと監視あるいは記録されていなければ、（実際は分析が無視されていただけのはずなのですが）、あたかも分析結果の失敗であるかのように見えてしまいます。こうしたことは、リーマン・ブラザーズが破綻した原因の1つとも考えられています[注16]。

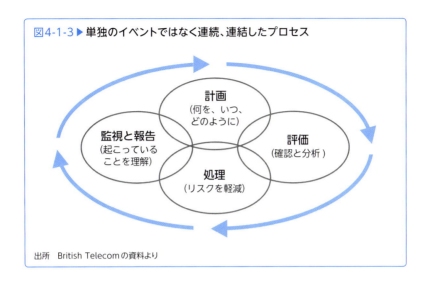

図4-1-3 ▶ 単独のイベントではなく連続、連結したプロセス

出所 British Telecomの資料より

2 変更の受理

　理想的には、新しいビジネスを展開する際には従来のビジネスのやり方を変更し、新しい管理を実施するために企業には強力な規制力が求められます。

　具体的には、

（1）完全にプロセス（処理工程）に従うよう人々を訓練したり

（2）決定事項や分析ツールから得た支援データを記録したり

（3）また、現状よりさらに価値のある結果を生み出すためのアルゴリズム（処理手順）とデータソースをより洗練する

ことです。

　ビジネス上の意思決定に関して、確立されたプロセスを比較的長い間採用している企業においては、ビッグデータ分析を採用するのはおそら

▶注16　http://www.arcplan.com/en/blog/2012/03/analytics-not-gut-feeling-should-drive-business-decisions/

第4章　ビッグデータがもつ可能性とそのリスク

く最も難しいことだと思われますが、こうした企業も今日、今まで経験したこともないような新たな脅威に直面しています。しかし、このような破壊的（Disruptive）な変化は、金融サービス事業や発電事業などのような、すでに歴史があり確立された産業もおいても、最近ではかなり一般的になってきているといえます（図4-1-4）。

3　失敗の受け入れ

　新しい技術は、常に莫大な見返りとリスクの両方をもち合わせています。したがって、成功の秘訣は、リスクを適切に軽減しながら価値を最大化するための最良のユースケース（使用例）を理解することです。

　また、もう1つの大事な教訓は、数多くのテストを迅速に行い、そのテストが成功しなかった場合にはそれを素早く切り捨てて次の実験に移ることができるような、「変化を受け入れ、失敗は恐れずに受け入れる体制」を確立しておくことです。

　グーグルは、おそらく、「早く失敗しろ」という持論で、最も有名な会社だといえます。データと分析に基づいて、多くの新しいビジネスのアイデアを迅速に度重ねて試すだけでなく、実現の可能性と価値のリターンをテストするため、最初は少数のユーザーをベースにして試しています[注17]。

4.6　ビジネスの成功と企業競合力を支えるビッグデータ分析

　ビジネスは急速にグローバル化され、ビッグデータ分析は、ビジネスが成功し、競合力を維持するための非常に貴重な要因となるでしょう。
　特に、日本が署名した、環太平洋パートナーシップ（TPP：Trans-

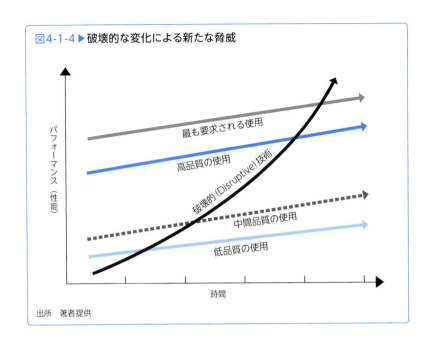

図4-1-4 ▶ 破壊的な変化による新たな脅威

出所　著者提供

Pacific Partnership) などのグローバルな経済連携協定が現実的になると、数多くの企業が、これまで経験したこともないような国際的な競合のプレッシャーに直面することになることが予想されます。

中小企業（SME：Small / Medium Enterprises）は、物流をはじめ販売やマーケティング、顧客の開拓、ロイヤルティ・プログラム[注18]を最適化して、グローバル企業と競合できる道を見つけ出さない限り、倒産してしまうかもしれません。

ビジネスの目標のすべては、ビッグデータ分析によってサポートされますが、この新たな現実を十分に受け入れるためには、企業はそれまでの考え方を思い切って変えていく必要があります。おそらく企業にとっ

▶注17　https://www.thinkwithgoogle.com/articles/8-pillars-of-innovation.html
▶注18　ロイヤルティ・プログラム：その企業の製品やサービスなどを一定期間、忠実に愛用してくれた顧客（優良顧客）に対して、インセンティブ（特典）を提供するマーケティング施策のこと。

ビッグデータがもつ可能性とそのリスク

ての最大の事業リスクとして考えられるのは、自社製品を市場に幅広く出し、市場シェアを高めるために必要なビッグデータ分析とグローバル・データソースを採用しないでいることでしょう。

　企業は、規約に違反する（契約違反）かもしれないというような不安によって、競合力のある新しい技術を採用することを断念すべきではありません。逆に常時、監視と測定を行い、リスクを探し当て、リスクが発生すると同時にリスクを軽減できる機能（技術）を採用すべきです。

　以上のことは、最先端機能の採用の奨励と規制の遵守を意味しますが、これが、現在の日本において、欠けていることのように思われます。

[訳：セデンスキー　浩子]

あとがき

　ビッグデータも IoT も、ビジネスをリードする主役ではなく、皆さんが日々接しているビジネスにおける道具です。同じ道具でも、音楽家や画家、あるいは大工さんでもカメラマンでも、その使い手によって結果は大きく変わってくるものです。本書では、ビッグデータや IoT という道具を、スーパーリーダーの方々がどのように使いこなし、ビジネスに劇的な発展をもたらしたかをお伝えできたと思いますが、理解していただけましたでしょうか。

　本書で登場していただいた著者の方々のひとりひとりにお声がけした際に、常に思っていたことがあります。それは"人間力と個性値"です。私は常日頃から、ビジネスはまず人間の力が基本にあり、その切れ味は個人のもつ魅力からくると考えています。人間や個人の魅力を測るものさしなどはありませんが、人間として人を思う心や力、すなわち"人間力"と、個性的な発想力と実現力の大きさ、すなわち"個性値"が、"人間を相手にしたビジネス"をリードし続ける原動力であると思っています。

　ビッグデータや IoT という"道具"を、"人間力と個性値"において卓越した方々が使うと、こんなにもすばらしい成果を生むということを表現したかったのです。

　そのため、これまでにないような、具体的なビッグデータと IoT のリーダーシップの実例をご紹介できる本になったと自負しています。

　最後になりますが、各界で先頭を切って活躍されているにもかかわらず、多忙な中で本書の主旨に賛同して執筆していただいた著者の皆さまをはじめ、長きに渡り緻密で多岐に渡る作業を成し遂げていただいたインプレス編集部の皆様と関係者の皆様に、心より御礼を申し上げます。

　ありがとうございました。

2018 年 4 月

監修者　岡村久和

INDEX

[数字・記号]
3つのVと5つのV……………………… 27
3つのサイクルとデータとの関係………… 191
200V 家電の推進…………………………… 184
400V 配電線の導入………………………… 165

[アルファベット]
A
AI（Artificial Intelligence）…………… 82
AIと人間の役割……………………………… 97
AIとビッグデータ…………………………… 91
B
Big……………………………………… 10,11
BIG DATA　3Vと5V…………………… 29
BIM/CIM…………………………………… 122
BITKOM…………………………………… 48
C
CAREシステム…………………………… 233
D
DCP………………………………………… 209
DSM………………………………………… 179
E
EBM………………………………………… 141
F
Fablab……………………………………… 13
G
G 空間×ICT………………………… 110, 113
G 空間情報とは…………………………… 109
G 空間プラットフォーム………………… 111
H
HER………………………………………… 148
I
IoT…………………………………… 30, 67, 70
IoTと社会インフラの再構築……… 120, 122
IoT を活用した製造業におけるシステム…… 70
IP（Internet Protocol）………………… 80
IPD………………………………………… 202
IPMT……………………………………… 210
IT（Information Technology）………… 80
J
JIT（Just In Time）……………………… 76

L
Large…………………………………… 10,11
LBS………………………………………… 119
M
M2M オープンプラットフォーム………… 180
META グループ…………………………… 27
N
NDB………………………………………… 147
O
OneWheel………………………………… 132
P
PDCA サイクル…………………………… 103
PHR………………………………………… 148
PLC………………………………………… 74
PM（Project Management）…………… 209
PMBOK…………………………………… 216
PMI………………………………………… 205
PMO………………………………………… 203
PMP………………………………………… 216
R
RIPD……………………………… 203, 205, 209, 211
S
SCOPE…………………………………… 117
T
Tech Shop………………………………… 130
TPP…………………………………… 94, 256
U
UAV………………………………………… 119
V
Variability…………………………… 29, 41
Variety………………………………… 29, 38
Velocity………………………………… 29, 32
Veracity………………………………… 29, 43
Volume………………………………… 28, 29
Z
Zboard…………………………………… 131

[日本語]
あ
相乗りマッチングサービス……………… 129
アセットマネージメント…………… 165, 172
い
位置情報サービス…………………… 119, 121
一般的な人財育成モデルの例……… 215, 217
移動ビジネス……………………………… 128
医療機器のリスク………………………… 250

索 引

医療等IDの検討とその報告書………… 144
インターネット……………………………… 67
インダストリー4.0………………………… 79
インナーシティー問題……………………… 174

え
エコテクノロジー………………………… 229
エジソン電灯会社の設立………………… 168
エストニアの先進的な電子政府のサービス… 149
エビデンスに基づく医療………………… 141

お
大分まちなか倶楽部……………………… 106
オーストリアのオープンデータ………… 49
オープンデータ………………… 22, 45, 112
オープンデータの本質…………………… 46
オープンデータを活用したまちづくり… 112

か
改正個人情報保護法……………………… 146
開発の論理………………… 237, 240, 244
「学」が産業分野を拓く………………… 229
仮想通貨…………………………………… 160
価値………………………………………… 2
各国の電圧階級低圧表…………………… 185
可変性……………………………………… 28
カマコンバレー…………………………… 107
環太平洋パートナーシップ………… 94, 256
かんばん方式……………………………… 76

き
企業と「学」との関係…………………… 226
既存工業地帯への集中投資……………… 101
機微情報…………………………………… 140
キャッシュレス取引の劇的な増加……… 153
業務改革を実施するときのテクニック… 220
金融業のオープンイノベーション……… 161
金融業の第二の変革……………………… 152

け
決済+商取引データ……………………… 154
健康ビッグデータの解析………………… 142
研修のテクニック………………………… 221

こ
公共交通機関+自転車…………………… 133
攻撃ベクトル……………………………… 252
小売流通政策……………………………… 101
個人識別情報……………………………… 253
個人情報保護法とオープンデータ……… 48
コンパクトシティ………………………… 102
コンプライアンス………………………… 248

さ
災害とその復興のサイクルの例………… 189
災害復興とビッグデータの活用………… 188
サイバーセキュリティ…………………… 248
産業用制御システムのリスク…………… 252

し
シェアリングエコノミー………………… 129
思考処理パターン………………………… 84
次世代医療基盤法………………………… 147
自動運転…………………………………… 125
自動車のリスク…………………………… 251
ジブンゴト化と地域活性化……………… 108
社会保障分野のビッグデータ…………… 140
車載情報システム………………………… 250
将棋ソフト…………………………… 86, 90
商圏分析…………………………………… 115
人工知能…………………………………… 82
真実性……………………………………… 28

す
スイスモビリティ………………………… 135
ストリーミングコンピューティング…… 36
スマーターシティ………………………… 54
スマートシティとビッグデータの融合… 57
スマータープラネット…………………… 54
スマートシティの概念図………………… 59
スマートシティビジネス………………… 60
スマートメーターの導入………………… 180

せ
政治と「学」との関係…………………… 228
製造ロボットの仕組み…………………… 75
世界の地域別キャッシュレス取引伸び率… 155
セキュリティ・リスク・マトリックスの例… 249
セグウェイ………………………………… 130

た
第一次の金融テクノロジーの変革の波… 152
第四次産業革命とかんばん方式………… 79
大量データ………………………… 9, 10, 158
宅内直流監視制御システムの開発……… 184
ダッシュボード…………………………… 246
多様性……………………………………… 27

ち
地域活性化………………………………… 105
地域の内発的な自立の促進……………… 101
地域包括ケアシステム……………… 138, 150
地方創生…………………………………… 100
地方への産業の分散・再配置…………… 101
中心市街地活性化政策……………… 101, 105

索引

て
データ交換···7
データ選択のリスク····································253
データソース··246
データの可変性··41
データの真実性··43
データの多様性··38
データの速さ··32
データの量··28
データヘルス計画··147
テナントミックス··106
デマンドサイドマネージメント················178
電動スケートボード····································130
電力小売全面自由化····································165
電力事業の進展のポイント························170
電力事業創成期の概略年表························171
電力事業におけるビッグデータ················164
電力事業のイノベーション························176
電力事業の進展とIoT活用·························164
電力システムの鍵··166
電力ネットワークシステム制御················173

と
ドイツのオープンデータ·····························50
東京電灯の設立··168
統合された製品開発····································202
匿名加工情報··146
トラッキング··26

な
ナショナルデータベース···························147

に
日本再興戦略··148
日本のパーソナルモビリティ····················134
日本の半導体会社の統合··························200
日本版CCRC···104

ね
ネガワット··179

は
パーソナルデータ··140
パターン選択型のAI·····································85
ハフモデル·······································115, 116

ひ
東日本大震災··188
非関税障壁··102
ビッグデータ··9, 10
ビッグデータ時代の「学」の存在意義·····226
ビッグデータと哲学····································236
ビッグデータとは·······························2, 8, 13
ビッグデータの起源······································26
ビッグデータのコンポーネント················247
ビッグデータの収集・分析························174
ビッグデータの特徴······································27
ビッグデータの利活用と「匿名加工情報」······146
ビッグデータ分析··256
ビッグデータ利用の意識改革······················19
ビッグデータを使う人と作る人··················19
標準開発手順··207

ふ
フィンテック·····································157, 159
複雑化するビッグデータ·····························31
「福祉工学」と関連ビジネスの創出·········234
「福祉」と「工学」の融合·························232
復興サイクル··190
フロントグリル··84

へ
ベクトル思考··236

ほ
ホールガーメント··240

ま
マーケティング·································6, 219
マイナンバー制度とビッグデータ············143
まちづくりとG空間情報····························109

む
無電柱化··181

も
モノづくり革命··131
モビリティ革命··124

ら
ライドシェア··129

り
リアルタイム津波・浸水被害推定システム·····112
リレーショナルデータベース······················30
倫理的ハッカー··249

る
ルネサスエレクトロニクス························200

ろ
ロイヤルティ・プログラム························257
ロール・スキル··213

[監修者]

岡村 久和 （おかむら ひさかず）

亜細亜大学 都市創造学部　教授、国際交流委員長

1978年 早稲田大学商学部卒業。
1982年 日本アイ・ビー・エム株式会社に入社。
　　　 営業部門で電子部品／石油化学などを担当。
2003年 同社環境ビジネス部門を立ち上げ、2009年にスマーターシティ事業部長。
2011年 米IBM ニューオーリンズ市 市長支援チームメンバー、
　　　 内閣府 環境未来都市支援委員、総務省 地域情報化アドバイザーを務める。
2012年 日本最大の230MWの太陽光発電所事業（瀬戸内市）を立ち上げ、
　　　 ソーラー発電所のIT構築を手掛ける。
2015年 日本オーストリア交流委員会 副委員長、総務省 電子政府委員を務める。
　　　 同年、日本アイ・ビー・エム株式会社を退職。
2016年より現職。
2017年に、スマートシティに最も影響のある世界の50人に選出される。

[STAFF]

◎ 装丁／本文デザイン　　今村 彰宏
◎ 編集協力　　　　　　　島川 敏範、坂本 房子、岡田 章志
◎ 編集　　　　　　　　　威能 契、三橋 昭和

■ 商品に関する問い合わせ先
インプレスブックスのお問い合わせフォームより入力してください。
https://book.impress.co.jp/info/
上記フォームがご利用頂けない場合のメールでの問い合わせ先
info@impress.co.jp
- 本書の内容に関するご質問は、お問い合わせフォーム、メールまたは封書にて書名・ISBN・お名前・電話番号と該当するページや具体的な質問内容、お使いの動作環境などを明記のうえ、お問い合わせください。
- 電話やFAX等でのご質問には対応しておりません。なお、本書の範囲を超える質問に関しましてはお答えできませんのでご了承ください。
- インプレスブックス (https://book.impress.co.jp/) では、本書を含めインプレスの出版物に関するサポート情報などを提供しておりますのでそちらもご覧ください。
- 該当書籍の奥付に記載されている初版発行日から3年が経過した場合、もしくは該当書籍で紹介している製品やサービスについて提供会社によるサポートが終了した場合は、ご質問にお答えしかねる場合があります。

■ 落丁・乱丁本などの問い合わせ先
TEL 03-6837-5016　FAX 03-6837-5023
service@impress.co.jp
(受付時間／10:00-12:00、13:00-17:30 土日、祝祭日を除く)
- 古書店で購入されたものについてはお取り替えできません。

■ 書店／販売店の窓口
株式会社インプレス 受注センター
TEL 048-449-8040
FAX 048-449-8041
株式会社インプレス 出版営業部
TEL 03-6837-4635

IoT時代のビッグデータビジネス革命

2018年4月21日 初版発行

監修者　岡村久和
発行人　土田米一
編集人　中村照明
発行所　株式会社インプレス
　　　　〒101-0051　東京都千代田区神田神保町一丁目105番地
　　　　ホームページ　https://book.impress.co.jp/

本書は著作権法上の保護を受けています。本書の一部あるいは全部について（ソフトウェア及びプログラムを含む）、株式会社インプレスから文書による許諾を得ずに、いかなる方法においても無断で複写、複製することは禁じられています。

Copyright © 2018 Impress Corporation. All rights reserved.

印刷所　日経印刷株式会社
ISBN978-4-295-00099-0 C0034
Printed in Japan